RUND UM BERLIN

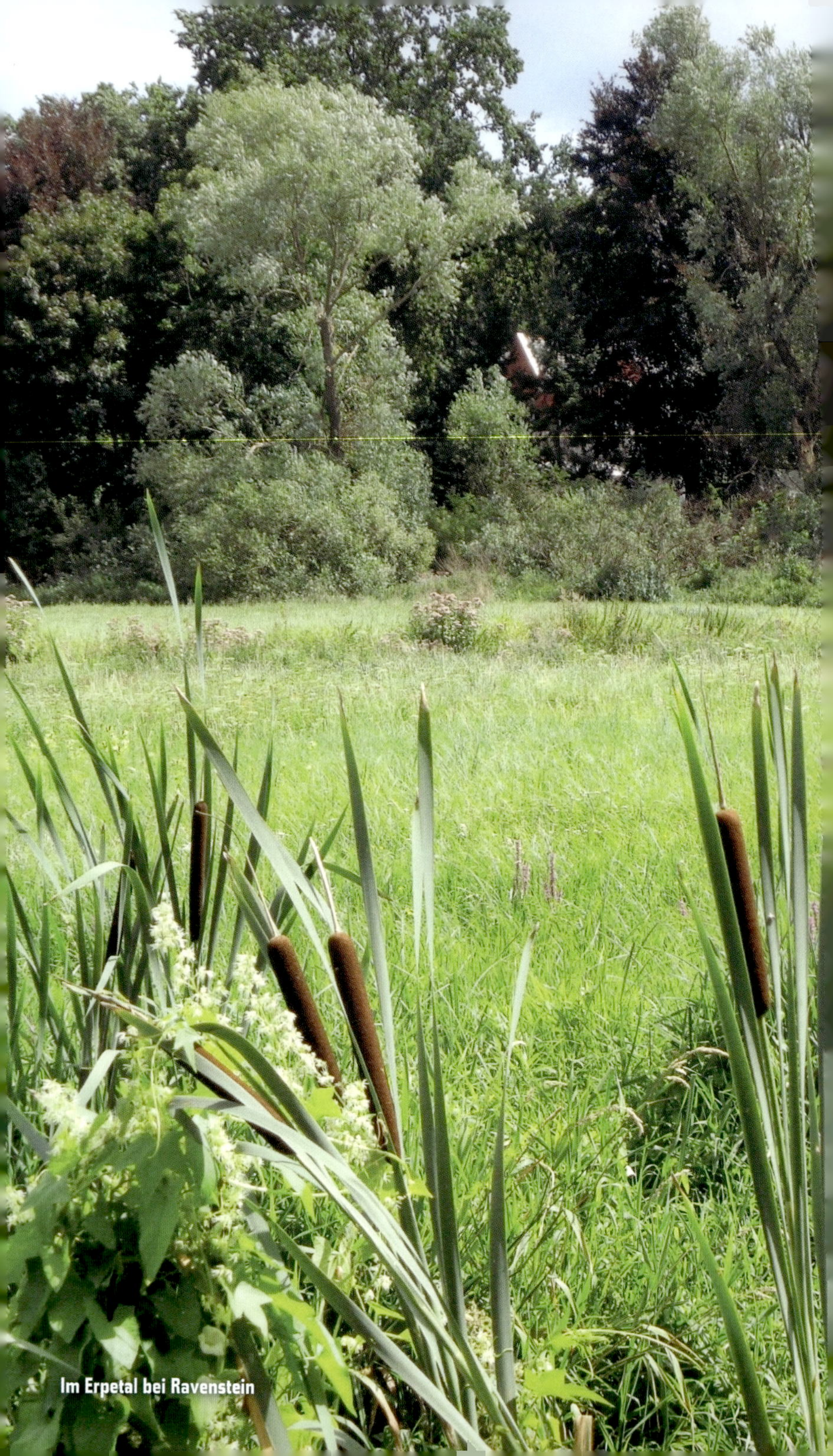
Im Erpetal bei Ravenstein

Gregor Münch

Rund um BERLIN

Einmal um die Stadt in 19 Etappen

BeBra Verlag

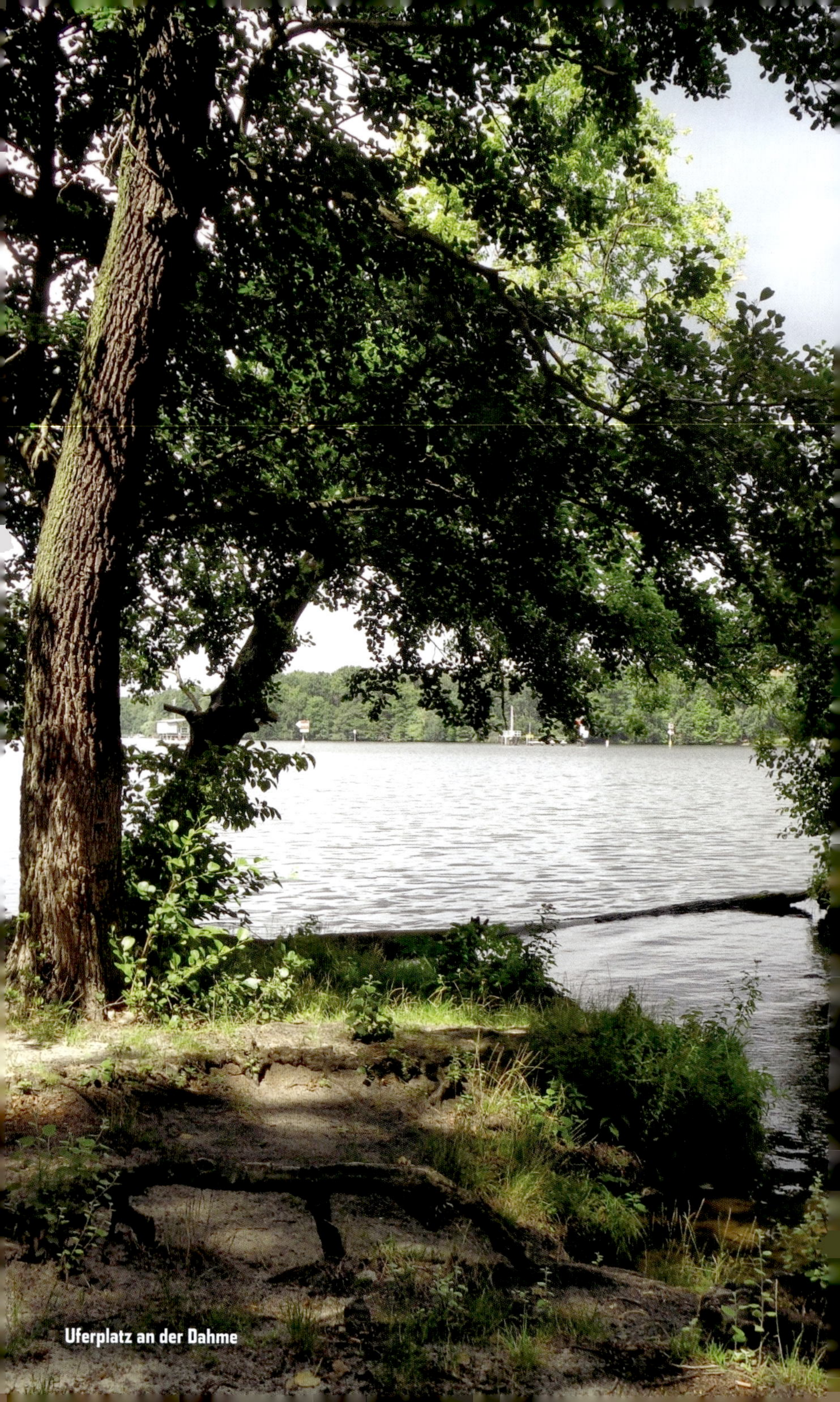

Uferplatz an der Dahme

INHALT

VORWORT

Einmal auf schönen Wegen um die ganze Stadt spazieren, dabei die drei großen Flüsse mitnehmen und von Aussichtsgipfeln immer wieder den Fernsehturm entdecken? Der erste Wanderweg rund um Berlin macht es wahr und legt dabei das Hauptgewicht auf Abwechslung und schöne Wege.

Da kommt es gelegen, dass Berlin als grüne Stadt von Hause aus über ein dichtes Netz von Spazier- und Wanderwegen verfügt, von allerhand Themen- und Fernwegen berührt oder durchquert wird. Bisher fehlte eine Route, auf der sich die Stadt einmal umrunden lässt – der Berliner Mauerweg macht das als Hybrid aus Rad- und Fußweg mit dem Westteil schon vor. Die Berliner Gürtellinie nimmt sich schließlich die gesamte Stadt vor. Sie umspielt zwanglos die Außengrenze – den namensgebenden Gürtel – Berlins und versucht, im steten Wechsel zwischen Berlin und Brandenburg alles Schöne und Sehenswerte mitzunehmen, was auch für die Art der Wege und Pfade gilt. Von letzteren gibt es übrigens erstaunlich viele, zugleich bleibt der Asphaltanteil insgesamt moderat.

Ein Drittel der Strecke verläuft entlang der Ufer von großen und kleinen Gewässern. Dabei entfällt ein guter Teil auf die weiten Seen von Dahme und Havel, ein weiterer auf eine Reihe von Bächen sowie mehrere Dutzend Teiche. Als schöne Abwechslung gibt es zwei Fährpassagen über die Havel – eine kurz, die andere lang. Immerhin ein Fünftel des Weges verbringen Sie im wohligen Schatten von Wäldern, meist gemischt aus Laub- und Nadelbäumen. Zwischendurch nimmt der Weg immer wieder Berliner und brandenburgische Dörfer mit, und an acht Stellen bieten sich weite Aussichten aus luftiger Höhe, fast immer bis zur Mitte der Stadt.

Die Berliner Gürtellinie durchstreift auf ihren 19 Etappen ganz unterschiedliche Landschaften. Neben großen Seen und weiten Wäldern, markanten Bergen und stillen Bachtälern finden sich auch Rastteiche für Zugvögel, versteckte Dünenzüge oder steil abfallende Hochufer. Sie treffen auf die einnehmenden Folgelandschaften einstiger Rieselfelder und auf wasserdurchtränkte Niedermoorwiesen, kommen durch mystische Bruchwälder und berühren winzige Quellgründe. Als kleine Sahnetupfer gibt es im Süden eine extralange Kirschallee und im Osten einen Wolkenhain, im Norden einen Botanischen Volkspark und im Westen einen Schlosspark der Sonderklasse. Nicht zuletzt spielt immer wieder der einstige Mauerstreifen mit seinem lichten Baumbestand eine charakterprägende Rolle.

Wissenswert für Groß und Klein: Am Weg gibt es gut verteilt Einkehr- bzw. Einkaufsmöglichkeiten sowie auch Spielplätze verschiedener Größenordnungen. Nur selten kommt es vor, dass über längere Zeit weder das eine noch das andere anzutreffen ist. Auch Tiere finden sich an vielen Stellen, sei es nun bei einem der Pferdehöfe am Weg, dem mancherorts still grasenden Vieh oder bei einer Handvoll Kleintierhöfe und Tiergehege.

Alle Etappen der Berliner Gürtellinie sind gut ans ÖPNV-Netz angebunden, die meisten beginnen und enden an S- oder U-Bahnhöfen. Auch unterwegs besteht immer wieder die Möglichkeit, in Bahn oder Bus einzusteigen, somit lassen sich nahezu alle Etappen ganz nach Bedarf aufteilen. Ob für zwei Stunden nach Feierabend, als Halbtagestour mit Bade-, Kiez- oder Kulturabstecher, auch tagesfüllend von Morgenkäffchen bis Abendeinkehr – alles ist möglich. Wer die gut 240 Kilometer zügig in einem Stück gehen möchte, sollte dafür ca. zwei Tage und zwei Nächte veranschlagen, zuzüglich Pausenzeiten.

Der überwiegende Teil der Etappen dürfte für Familien mit Kindern interessant sein, zumindest abschnittsweise. Und falls Sie Ihrem Vierbeiner mal etwas Neues bieten wollen, sollte auch das in den meisten Fällen passen.

Was noch zu sagen bleibt: Egal ob mit der ganzen Familie oder in trauter Zweisamkeit, mit ein paar Kollegen oder der kompletten Wandergruppe – die Berliner Gürtellinie macht Spaß!

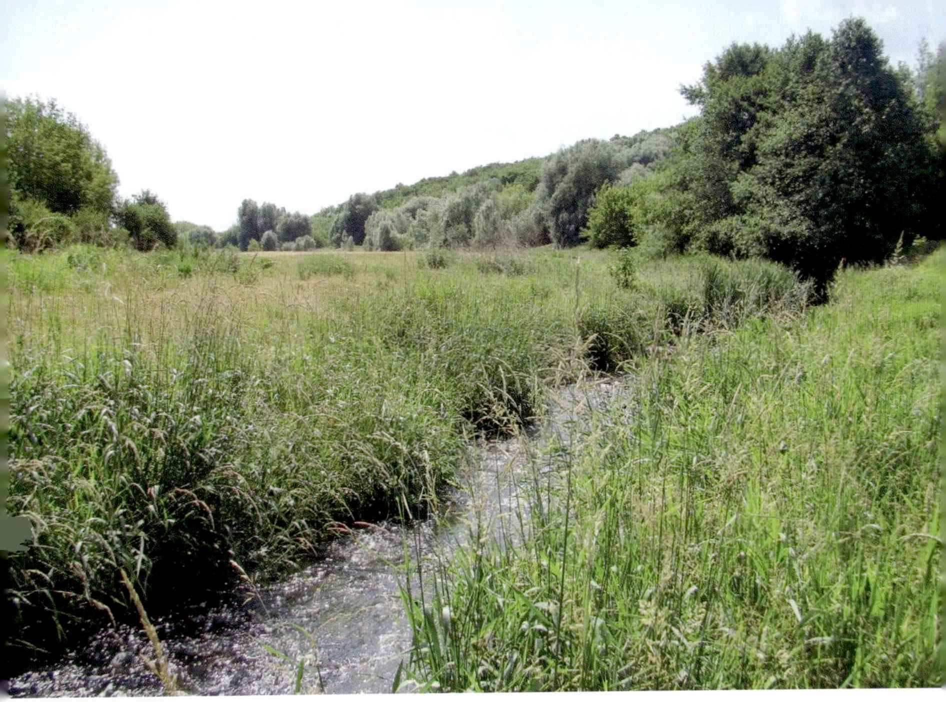

Wuhle südlich des Bahnhofs Wuhletal

DAS PROJEKT BERLINER GÜRTELLINIE

Im Sommer 1989 radelte der leidenschaftliche Radfahrer Michael Cramer einmal komplett auf dem Zollweg an der West-Berliner Seite der Mauer entlang, eher aus einer Laune heraus, und konnte sich zu diesem Zeitpunkt überhaupt nicht vorstellen, dass es ein paar Monate später entscheidende Änderungen in Sachen Grenze geben würde. Im Folgejahr wiederholte er die Tour mit eigenartigen Gefühlen auf dem Kolonnenweg, der zwischen Vorder- und Hinterlandmauer verlief und bis vor kurzem noch den DDR-Grenztruppen vorbehalten gewesen war. Dabei wurde in seinen Gedanken der Grundstein für eine großartige Idee gelegt. Diese Idee nahm nach knapp zehn Jahren klare Formen an und tauchte noch ein paar Jahre später konkret im Stadtbild auf – als *Berliner Mauerweg*, dessen graue Wegweiser seitdem rund um das einstige West-Berlin zu finden sind. Dort ist der Weg nun eines der anschaulichsten und greifbarsten Mahnmale der Stadt, auf dem sich Berlins jüngere Geschichte detailreich verfolgen lässt.

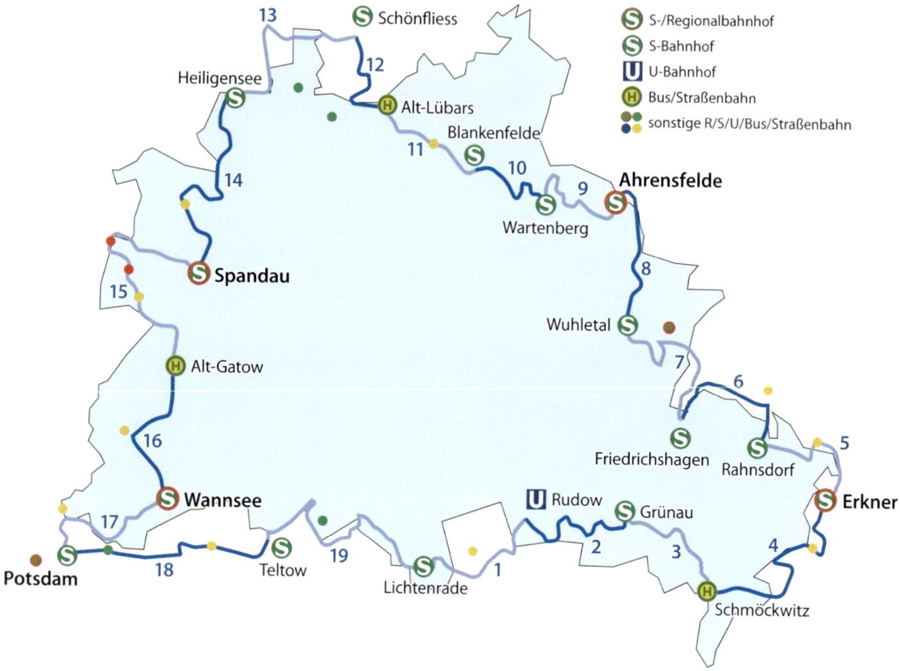

Nicht zuletzt inspiriert davon erwuchs 30 Jahre nach dem Verschwinden der innerdeutschen Grenze und losgelöst von historischen Aspekten in einem anderen Kopf die Frage, warum es nach so langer Zeit noch keinen Weg auf dem Stadtgürtel einmal rundherum gibt, wie das z. B. in Frankfurt am Main, Leipzig oder Köln der Fall ist. Da die Antwort offen blieb, entstand am Schreibtisch eine erste Skizze im Baukastensystem, welche über die Jahre durch Begehungen vor Ort verfeinert und zurechtgeschliffen wurde. Der so entstandene Wegverlauf der *Berliner Gürtellinie* umspielt zwanglos den Stadtrand und legt den Schwerpunkt eher auf Abwechslung, schöne Wege und gute Unterhaltung als auf lückenloses Grün oder die größtmögliche Nähe zur Stadtgrenze. Dabei ergeben sich immer wieder kurze Begegnungen mit dem Mauerweg.

Knapp die Hälfte der gut 240 Kilometer verlaufen parallel zum bestehenden Wanderwegenetz und halten Anschlüsse zu den *20 Grünen Hauptwegen Berlin* (im Buch HW, s. S. 203) bereit. Die andere Hälfte bewegt sich ohne Wandermarkierungen auf öffentlichen Wegen, Pfaden und Straßen, die dauerhaft zugänglich sind – abgesehen von wenigen kurzen Passagen, die über Nacht verschlossen sein können. Auch die Gefahr von abgestürzten Ästen oder querliegenden Bäumen, schlammigem Untergrund und ähnlichen Hindernissen besteht nur auf einer Handvoll kurzer Wegstücke, die sich jeweils ohne viel Zeitaufwand umgehen lassen. Nach Stürmen, ergiebigen Niederschlägen oder anderen extremen Wetterereignissen sollten Sie generell Ohren und Augen etwas weiter aufsperren und verdächtige Wegstücke vorsorglich vermeiden oder umgehen.

Aktuell befindet sich die *Berliner Gürtellinie* im Stadium eines fundierten Vorschlages, ist vor Ort also nicht markiert oder ausgewiesen. Daher empfiehlt sich für ihre Begehung die Nutzung eines GPS-Tracks. Die präzisen Tracks können Sie herunterladen (s. S. 202), dann auf Ihrem Smartphone oder einem GPS-Gerät anzeigen und sich damit vor Ort verlässlich orientieren. Eine Gewähr, dass jeder Meter zu jeder Zeit tatsächlich begehbar bzw. zugänglich ist, kann nicht gegeben werden, aufgrund der Wegedichte im Stadtgebiet sollte ein Umgehen jedoch meist unproblematisch sein. Über mögliche Wegeverlegungen und sonstige wissenswerte Informationen können Sie sich unter www.berliner-gürtellinie.de aktuell informieren.

Übrigens: Eine kleine Auswahl von Passagen der *Berliner Gürtellinie* (z. B. Wernsdorfer See, Erkner/Woltersdorf, Ahrensfelde/Falkenberg/Wartenberg, Botanischer Volkspark/Lübars, Schönfließ/Stolpe/Frohnau, Hakenfelde/Spandau, Gatow/Kladow, Wannsee/Klein Glienicke) finden Sie beim Reportagen-Blog »Wegesammler Brandenburg« beschrieben (blog.brandenburg-wegesammler.de).

STADT, LAND, FLIESS AM BERLINER SÜDRAND

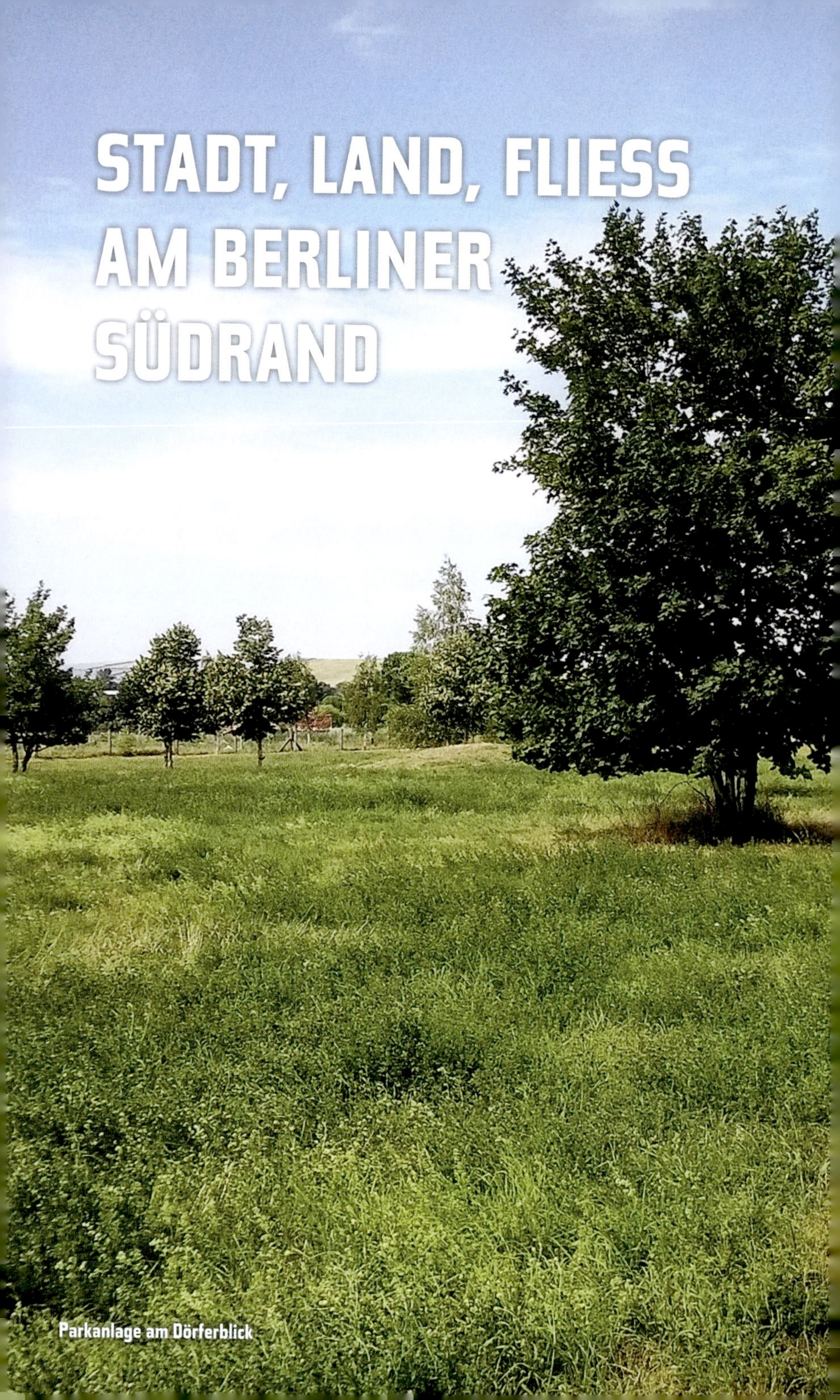

Parkanlage am Dörferblick

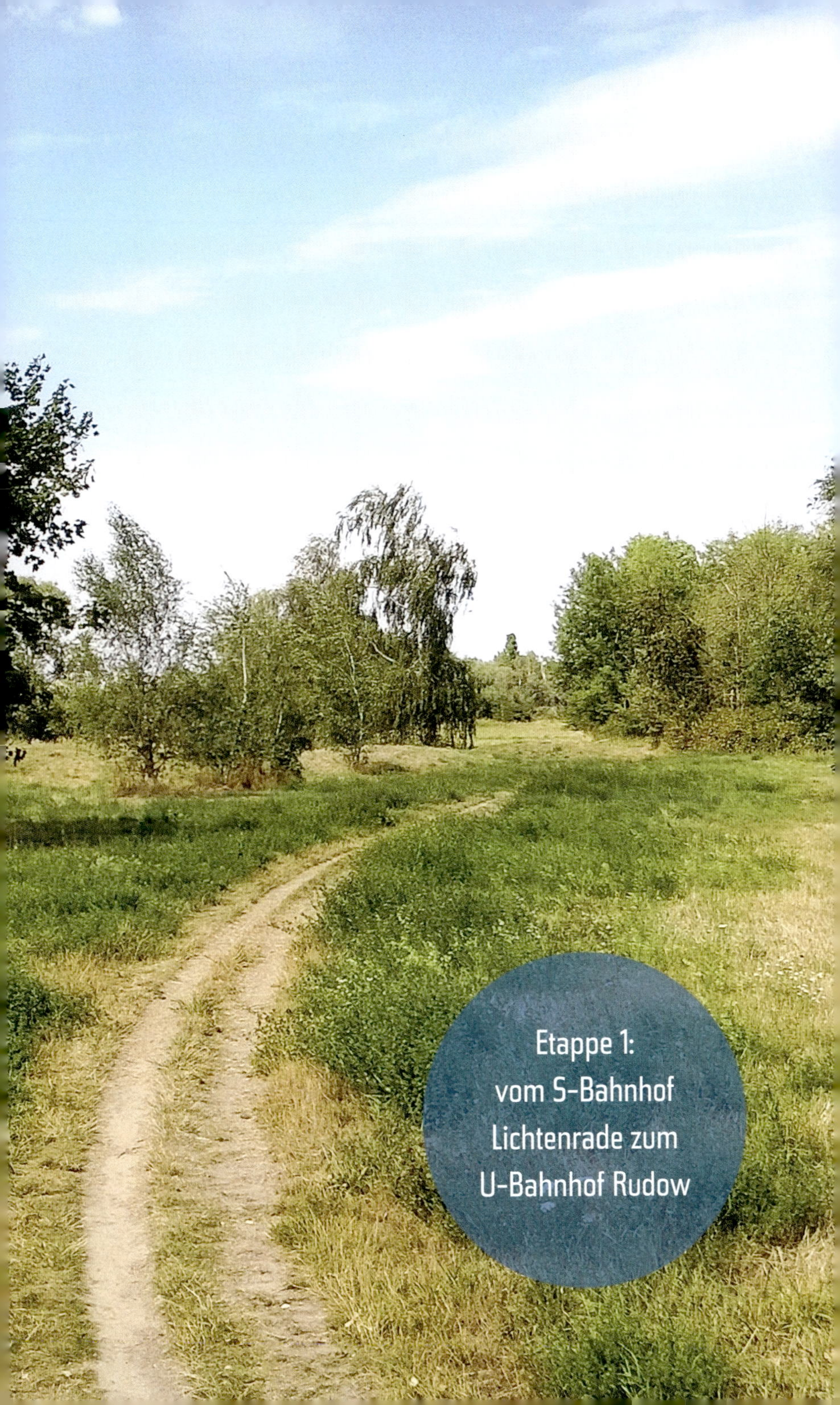

Etappe 1: vom S-Bahnhof Lichtenrade zum U-Bahnhof Rudow

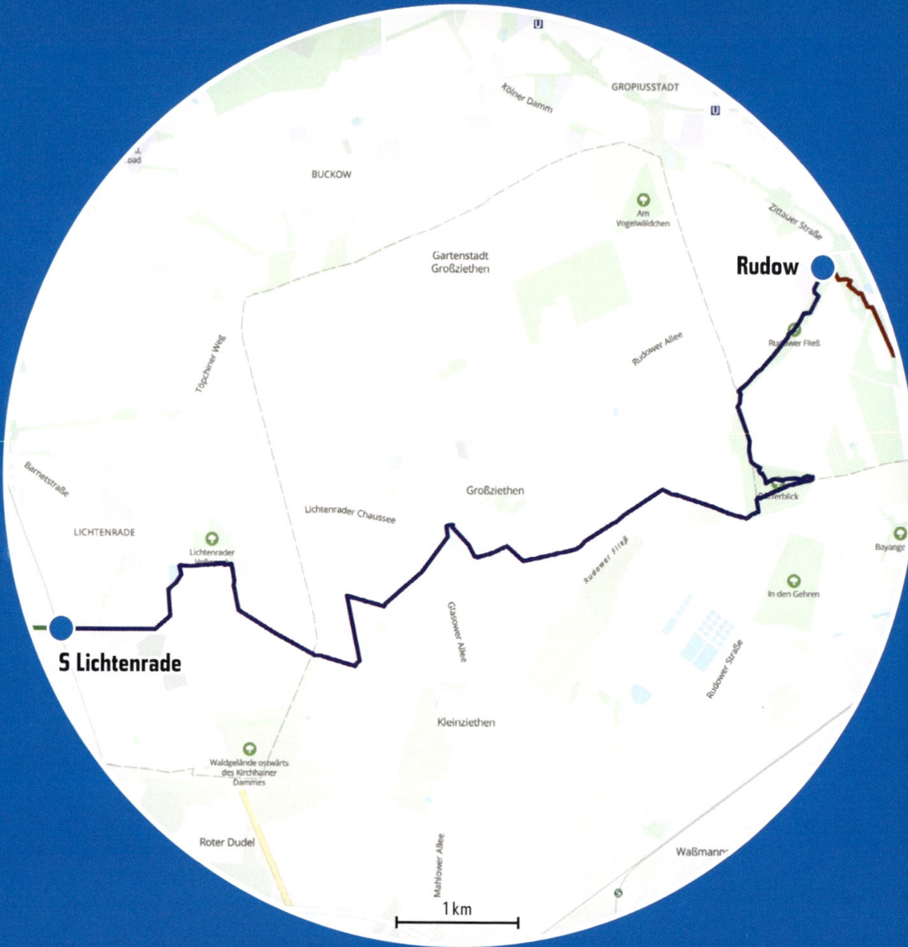

11 km; am Ende 600 m Zuweg zum U-Bhf. Rudow

offene Feld- und Wiesenwege mit viel Platz, dazu Siedlungslagen, ein Berg und ein schattiges Fließtal

ein längerer An-/Abstieg (Rudower Dörferblick)

Verlauf: S-Bhf. Lichtenrade / Bahnhofstraßenkiez und Ortslage Lichtenrade / Feldweg nach Großziethen / Luchweg und Schönefelder Weg / Rudower Dörferblick / Grünzug am Rudower Fließ / (U-Bhf. Rudow)

Der Bahnhof Lichtenrade ist in den letzten Jahren ein paar Schritte gewandert, wurde zwischendurch von einem Behelfsbahnsteig vertreten und kann daher Fahrgäste, die lange nicht hier waren, für einen Augenblick verwirren. Im Rahmen weitgreifender Baumaßnahmen wurde hier vieles von oben nach unten gekehrt, und es wird noch ein Weilchen brauchen, bis alles so aussieht, wie es dann bleiben soll. Hier am südlichsten S-Bahnhof Berlins beginnt der längste Rundweg der Stadt, die Berliner Gürtellinie.

Nach dem Verlassen des Bahnhofs ist wieder alles beim Alten und man taucht ein in einen Kiez, der noch ein gutes Stück altes Westberlin atmet. Links und rechts erheben sich zwei markante Formen gen Himmel. Die an norddeutsche Backsteingotik erinnernde alte Mälzerei passt insofern gut zum Bahnhof, als dass sie mit zwei Schornsteinen der Extraklasse an eine Lokomotive erinnert, die umgehend losstampfen will. Im Inneren des riesigen Baus sorgen mittlerweile Buchstaben, Noten und Kochtöpfe sowie allerhand Kulturelles für eine reichhaltige Fülle auf den weitläufigen Etagen. Gegenüber steht in sachlichen Klinkermauern eine Kirche, deren aufgesetzte Turmzwiebel eine von wenigen auf Berliner Stadtgebiet sein dürfte.

Zum Dorfteich Lichtenrade

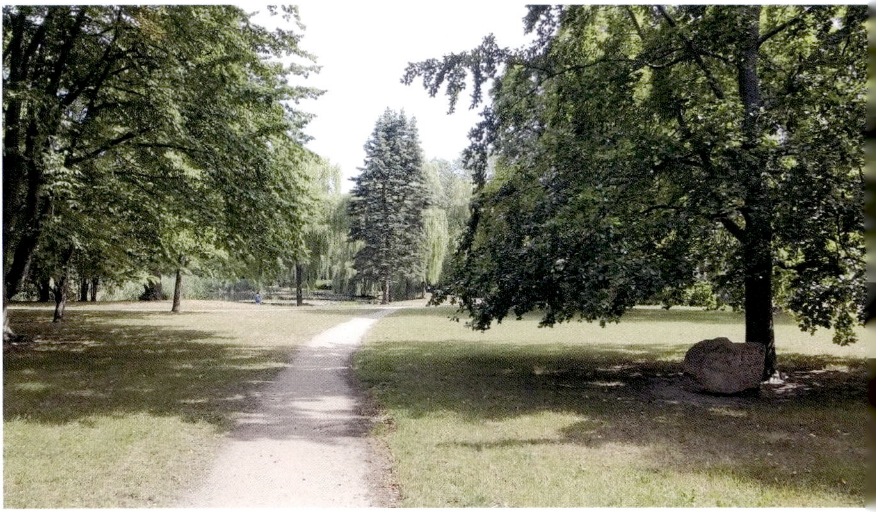

Geradezu beginnt mit einer dieser bungalowflachen Zeilen mit Gastronomie und kleinen Geschäften eine der althergebrachten, kiezigen Ladenstraßen, wie es sie nicht mehr allzu oft gibt. Unter anderem bekommt man hier – und vielleicht nur hier – die Spirituose Oma Friedels Minze-Schokoeiertraum. Darüber hinaus gibt es neben allen möglichen Sorten von Imbiss auch Cafés, Gemüse- und Blumenhändler sowie eine ganze Reihe lebensnaher Fachgeschäfte, deren Schaufenster den Schritt stocken lassen, hineinlocken oder ein Schmunzeln erzeugen. Auch die Bahnhofstraße muss gerade eine mehrjährige Baustelle durchstehen, die vorübergehend ihren Charme dämpft, doch für Kundschaft zu Fuß kein sichtliches Hindernis darstellt. Hier wird aneinander vorbeigedrängelt und gemeckert, dort geplaudert, gehandelt oder die Welt neu besprochen. Die Straße lebt und ist erfüllt von Menschen allen Alters.

Nach dem Knick wird es etwas sachlicher, vorn lärmt schon der Lichtenrader Damm. Gleich dahinter kann man gut beim Konditorei-Café mit seinen herrlichen, barockbackenen Versuchungen hängenbleiben und genussvoll abtrainierte Kalorien erneuern. An der Brunnenschnecke abgebogen ist schon der lichte Park rund um den Dorfteich zu sehen,

Birkengasse nach Norden

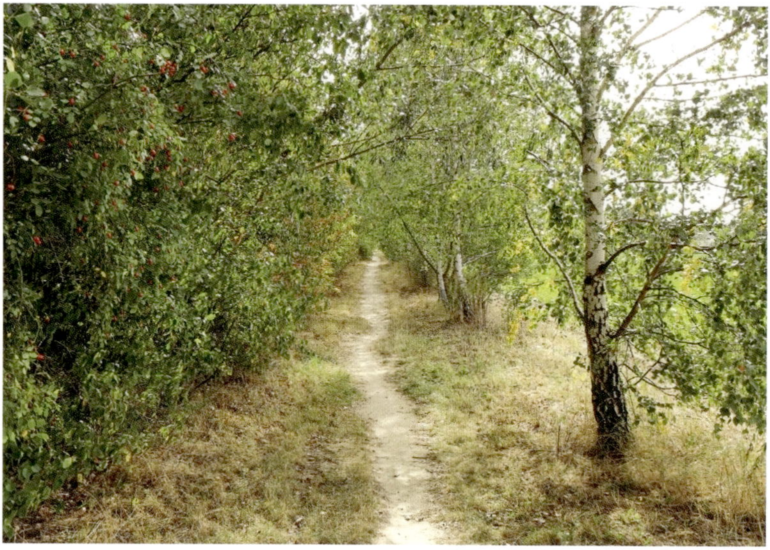

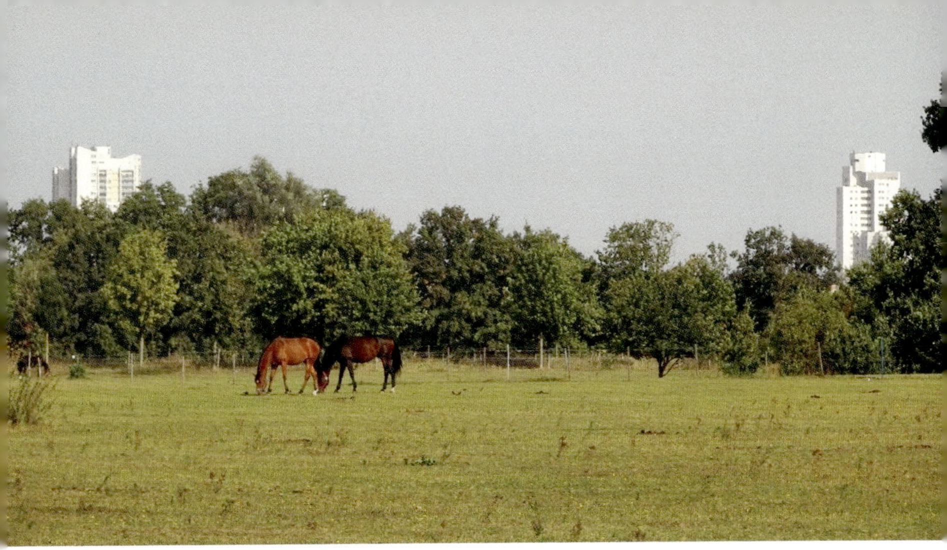

Blick über die Wiesen zur Gropiusstadt

dahinter die kleine Dorfkirche. Ein schmaler Grünstreifen schafft die Verbindung zum Lichtenrader Graben, der in nassen Wochen das Wasser ableitet und zu jeder Zeit von einem schattigen Spazierweg begleitet wird. Von seinem Ende strebt die Pechsteinstraße auf direktem Weg zur Stadtgrenze, die auch hier vom grün gefassten Mauerweg begleitet wird. Dahinter beginnt unmittelbar die märkische Landschaft mit schnurgeraden Baum- und Buschreihen, die den Feldern und Wiesen eine gewisse spielerische Ordnung verleihen.

Am Ende einer herrlichen Reihe von Birken, denen gegenüber dichtes Gebüsch wirksam gegen Nordwind schützt, steht eine wuchtige Eiche. Schon ein paar Meter vorher führt links ein kleiner Durchschlupf zur nächsten Baumreihe, einem bezaubernden Stück Weges, dessen junge Bäume fast schon eine Tunnelgasse bilden. Die nächste Abbiegung bietet erneut strauchigen Windschutz von Nord und ein paar unkonventionelle Rastmöbel.

Wenig später schleicht sich links des staubigen Mahlower Weges ein bezaubernder Pfad entlang einer Baumreihe, der manchmal Blickfenster nach Ost oder West öffnet und zum Dorf hin immer lichter wird. In Großziethen bestehen rund um den Kreisverkehr Möglichkeiten, die Vorräte aufzufüllen oder ein Heißgetränk zu schlürfen, bevor es gleich wieder hinaus ins Grüne geht, nun in Gestalt der Luchwiesen. Die weiten

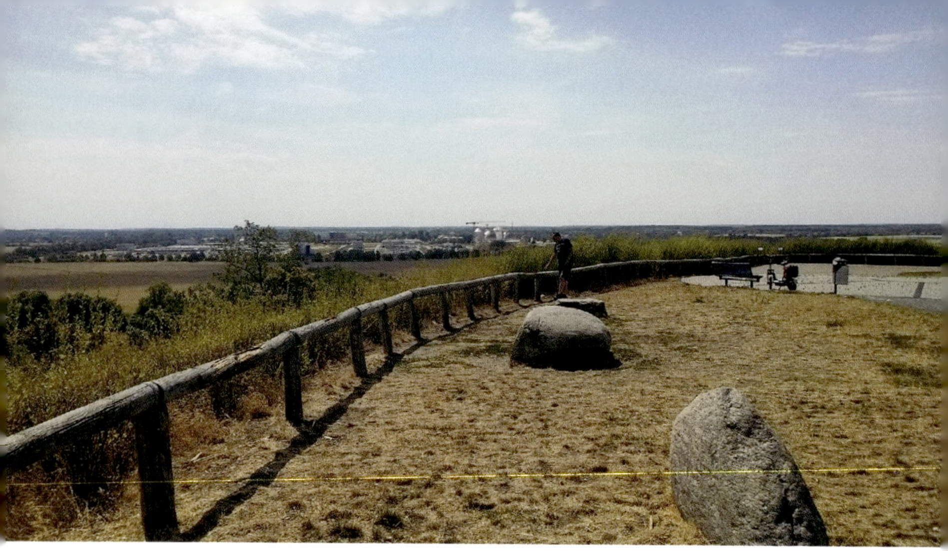

Gipfelplateau Dörferblick

Flächen sind durchzogen von Wassergräben, an deren Linien die Natur besonders üppig sprießt, und erinnern mit ihrer Weite und den verstreuten großen Einzelbäumen an eine Aulandschaft.

Dank der zahlreichen Kurven des urgemütlichen Luchweges bieten sich immer wieder neue Perspektiven auf den reizvollen Kontrast zwischen fernen, weidenden Pferden und den weißen Wohntürmen der Gropiusstadt. Von der Anhöhe des Weinberges führt eine ausnehmend schöne und noch recht junge Allee vor zum Schönefelder Weg, begleitet von einer breiten und gern genutzten Sandspur für Pferdehufe.

Kurzzeitig kommen jetzt Radfahrer ins Spiel, doch alternativ gesellt sich dem breiten Weg ab dem Rudower Fließ ein Pfad hinzu, der von Trockenwiesen begleitet wird. Links voraus ist schon das Gipfelplateau des Rudower Dörferblicks auszumachen. Der Einstieg zum Zustieg befindet sich ganz am östlichen Rand der Erhebung und kann auf zwei verschiedenen Wegen erreicht werden. Beide haben ihren Reiz und beide streifen den Steingarten am Fuß des Berges.

Am Parkplatz bei der umzäunten Technikanlage links abgebogen zweigt vom linken Ast der Gabelung sogleich ein kleiner Pfad ab, der in schönster Mittelgebirgsoptik den Weg nach oben vorgibt, erst durch ein Wäldchen, dann entlang von kleinen Bäumen und Rosenbüschen. Nach einer Wiese empfiehlt sich für die letzten Höhenmeter zum Gipfelplateau der breite Pflasterweg. Oben wartet neben den Findlingen mit den Dörferverweisen eine prächtige Aussicht, sowohl in Richtung Fernsehturm samt Stadtkulisse als auch ins weite Brandenburger Umland mit seinen Alleen und Feldern.

Der Abstieg von der Höhe vollzieht sich quasi im freien Fall, da schon bald eine blau eingefasste Treppe übernimmt, die sehr direkt und in mehreren Kapiteln zurück in die Ebene führt. In der vorgelagerten Parkanlage stehen Bäume lose verstreut auf weiten Wiesen, durch die sich ein launiger Pfad seinen Weg bahnt und dabei manchmal im Schatten eines Gehölzes abtaucht. Wieder schauen von der Seite neugierige Pferde, bevor diese Etappe der Berliner Gürtellinie in die genießerische Zielgerade entlang des Rudower Fließes geht. Der kleine Bachlauf ist ein Überbleibsel aus der letzten Eiszeit, das der Volksmund auch als Tränendrüse Rudows kennen soll.

Während das Fließ vor den Toren der Stadt eher funktional entlang von Feldern und blumenreichen Wiesen verläuft, kuschelt es sich ab der Stadtgrenze in einen vegetationsreichen und oftmals schattigen Grünzug, der mit seiner verspielten Wegführung und einladenden Bänken immer wieder an eine Parkanlage erinnert. Begleitet wird die oft naturromantische Episode von Promenierwegen und Pfaden, Schilfgürteln

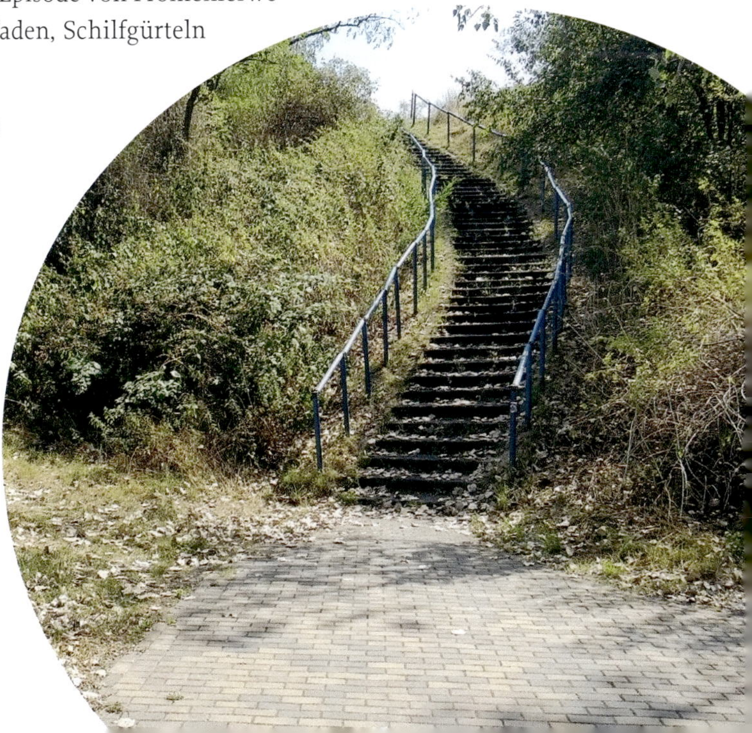

Abstiegstreppe

und Ausbuchtungen, nicht zuletzt auch von Mooren und kleinen Erlenbrüchen, wo schöne Plankenstege ein Durchkommen ermöglichen. Wer hier etwas Geduld an den Tag legt, kann eine erstaunliche Vielfalt von Wasservögeln, schwirrenden Sechsbeinern und Unterwassergetier entdecken.

Von der Stadtgrenze bis zum ypsilonförmigen Plankensteg am Nackthalsweg lässt sich wahlweise links oder rechts des Rudower Fließes spazieren, und wer gern mal die Uferseite wechselt, kann dies in einer guten halben Stunde Weges siebenmal tun.

Ist man bei Brücklein Nr. 7 auf den Geschmack gekommen und möchte den Ausflug ohnehin am U-Bahnhof Rudow ausklingen lassen, gibt es in den letzten zehn Minuten noch einen vollwertigen Nachschlag, bevor man an der Neuköllner Straße etwas nördlich des Bahnhofs ins Tempo der Stadt zurückgeworfen wird. Sollte das jetzt doch zu schnell gehen, geht man nach dem Überqueren der breiten Straße einfach geradeaus in die Straße Am Hanffgraben. Schon ein paar Minuten später landet man am idyllischen Dorfteich mit seiner kleinen Aussichtsterrasse, kann im Heimatmuseum Rudow die Uhren langsamer ticken lassen oder im Alten Krug echte Berliner Gastlichkeit erleben.

Breitestelle am Fließ

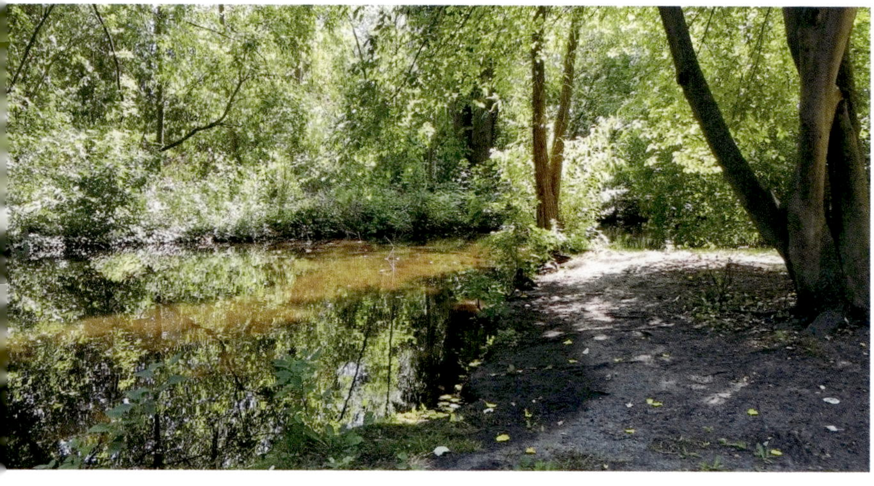

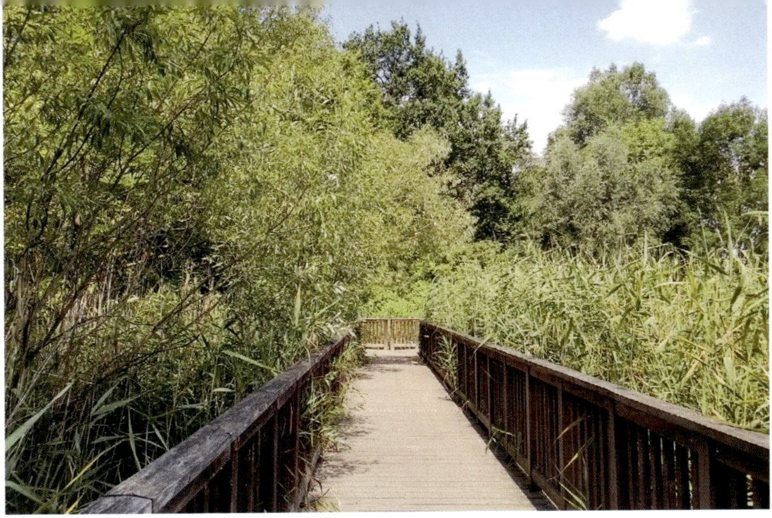

Steg durch das Bruch

Kurzcharakteristik: offene Feld- und Wiesenwege mit viel Platz, dazu Siedlungslagen, ein Berg und ein schattiges Fließtal

Anreise: S 3, tagsüber alle 10 Min. (Fahrtdauer ab S Alexanderplatz ca. 40 Min.)

Abreise: U 7, tagsüber alle 5 Min. (Fahrtdauer bis S Alexanderplatz 30 Min.)

Wegqualität: gut begehbare unbefestigte Wege und Pfade; Hartbelag nur in den Ortslagen und am Berg

Anteil mit Autolärm: ca. 10 Min.

Was gibt es entlang des Weges zu sehen: Lichtenrade mit Ladenstraße / Lichtenrader Dorfteich / schöne Feldwege / Dorf Großziethen mit Kirche, Gutspark und Kinderbauernhof / Luchweg und Klagenberge / Steingarten am Dörferblick / Parkanlage am Dörferblick mit Aussichtspunkt / Grünzug am Rudower Fließ mit Plankenwegen

Gastronomie: div. in Lichtenrade; am Kreisverkehr in Großziethen

Vorkommende Wegweisung: Pilgerweg

Abkürzen per ÖPNV: Kreisverkehr Großziethen (Bus, bei 5 km); dazwischen weitere Optionen mit Zuwegen

Öffentliche Toiletten: Pfarrer-Lütkehaus-Platz am S-Bhf. Lichtenrade, B 96 Ecke Alt-Lichtenrade

AUF GRÜNER FÄHRTE IM ÄUSSEREN STADTGEBIET

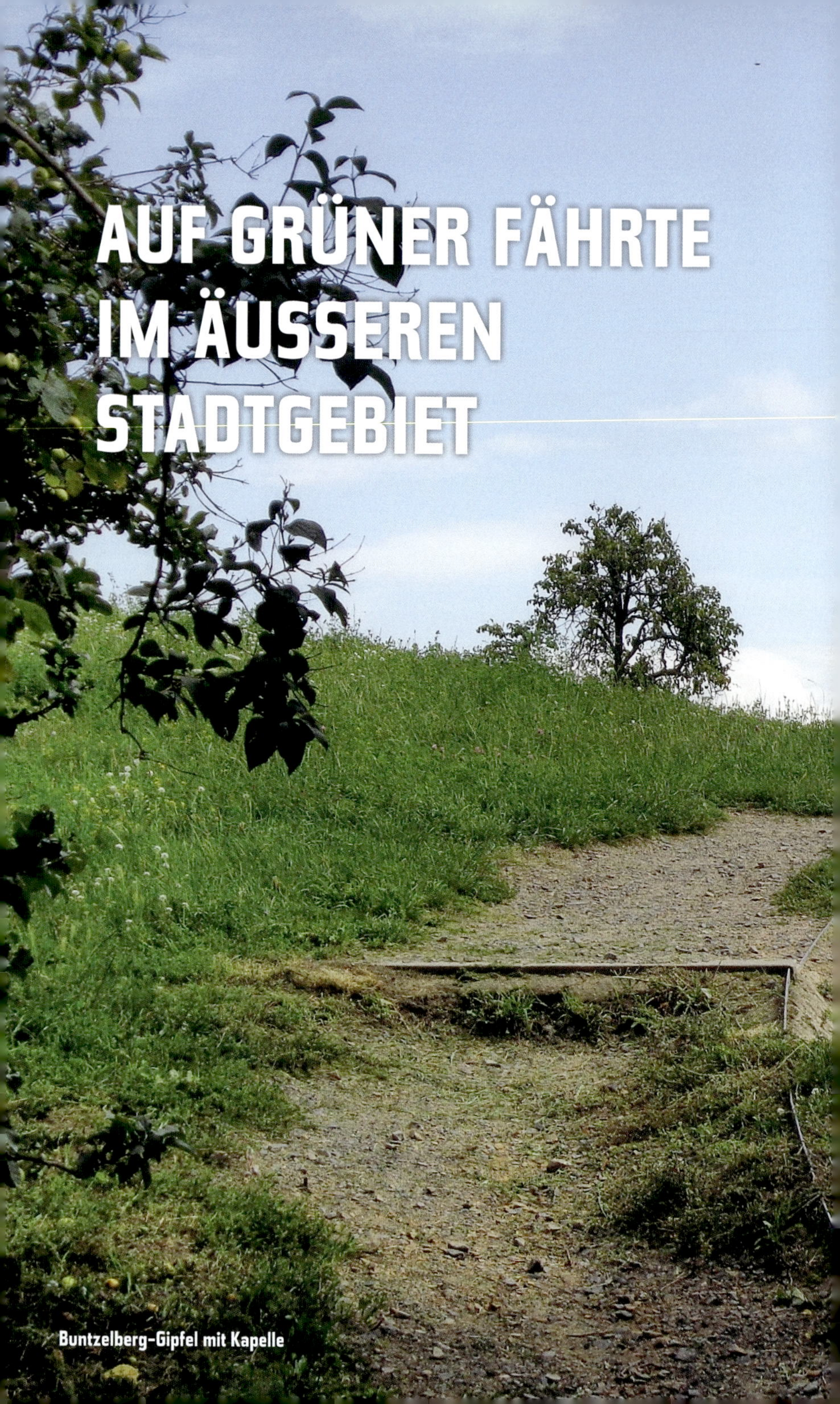

Buntzelberg-Gipfel mit Kapelle

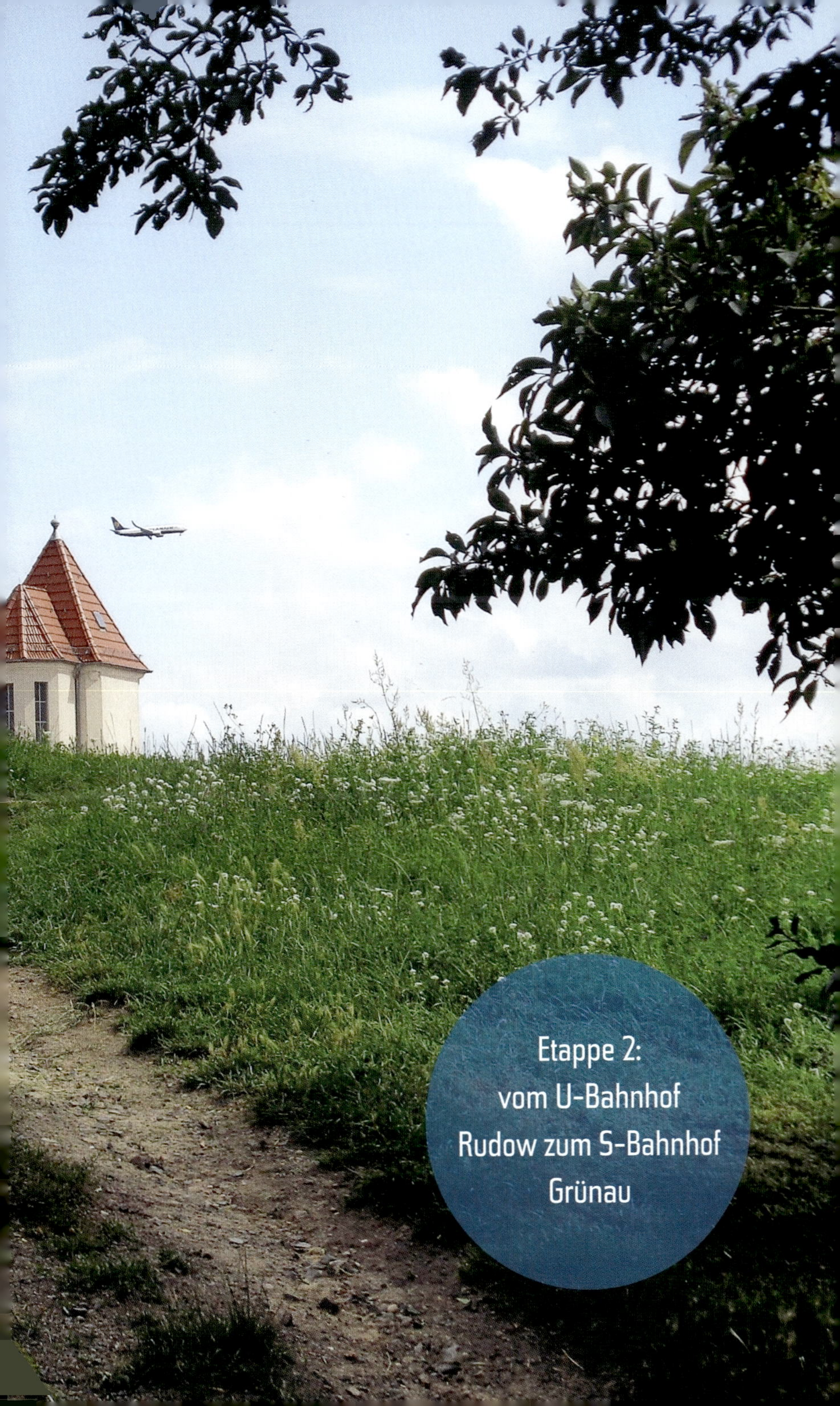

Etappe 2: vom U-Bahnhof Rudow zum S-Bahnhof Grünau

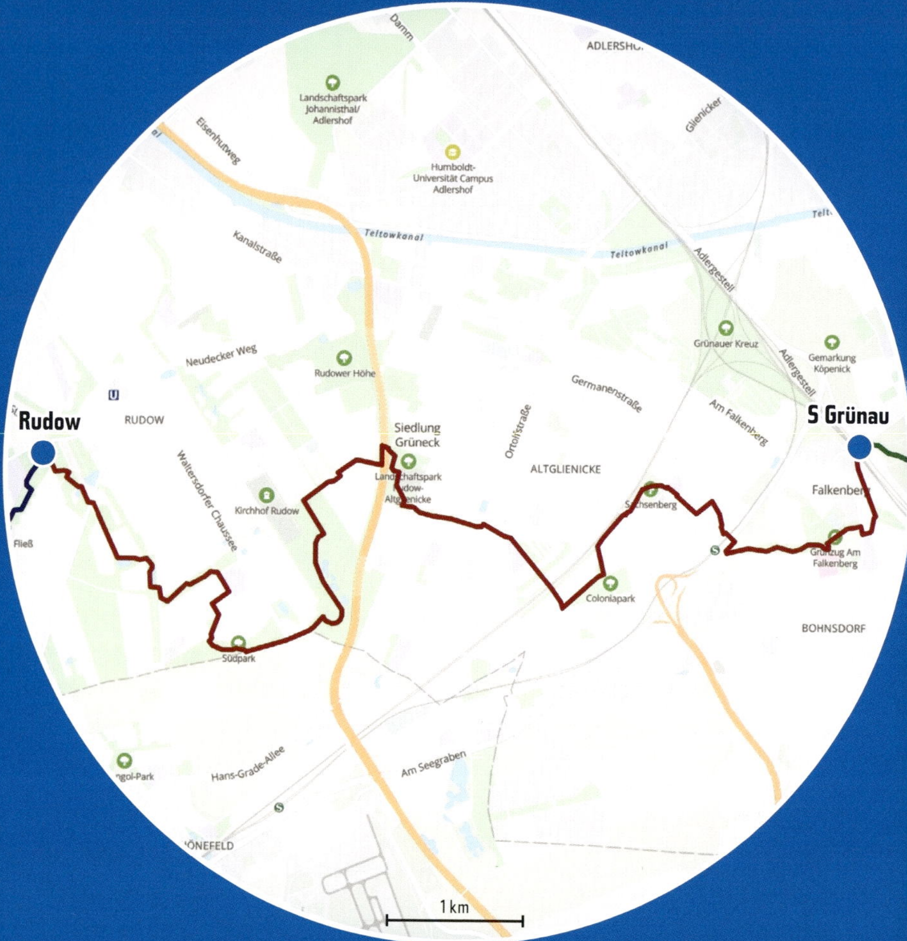

11,3 km; am Beginn 600 m Zuweg vom U-Bhf. Rudow

in den Ortslagen, auf dem Mauerweg und oftmals in den Grünzügen Hartbelag; dazwischen gut begehbare unbefestigte Wege und Pfade

ein kürzerer Abstieg (vom Falkenberg)

Verlauf: (U-Bhf. Rudow) / Parkwege am Rudower Fließ / Kleingärten / Parkwege im Grünzug am Meskengraben / Parkwege im Nordpark / Gartenstadt Rudow / Parkwege im Südpark / Mauerweg / Parkwege am Massantepfuhl / Parkwege am Friedhof Altglienicke / Parkwege im Grünzug Altglienicker Grundpark / Coloniaviertel / Wohnviertel am S-Bhf. Altglienicke / Parkwege im Grünzug am Falkenberg / S-Bhf. Grünau

Noch ist Rudow U-Bahn-Endstation, auch wenn die Verlängerung zum derzeit größten Berliner Flughafen schon weit mehr ist als eine bloße Idee. Falls am Ende aller nötigen Verfahren letztlich ein Ja steht, könnte es vielleicht schon in den 2040er Jahren so weit sein.

Die Berliner Gürtelline ist vom nördlichen Ausgang des Bahnhofs nur einen hübschen Grünzug und eine knappe Viertelstunde entfernt. Ein Holzbrücklein führt am Nordrand des Erlenbruches über das Rudower Fließ, welches damit verlassen wird. Weitere Fließgräben, Brücken und Teiche sollen folgen. Das wird gleich nach dem Verlassen des Erlenbruchrings bestätigt, auch kurz darauf beim hölzern eingehegten Kleinen Rohrpfuhl, dessen Schilfkrause im charmanten Schwenk gestreift wird. Auf den schmalen Wegen durch die Wochenendgärten gibt es nun einiges Augenfutter. Sollte übrigens eines der Tore am Rhodeländerweg abends schon verschlossen sein, kann man über Erlenbruchring oder Lockenhuhnweg einfach außenherum gehen.

Maßlos breit wirkt nun die Waßmannsdorfer Chaussee, hinter der eine gänzlich andere Landschaft beginnt. Auf dichtes Buschwerk und

Am Kleinen Rohrpfuhl

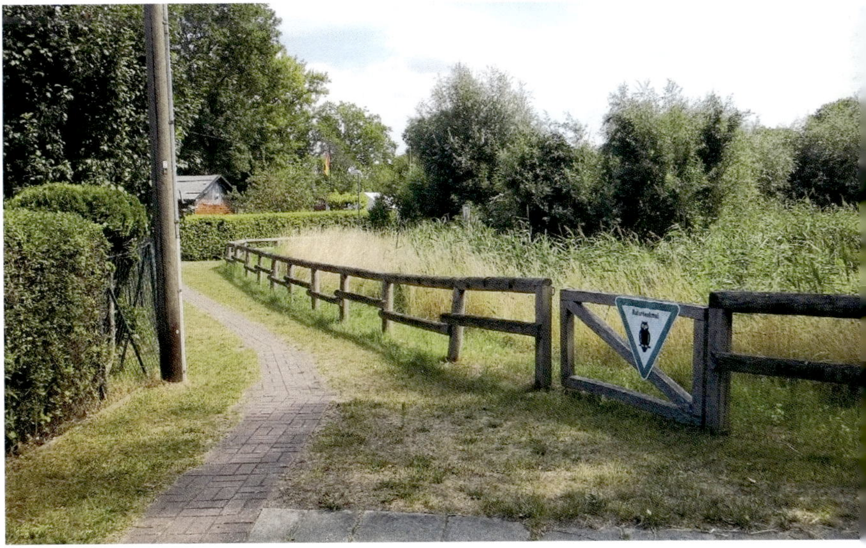

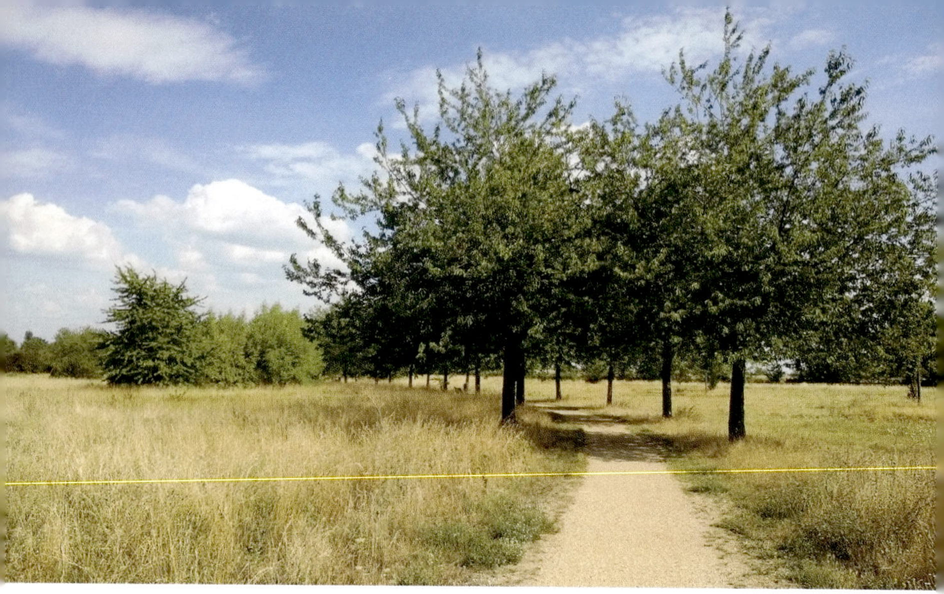

Kirschallee im Südpark Rudow

weite Wiesen mit knorrigen Holzgeländern folgt ein hübsches Wäldchen, das kurz den Eindruck einer Hohlgasse öffnet, gleich danach hat der Blick wieder Platz. Zwei aufeinanderfolgende Dreierkreuzungen stellen vor Entscheidungen, denn alle verfügbaren Wege sind verlockend. Wer bei der zweiten der Kreuzungen vom linken Weg abweicht, schleicht auf einem Pfad hinterm winzigen Lolopfuhl entlang, wer hingegen links bleibt, spaziert durch eine äußerst fotogene Kurvenlinie. Letztlich treffen sich beide Varianten an einem bunt gemischten Gemüseacker wieder, bei dem manchmal auch Pferdemähnen die Szenerie bereichern.

Rechts von der Brücke über den Meskengraben liegt etwas vertieft ein Pfuhl, der extrem schlank ist und dennoch eine Taille hat. Bei Enten steht er hoch im Kurs, entsprechend ist die Geräuschkulisse, wenn man den unteren Weg benutzt. Ein Teil des Wassers ist kleidsam mit Seerosen bedeckt, die Uferkante begleiten stämmige kleine Weiden. Bei Station 1 eines Geo-Lehrpfades geht es vor zur Schönefelder Straße, wo schräg gegenüber der schön gestaltete Grünstreifen des Nordparks beginnt. Gepflasterte Wege und Streuobstwäldchen mit struppigem Wiesenboden führen unterhalb einer sanften Böschung zum robusten Holzsteg. Dazwischen stehen reichlich Bänke, ein paar verstreute Findlinge und hier und da wetterfeste Kunstobjekte, die durchaus funktional sein könnten. Hinter dem Holzrondell liegt einer der größten Spielplätze der Stadt, der zudem thematisch vielfältig ist.

Das folgende, noch recht junge Viertel nennt sich Gartenstadt Rudow. Alle Straßen hier wurden konsequent nach Frauen benannt, was seinerzeit eine deutschlandweite Premiere darstellte. Unter den Geehrten, die sich um Neukölln, Berlin oder Deutschland verdient gemacht haben, finden sich neben Politikerinnen und einem Wandervogel-Mädchen auch eine Ordensschwester und eine Frauenberaterin. Die Namen der Damen müssen die meisten Menschen vermutlich erstmal nachschlagen, was ja heutzutage kein Problem ist. Vom Lieselotte-Berger-Platz, der sich mit ein paar Marktbuden bekleidet am wohlsten fühlen dürfte, kommt man vorbei an einem Spielplatz zum halbrunden Ottilie-Baader-Platz. Die Landschaft öffnet sich hier zum Südpark und eine hinreißende Kirschallee strebt mit sanftem Schwung der Stadtgrenze zu. Am Ende möchte man sie gleich noch einmal zurück und wieder her gehen.

Auf einem Stück Mauerweg-Asphalt wird beim Schönefelder Ortsschild die breite Waltersdorfer Chaussee überquert. Bald schon öffnet

Am Massantepfuhl

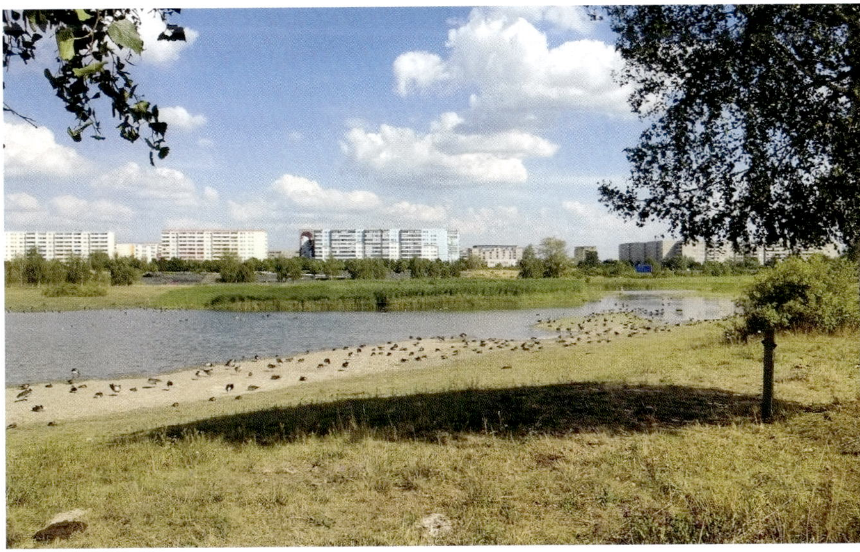

sich die Landschaft erneut mit einem gänzlich anderen Bild, das von gekrümmten Wegen, großer Weite und regelrechten Promenaden gestaltet wird. Im Hintergrund weisen die Hochhäuser des Kosmosviertels leise darauf hin, dass man sich in der Stadt befindet. Fast das ganze Jahr hindurch sind hier Zugvögel zu sehen und vor allem auch zu hören, die rund um den Massantepfuhl und seine Ableger das perfekte Zuhause gefunden haben und sich die eckenlose Fläche friedlich mit wuchtigen Wasserbüffeln teilen. All das gehört zum Landschaftspark Rudow-Altglienicke, den es erst seit 15 Jahren gibt. Wer nicht genug bekommt von dieser Landschaft, kann abseits der Berliner Gürtellinie noch eine Menge Wege abschreiten.

Eine schnurgerade Buschgasse steuert zwischen Pferdeweiden die nächste Wohnsiedlung an, doch vorher wird rechts abgebogen und zwischen Pferdekoppeln ein Hofgelände gequert. Sollte hier das Tor einmal verschlossen sein, kommt man über eine wunderschöne, ebenfalls schnurgerade Allee zurück zum Mauerweg und bald auch zur Berliner Gürtellinie. Nach der Hofquerung liegt rechts der Milchhof Mendler, gleich gegenüber vom ergiebigen Hofladen kann man sich von Ziegen angrinsen lassen. Nach ein paar Schlenkern wird unbemerkt die Autobahn auf ihrem grünen Deckel gequert, bevor lange Reihen quadratischer Steinplatten in

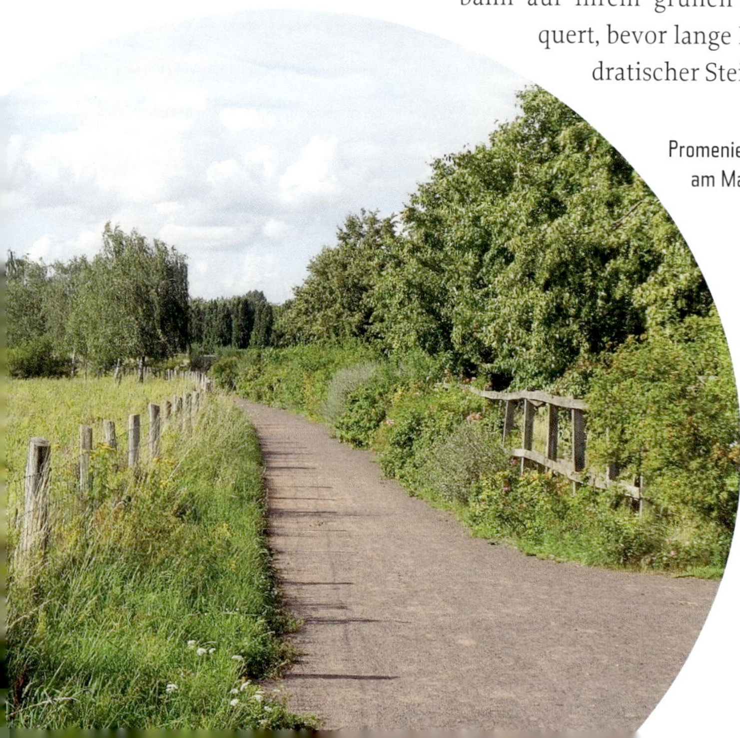

Promenierweg am Massantepfuhl

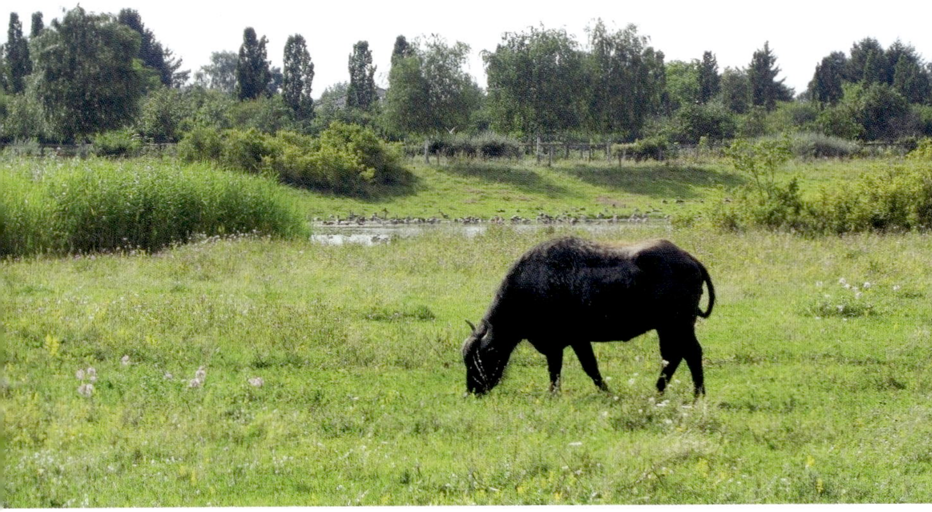

Zugvögel und Hornvieh am Massantepfuhl

die wilde Wiese locken. Auf diesen und auf Trampelpfaden lässt sich der kleine Friedhof umrunden, der einst von Feldern umgeben war. Zuletzt geht es zwischen jungen Obstbäumen hindurch zur Schönefelder Chaussee. Der anschließende Grünstreifen des Altglienicker Grund-Parkes klemmt schmal zwischen den Gärten, und doch merkt man kaum etwas davon, was an der Schönheit des geschwungenen Pfades, den üppigen Wiesen und einer großen Menge buschiger Bäumchen liegen könnte. Die Tiburtiusstraße flankiert ein langes Schulgelände, bevor nach einem großen Torhaus die Bahnlinie auf steiler Treppe überquert wird. Drüben wartet mit dem Coloniapark die nächste weitläufige Grünfläche und bildet hier die grüne Lunge des Viertels, dessen Namen zumeist mit Köln und dem Rhein zu tun haben. Das erklärt auch die Anwesenheit von Tünnes und Schäl, zwei im Kölner Raum bekannten Charakteren, die eine Ecke weiter palavernd auf dem Ehrenfelder Platz stehen. Auch im Coloniapark gibt es Spielplätze und jede Menge Bänke, die meist schattig stehen. Ein Spazierweg setzt sich hinter der Porzer Straße an der Bahntrasse fort, die hier für Ohr und Auge hinter einer begrünten Schotterwand verschwindet. An der Wegedornbrücke wechselt die Berliner Gürtellinie ins pfadreiche Wäldchen der Brake Altglienicke, bevor ein kleines Straßen-Zickzack den S-Bahnhof Altglienicke ansteuert.

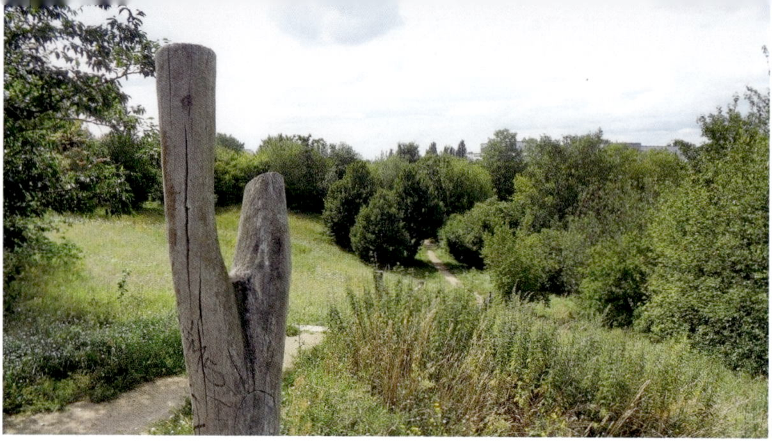

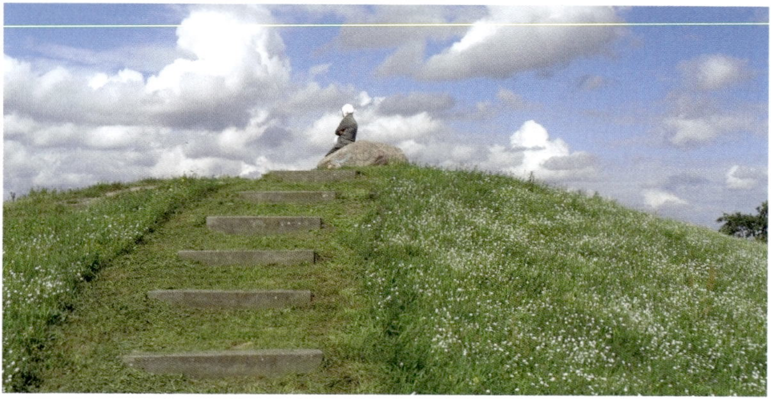

Abstiegsweg am Falkenberg Grünau, Ordensschwester in der Pause am Gipfelstein

Die Fußgängerbrücke ist zugleich eine Art Schleuse zwischen Altglienicke und Bohnsdorf und überbrückt neben der Bahn auch eine breite Ausfallstraße, deren Lärm schnell wieder vergessen ist. Der Grünzug am Falkenberg, auf dieser Etappe nun schon der fünfte Grünstreifen zwischen Wohnvierteln, sieht wieder komplett anders aus und verläuft ein wenig in Kammlage. Altes Holz und junge Büsche gestalten mit verstreuten Spielplätzen und geschwungenen Wegeverläufen eine eigene kleine Gegend, in der sich problemlos etwas Zeit verbringen ließe. Im Osten rechtfertigt ein kleiner Gipfel, durch dessen Umland sich ansehnliche Treppen strecken, das Wort Berg im Namen. Aus dem richtigen Blickwinkel wird die Turmspitze vom St.-Hedwig-Krankenhaus dahinter zur Bergkapelle, und manchmal sucht und findet dort auf dem Gipfelstein eine Ordensschwester etwas Ruhe zwischendurch. Abgesehen von der Schönheit und Besonderheit dieses Ortes, der nach seinem früheren Besitzer umgangssprachlich Buntzelberg heißt, bietet sich dort eine erstaunliche Panorama-Aussicht, bei der Auskenner eine Menge Landmarken zuordnen werden. Die wohl längste Treppe weit und breit steigt ab am Weideberg der Buntzel-Ranch, auf dem oft Schafe zugange sind, die langen Stufen ziehen eine gewisse Eleganz der Schritte nach sich. Schräg über die Buntzelstraße beginnt der kleine Fußweg Advokatensteig und endet gleich wieder an der Gründerstraße, die wiederum nach wenigen Minuten am S-Bahnhof Grünau herauskommt.

Kurzcharakteristik: verschiedenartige Grünzüge durch Siedlungslagen, dazwischen Zugvögel, ein Hofladen und eine Panoramaaussicht

Anreise: U 7, tagsüber alle 5 Min. (Fahrtdauer ab S Alexanderplatz 30 Min.)

Abreise: S 8/S 85, tagsüber alle 10 Min. (Fahrtdauer bis S Alexanderplatz 35 Min.)

Anteil mit Autolärm: nur punktuell

Was gibt es entlang des Weges zu sehen: Pfühle am Grünzug Meskengraben / Nordpark mit großem Spielplatz / Südpark mit Kirschallee und Stadtrandhof / Landschaftspark Rudow-Altglienicke mit Neualtglienicker Teichen (Wasserbüffel und Zugvögel) / Milchhof Mendler mit Hofladen und Tiergehege (saisonal Feste) / Landschaftspark Rudow-Altglienicke und Altglienicker Grundpark / Grünzug Am Falkenberg mit Gipfelstein Hedwigshöhe (Panoramablick) / Buntzelranch mit Streichelzoo (saisonal Feste)

Gastronomie: in der Gartenstadt Rudow; in der Coloniaallee in Altglienicke; am S-Bhf. Grünau

Spielplätze: im Nordpark, beim Südpark, im Grünzug am Falkenberg

Vorkommende Wegweisung: HW 15

Abkürzen per ÖPNV: Stadtgrenze Rudow (Bus, bei km 3,4), Coloniaallee (Bus, bei km 7,3), Altglienicke (S-Bahn, bei km 9,4); dazwischen weitere Optionen mit Zuwegen

Öffentliche Toiletten: im Nordpark Rudow bei den Spielplätzen, am Friedhof Altglienicke (kurzer Zuweg), am S-Bhf. Grünau

WASSER IM WALD UND WALD AM WASSER – KRUMME LAKE UND DAHMESEEN

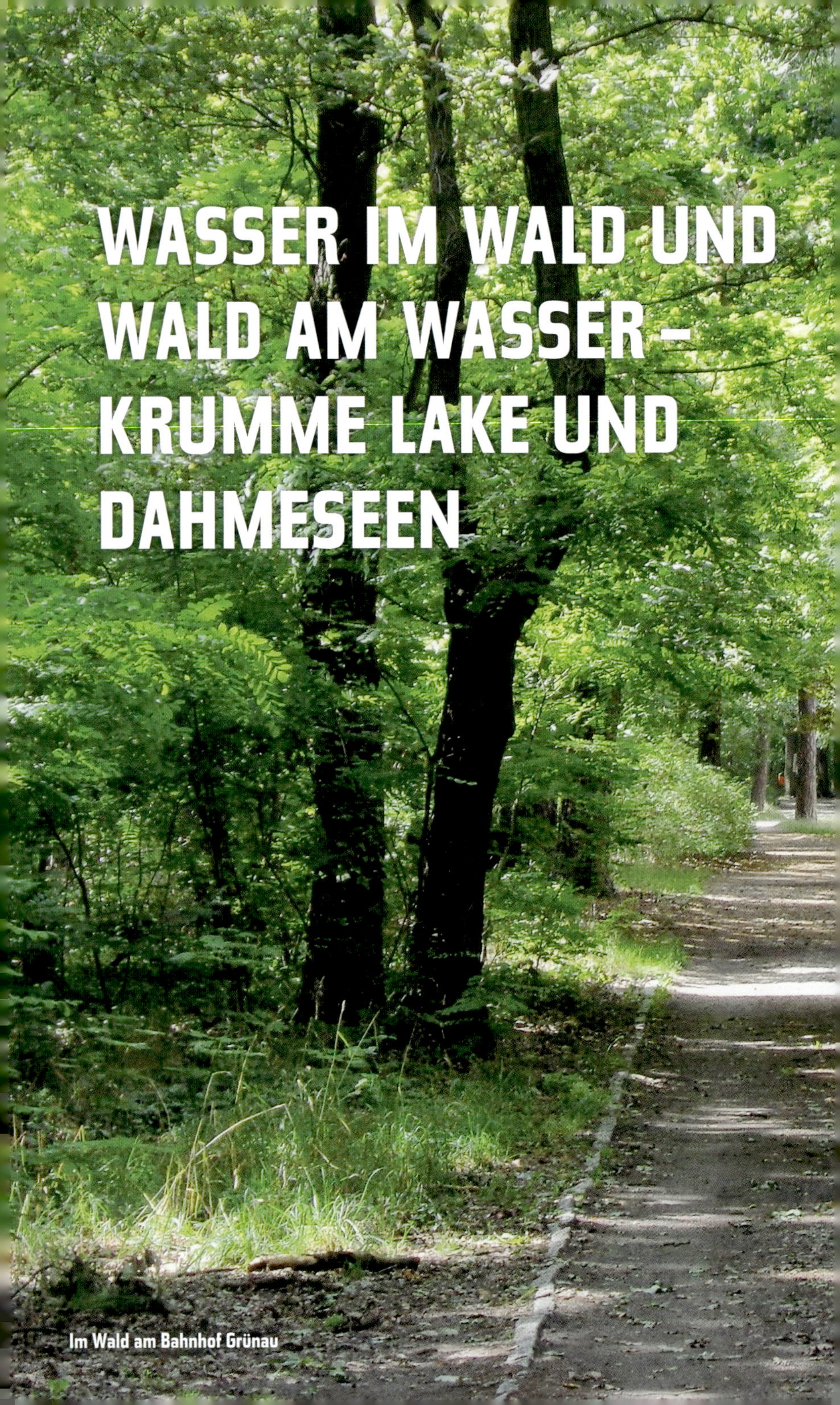

Im Wald am Bahnhof Grünau

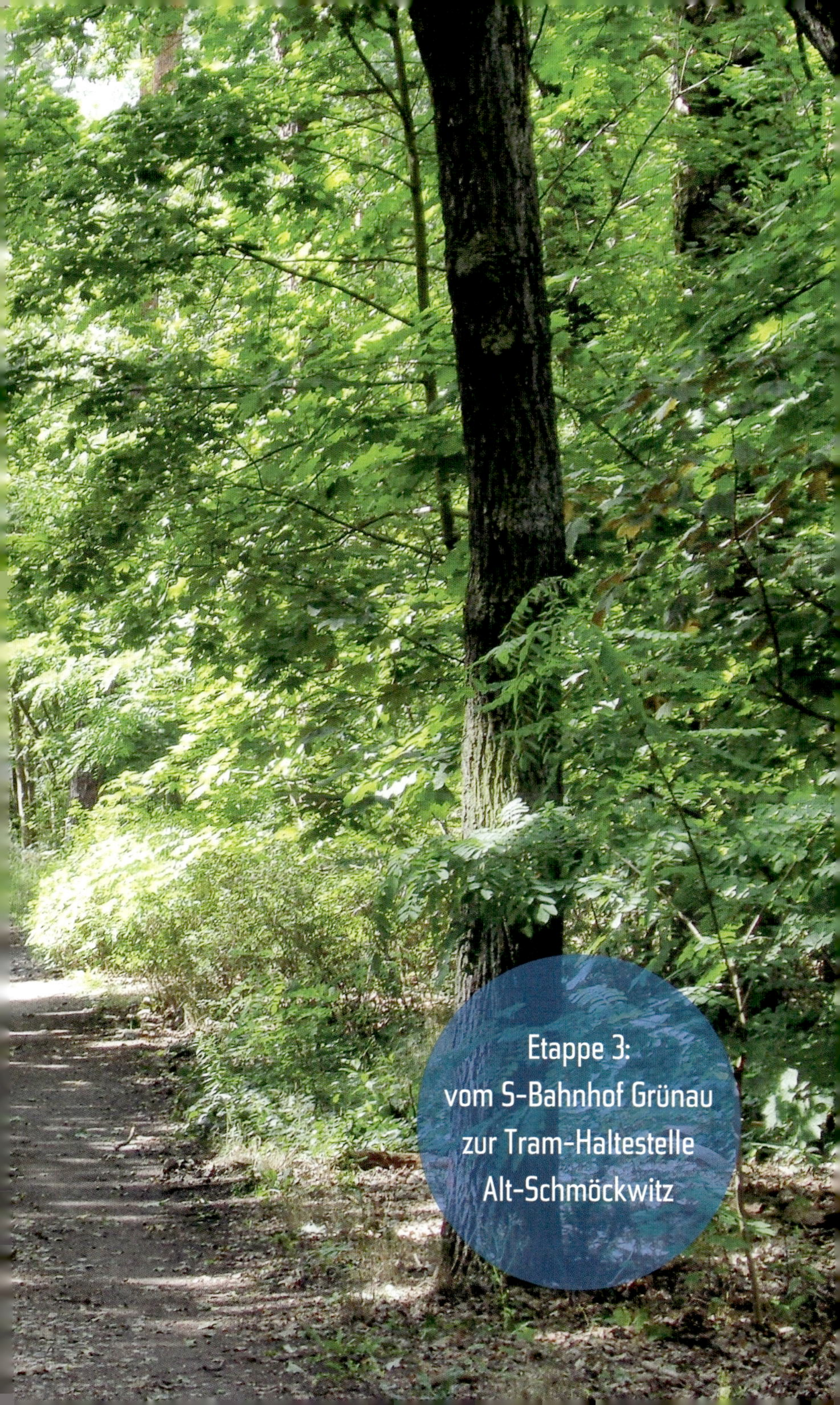
Etappe 3:
vom S-Bahnhof Grünau
zur Tram-Haltestelle
Alt-Schmöckwitz

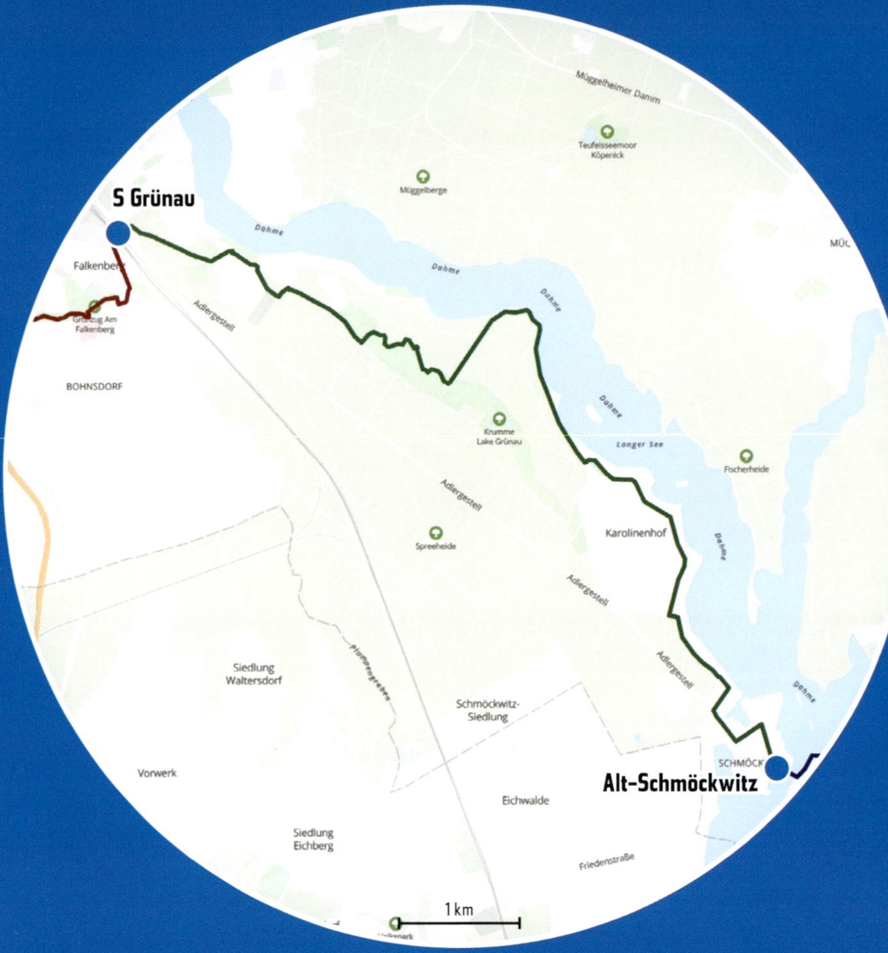

9,4 km

gut begehbare unbefestigte Wege und Pfade; nur in den Ortslagen Hartbelag

keine Steigungen

Verlauf: S-Bhf. Grünau / Stadtwald Grünau / Waldwege an der Krummen Lake / Waldwege am Dahme-Ufer / Wohnviertel Karolinenhof / Fähranleger Schmöckwitz / Dorf Alt-Schmöckwitz

Grünau ist einer von den ganz wenigen Berliner S-Bahnhöfen, wo die Straßenbahn nach ein paar Metern einfach im Wald verschwindet und sich dann für längere Zeit fern von Ampeln und stärkerem Verkehr hält. Ein weiterer dieser Bahnhöfe findet sich mit Rahnsdorf an einer späteren Etappe der Berliner Gürtellinie. Die Ausgiebigkeit der herrlichen Waldpassage bei Grünau, die zudem als Strand-Zubringer fungiert, darf unabhängig von Definitionskriterien als Superlativ gelten.

Wer sich vorher noch mit Wegproviant, Bade-Keksen oder erfrischenden Getränken, vielleicht auch mit Sonnencreme, Mückenschutz oder einem lustigen Hut versorgen möchte, hat dazu rund um den Bahnhof alle Möglichkeiten. Das Bistro Palme direkt am Straßenbahnsteig stimmt auf Sand zwischen den Zehen ein, sei es nun barfuß auf den zahllosen Waldwegen oder amphibisch an der Uferkante.

Wer im Wald den breiten Weg mit dem schönen Namen Buxensteinallee gleich nach rechts verlässt, kommt wohlbeschattet zum weitläufigen Waldspielplatz. Hier gibt es allerhand hölzerne Tiere und Gefährte

Waldgasthaus Hanff's Ruh

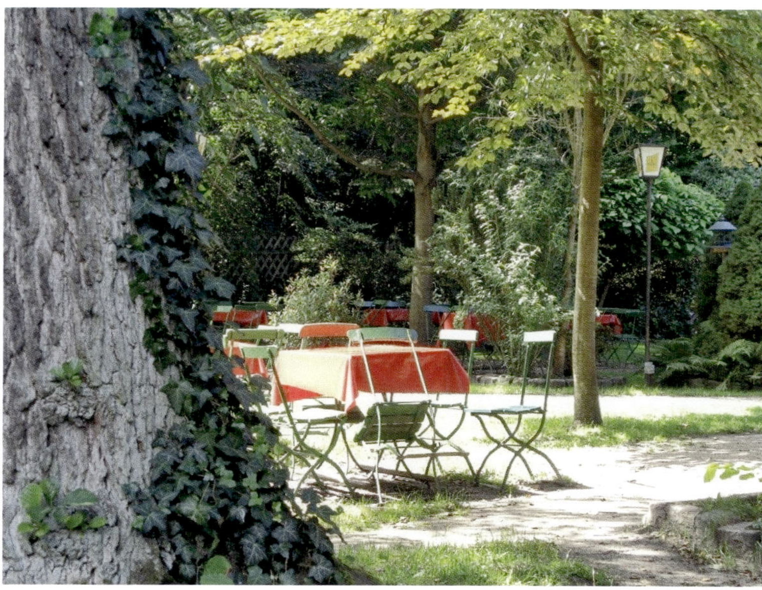

abzuklettern, um sich als Kutscher oder Lokführer zu verdingen. Nach einem Stück entlang der Straßenbahn und dem Überqueren der Gleise auf Höhe der Regattatribünen verschwindet der Weg hinter einem bemalten Trafohäuschen gleich wieder im Wald, führt bald vorbei am Portal zum Grünauer Waldfriedhof. Am Ende einer doppelten Lindenreihe bleibt der Blick kurz an den klaren Formen der Feierhalle mit ihren umlaufenden Oberlichtern hängen.

Ab dem hinteren Ende des Parkplatzes an der Rabindranath-Tagore-Straße wird der Fahrweg links von einem schmalen Pfad begleitet, der einen halbwegs geschmeidigen Oberkörper voraussetzt. Da die Frage auf der Hand liegt, sei ein kurzer Ausflug erlaubt: Die Straße mit dem exotisch klingenden Namen hieß zuvor ganz schlicht Straße 900 und wurde im Jahre 1961 nach dem bengalischen Philosophen und künstlerisch-schöpferischen Allround-Talent benannt, das hundert Jahre zuvor geboren wurde und zeitlebens sehr produktiv war. Zwei seiner Lieder dienen heute als Nationalhymnen von Bangladesh und Indien. Allzu viele nach Tagore benannte Straßen scheint es auf der Welt nicht zu geben. Warum

Schilfgrasbucht im Walde

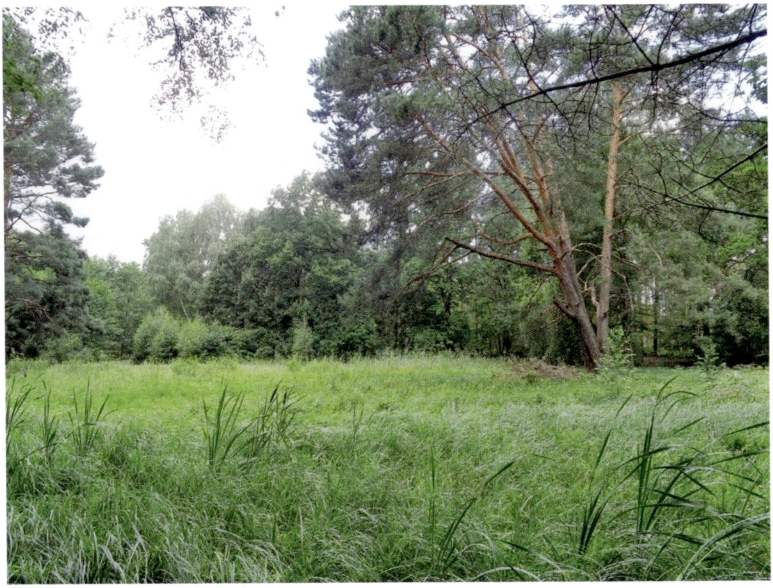

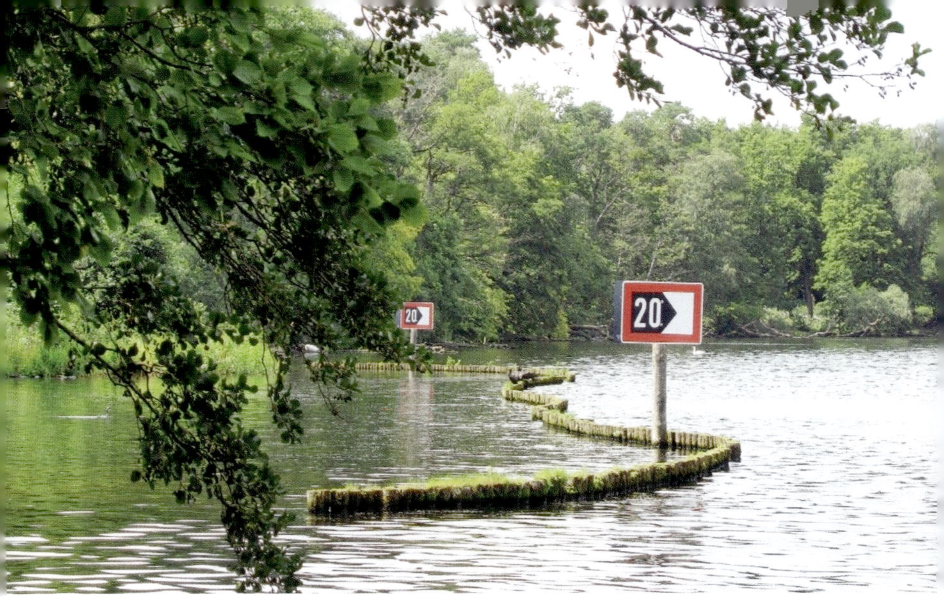

Blick über die Dahme in Richtung Wendenschloss

es gerade Grünau und die einstige Straße 900 wurde, wäre noch zu klären.

Nach wenigen Minuten entlang des Fahrweges stoppen die Schritte an einem der schönsten Waldgasthäuser Berlins, Hanff's Ruh. Es könnte sein, dass die Gemütlichkeit als solche zu einem guten Teil hier erfunden wurde. Drinnen oder draußen, im Freien oder unterm Dach, nahe der Schankluken oder ganz am Rand der Wiese beim Feuchtland – wer einmal sitzt, könnte es schwer haben, sich irgendwann wieder zu lösen. Doch das sollte niemanden abhalten.

Nach ein paar Minuten auf dem breiten, geraden Weg biegt links ein kleinerer ab und leitet umgehend über in die feuchte Welt der Krummen Lake, deren in der Tat krukeliger Verlauf bis kurz vor Schmöckwitz reicht. Feuchtland und Sumpfwiesen, kleine Pfühle und Rinnsale, Schilf neben Kiefern und nass neben trocken bestimmen die folgende halbe Stunde. Nach dem Durchqueren des Schilfgürtels steht rechts eine markante Eiche mit großer Krone, von dort sieht man eine weitere und befindet sich damit automatisch auf der richtigen Spur.

Wer bei den vielen Pfaden, Gabelungen und Abzweigen nicht durcheinanderkommen möchte, hält sich im Zweifelsfall immer rechts. Sollten die Füße plötzlich nass sein, war es einmal zu weit rechts. Vorbei an

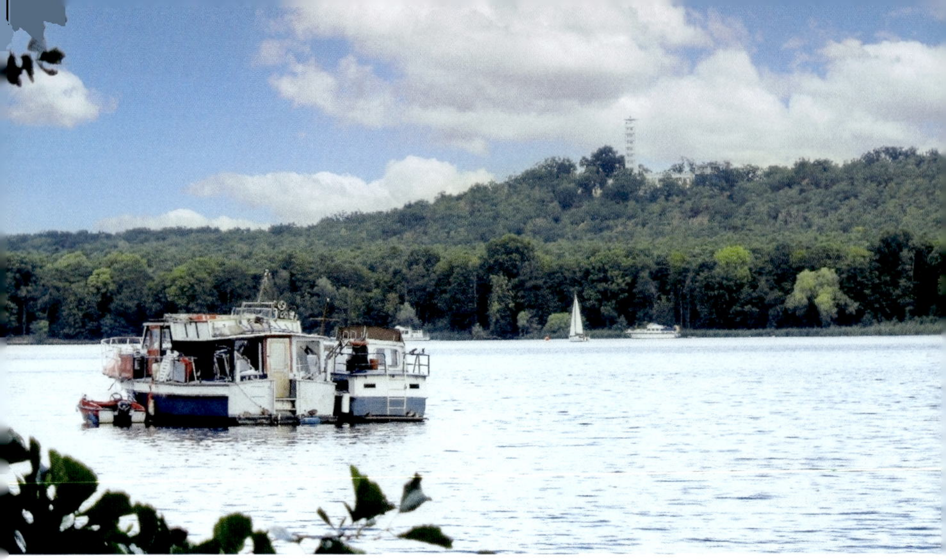

Blick auf den Müggelgebirgskamm

tanzenden Birken und den struppigen Schilfgraswogen einer himmeloffenen Bucht gilt es bei den vielen Wurzeln nicht ins Stolpern zu kommen, denn der Blick schweift in steter Erkundung der Waldlandschaft umher. Auf den Wiesen lohnt es, den Blick mal für ein Weilchen stillzuhalten, denn dank ihres Artenreichtums fühlen sich hier verschiedenste Schmetterlingsarten wohl. Der Pfad entlang der Krummen Lake ist direkt am Feuchtland meist breit, in den Waldstücken dann eher pfadig und endet irgendwann an einem sehr breiten Fahrweg.

Links der schnurgeraden Waldschneise, an deren Ende ab und zu gelbe Waggons vorbeisausen, gedeiht auf einem Grünstreifen allerlei Geblüm, Heidekraut und Baumnachwuchs. Wenn der Wind richtig steht, kann von hier schon das Wasser der seebreiten Dahme zu riechen sein. Nach dem Überqueren der Gleise locken dann nach einigen schönen Blicken gen Grünau und Wendenschloss die ersten Badestellen, bald auch der große Strand an der Bammelwiese samt halbschattiger Uferwiesen. Hier ist nun aufs Neue zu entscheiden, wie es mit dem Tag weitergehen soll.

Da der Weg der Uferlinie treubleibt, ergeben sich immer wieder neue Blicke auf den Müggelturm, der gegenüber auf dem Kamm der Müggelberge thront. Sportboote sowie ihr Steuer- und Kombüsenpersonal dümpeln vor dem Ufer, Enten palavern leise unter dem Dach langer Äste und im langen Dahmebogen haben oft die Segler ihren Spaß. Immer wieder bieten sich kleine Badestellen an, auch einen zweiten größeren Strand gibt es noch auf dem Weg nach Richtershorn. Die Wasserfläche der Dahme ist hier besonders weit, nur da und dort verwirren Inseln oder Halbinseln den zuordnenden Blick, der bis fast zur Großen Krampe reicht.

In Richtershorn kommt nun wieder der Straßenverkehr ins Spiel, doch das bleibt bis zur nächsten Ampel unauffällig. Hier und da findet sich noch ein Nachklapp zu der Reihe von Rudervereinen, die nahe der Regattatribüne in Grünau residieren. Manchmal kann man vom Zaun aus die schlanken Leiber der Mannschaftsboote bestaunen, mit denen sich in Eleganz erstaunliche Geschwindigkeiten erzielen lassen.

An einem kleinen Platz mit Teich und Spielplatz beginnt ein Wohnviertel, das altgewachsen und von baumbestandenen Straßen mit breiten Bürgersteigen durchzogen ist, wodurch es recht behaglich wirkt. Dreimal lockt am Ende querender Straßen das Wasser, und wirklich gibt es in allen drei Fällen einen Uferzugang für jedermann, jeweils mit kleinem Inselblick.

Auch der abwechslungsreiche Hausbestand entlang der Rohrwallallee sorgt dafür, dass man etwas zu gucken hat, ab und an mal die Straßenseite wechselt, um ein Detail unter die Lupe zu nehmen oder eine Anregung für daheim zu vermerken. Am Ende der Straße verschwindet der Weg nach einem kleinen Schlenker wieder im Wald und folgt bald den hölzernen Zäunen weiterer Wassersportvereine. Vorn am Wasser drängeln

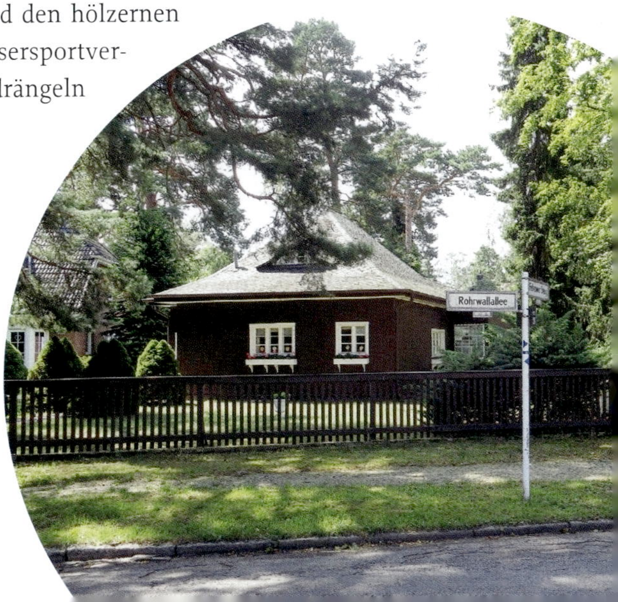

Wohnviertel Karolinenhof

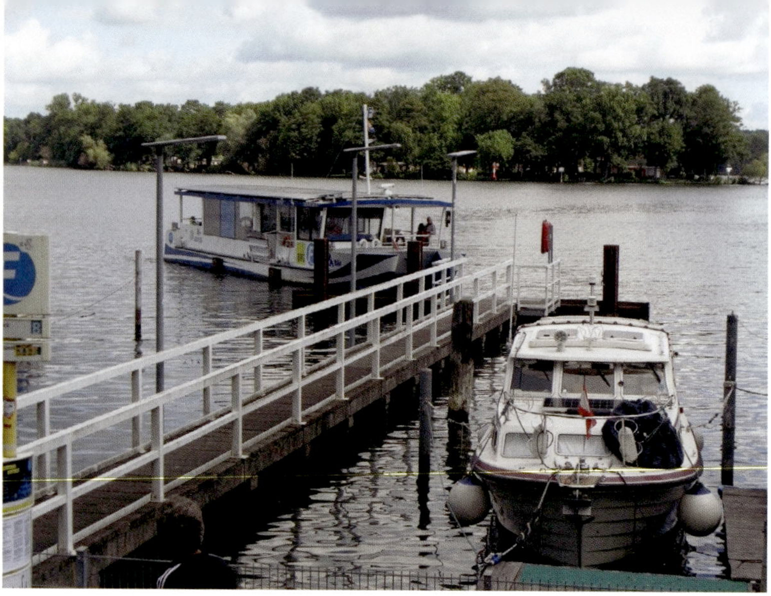

Fährbär im Anflug

sich unzählige kleine Boote an den Stegen, zum Wald hin verweist der Bereich hinter den Bootsschuppen mit ihren unzähligen Türen und Fenstern auf gemütliche Stunden nach getanem Wasserwerk.

Ein letztes Mal auf dieser Etappe verlässt die Berliner Gürtellinie nun den Wald und lenkt den Blick sogleich nach links zum einladenden Fähranleger. Von hier legt alle halbe Stunde die Fähre zur Großen Krampe ab, der stille Katamaran soll auf den Rufnamen Fährbär reagieren. Wer übersetzt, kann die Passage übers breite Dahmewasser sieben Minuten lang auskosten und geht in einer kuschligen Bucht an Land. Nach rechts ist vom Steg aus schon die Einfahrt zum Zeuthener See zu erahnen.

Die Berliner Gürtellinie bleibt am südlichen Ufer. An der nächsten Kreuzung gibt es links zum letzten Mal die Möglichkeit zu einem Blick aufs Wasser, hinüber zur Großen Krampe oder zur Windecke. Am Ende der Straße kommt schließlich die zweite Ampel der Etappe in Sicht. Nach dem Umrunden des Yachthafens oder dem Essen eines Eises bleiben nur noch zwei Hakenschläge über den Imkerweg und die Straße Am Seddinsee, bis mit dem kleinen Schmöckwitzer Kirchplatz die Endhaltestelle der Straßenbahn erreicht ist. Eventuelle Wartezeiten lassen sich gut am Kiosk oder mit einem kurzen Gang zum brückennahen Uferrand überbrücken.

Kurzcharakteristik: wald- und wasserreiche Tour mit tiefer Waldnatur, großen Seen und einem hübschen Wasserdorf

Anreise: S 8/S 85, tagsüber alle 10 Min. (Fahrtdauer ab S Alexanderplatz 35 Min.)

Abreise: Tram 68, tagsüber alle 20 Min. (Fahrtdauer bis S Alexanderplatz 55 Min.)

Wegqualität: gut begehbare unbefestigte Wege und Pfade; nur in den Ortslagen Hartbelag

Anteil mit Autolärm: ca. 5 Min.

Was gibt es entlang des Weges zu sehen: Stadtwald und Wassersportmuseum Regattastraße / Waldfriedhof Grünau und Waldgasthaus Hanffs Ruh / NSG Krumme Lake / Dahme-Uferweg und Badestelle Bammelecke / Bootsverleih Richtershorn / Fähranleger (in 15 Min. zur Großen Krampe) / Dorf Schmöckwitz mit Kirche

Gastronomie: div. am S-Bhf. Grünau; Waldgasthaus Hanff's Ruh, Grünau-Ost; Ruderklause Schmöckwitz; div. im Dorf Schmöckwitz

Spielplätze: Waldspielplatz Grünau (kurz hinterm Bahnhof), Waldspielplatz an der Badewiese Schmöckwitz

Bademöglichkeiten: Strandbad Grünau (mit 500 m Zuweg), Badestelle Bammelecke, weitere Strände und kleine Badestellen bis Richtershorn, Badewiese Schmöckwitz

Vorkommende Wegweisung: Paul-Gerhardt-Weg, HW 9

Abkürzen per ÖPNV: Richtershorn (Straßenbahn, bei km 5,1); dazwischen weitere Optionen mit Zuwegen

Öffentliche Toiletten: am S-Bhf. Grünau, auf dem Waldfriedhof Grünau, in Alt-Schmöckwitz an der Straßenbahnhaltestelle

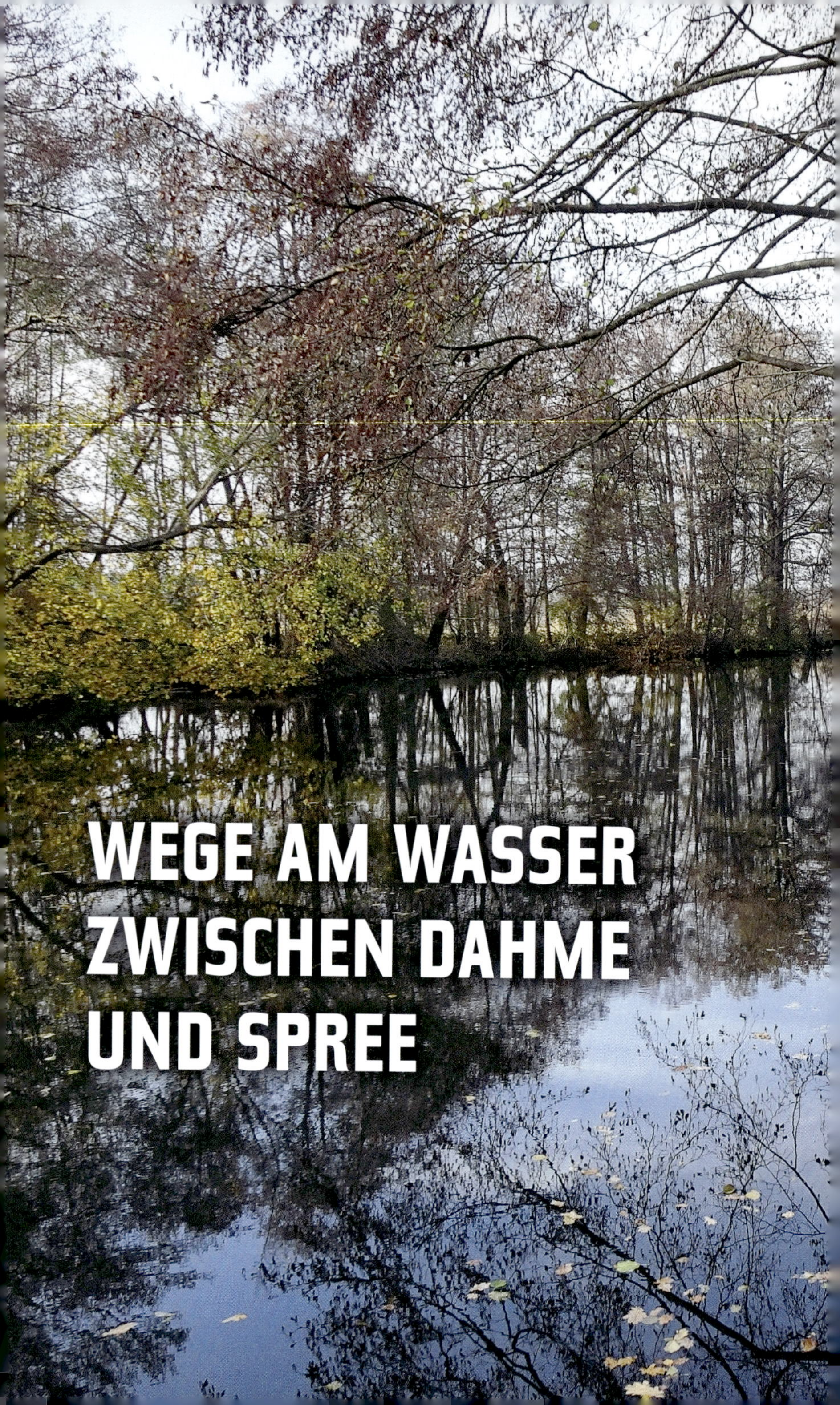
WEGE AM WASSER
ZWISCHEN DAHME
UND SPREE

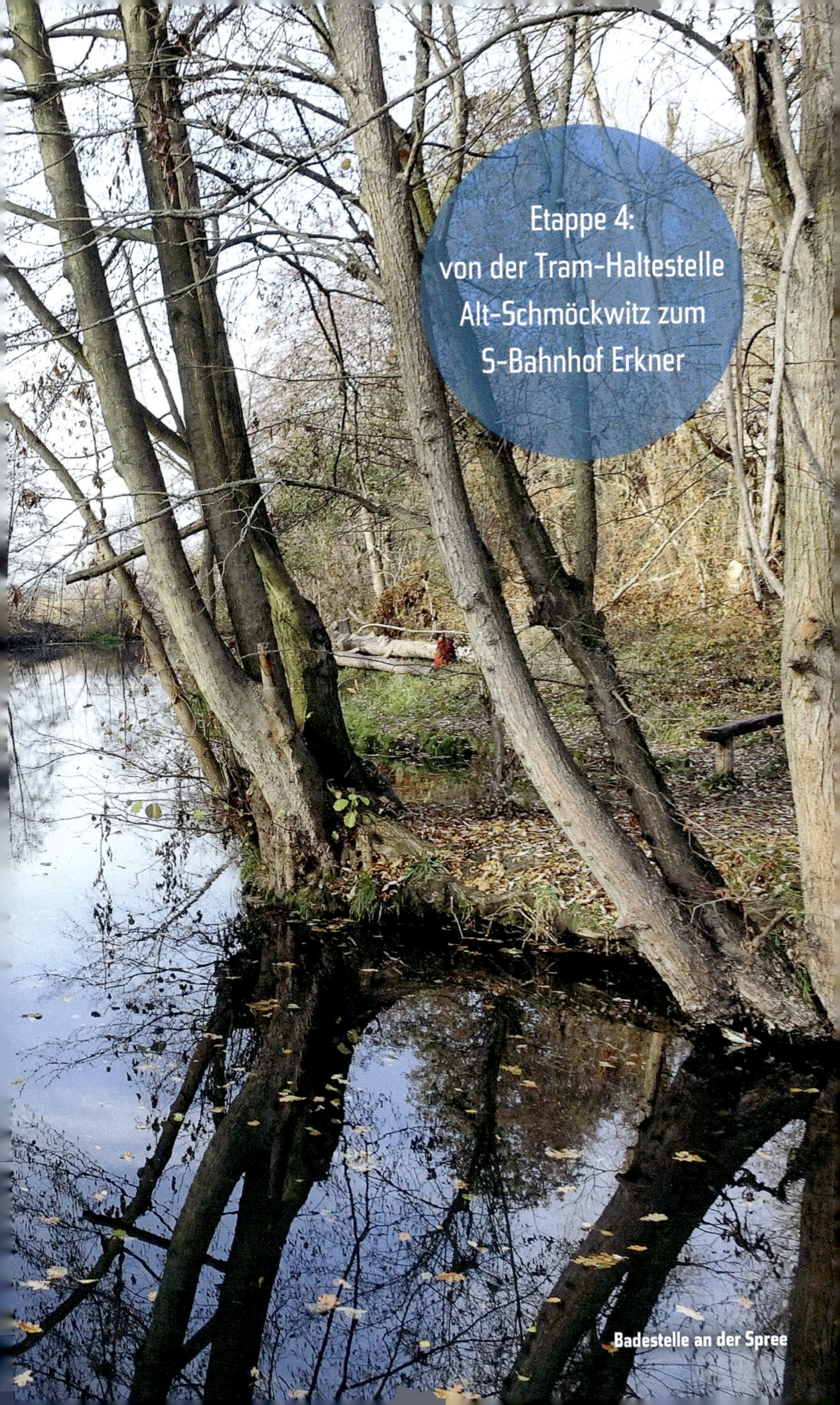

Badestelle an der Spree

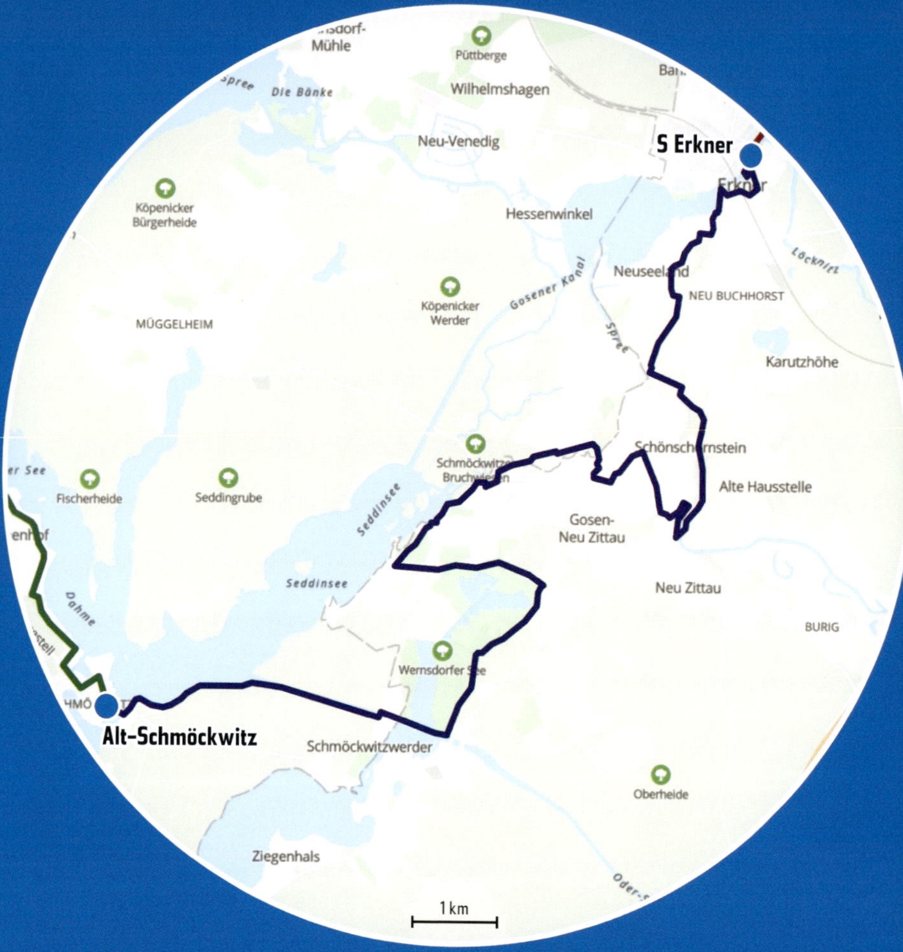

19 km; am Ende 250 m Zuweg zum S-Bhf. Erkner

gut begehbare unbefestigte Wege und Pfade; Hartbelag nur in den Ortslagen, rund um die Fischerei Kaniswall und entlang der L 30

keine Steigungen

Verlauf: Dorf Alt-Schmöckwitz / Seddinpromenade / Uferweg am Oder-Spree-Kanal / Wege um den Wernsdorfer See / Wohnlage Eichwalder Ausbau / Wege am Seddinsee und dem Schmöckwitzer Bruch / Gewerbegebiet Müggelpark / Wege durch die Schmöckwitzer Bruchwiesen rund um Kaniswall / Ortslage Neu Zittau / Radweg entlang der L 30 / Weg nahe der Spree / Wanderweg am Bretterschen Graben / Ortslage Erkner / Uferweg am Flakenfließ / (S-Bhf. Erkner)

Das einstige Fischerdorf Schmöckwitz liegt auf einer ausgeprägten Halbinsel im Dahmewasser, im Norden den Seddinsee, im Süden den langgestreckten Zeuthener See, dessen anderes Ufer bereits in Brandenburg liegt. Der Seddinsee bildet gen Osten eine Art Kanalweiche und schafft damit die Verbindung zu zwei reizvollen Seenketten samt Spree im Norden und zu zwei brandenburgischen Flussgrößen im Westen, was der Name Oder-Spree-Kanal selbst erklärt. Der Zeuthener See hingegen schafft, unterstützt von Kanälen, die Verbindung zu unzähligen Seen im Südosten Brandenburgs. So gesehen markiert das kleine Schmöckwitz ein beachtliches Wasserkreuz. Davon unbeeindruckt zeigt sich das eigentliche Dorf rund um die kleine Kirche und die Wendeschleife der Straßenbahn sehr gemütlich, stellenweise gar verträumt.

Von der Schmöckwitzer Brücke ist es rechts nicht weit zum großen Strand der Badewiese Schmöckwitz. Nach links beginnt ein paar Stufen tiefer die Seddinpromenade, welche nach dem Knick an einem Restaurant-Schiff mit schönstem Seeblick vorbeiführt. Hinter den letzten Häuschen wird es stiller und grüner. Der schattige Weg verläuft unterm sanft ansteigenden Hang und das Ufer öffnet sich immer mal wieder zu einer Badestelle, meist mit kleinem Strand. Hier und da liegen noch Reste gefallener Bäume. Kurz nach einer Reihe hübscher Bretterbuden in bester Wasserlage beginnt gegenüber eines Gedenksteins der breite Oder-Spree-Kanal, den ein gediegener Waldweg auf Wurzeln, Nadeln und Kienäppeln begleitet. Schubverbände und Hausboote schippern hier ebenso entlang wie die Wasserpolizei oder verschieden große Motorboote.

Voraus liegt unübersehbar die neue Fußgänger- und Radbrücke. Drüben beginnt gleich am Fuß der Brücke ein Pfad der Sonderklasse, über knapp einen Kilometer. Der wiesige Uferweg

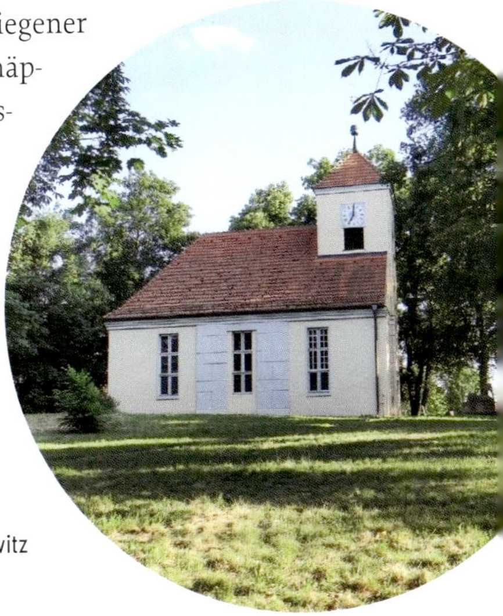

Dorfkirche Schmöckwitz

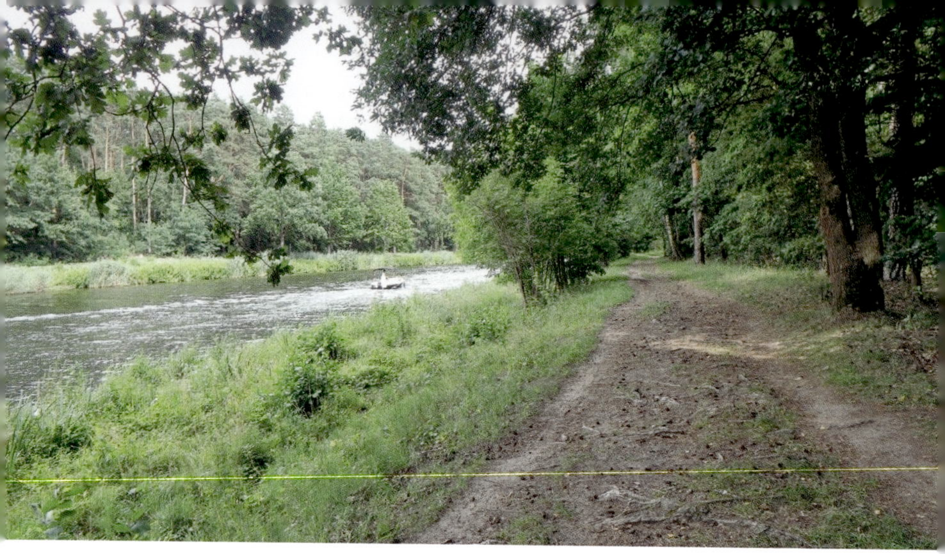

Uferweg am Oder-Spree-Kanal

brückt bei den letzten Gärtchen über einen verträumten Wasserarm und geht dann in einen Dammpfad über, auf dem man sich bald wie mitten auf dem See fühlt. Links erstreckt sich der schilfumkränzte Wernsdorfer See, der nach Norden hin immer urwüchsiger wird.

Entlang des Kanals reichen die Blicke tunnelartig bis zum Seddinsee, einem breiten Bauch der Dahme, dort zur eindrucksvollen Wernsdorfer Schleuse mit ihrem Breitband fallenden Wassers. Gen Süden öffnet sich mit dem Alten Wernsdorfer See ein herrliches Wasserreich voller unegaler Uferlinien, das manche an Skandinavien erinnern wird. Vom Damm laden einige Stellen zum Sprung ins Wasser ein und ganz in der Mitte schließt ein hochbeiniges Brücklein die Verbindung, die es am Damm gegenüber nicht gibt. Kurz vor der Schleusenbrücke geht hinter einer Handvoll Häuser ein gemütlicher Weg los, zwischen klatschnassen Wiesenlichtungen, dahinterliegendem Bruchwald und einem kleinen Höhenrücken. Bald erhebt sich zur Rechten ein überdimensionierter Deich. Beim Blick auf die Karte entpuppt sich der hohe Wiesenhang als begraste Deponie.

Entlang des feuchten Waldes verläuft die Berliner Gürtellinie nun am Nordrand des Wernsdorfer Sees, der hier kaum als Wasserfläche in Erscheinung tritt. Nach einem Stück Wohnsiedlung endet die Verlängerung des Triftweges in Sichtweite des Seeufers, das hier zum Seddinsee gehört. Nach links ist es nicht weit zu ein paar Badestellen. Am Ende der Kleingärten setzt sich der Fischersteig als Schleichweg zwischen den Zäunen fort und endet bei einer Rasthütte am grünen Uferplatz, den eine urwüchsige Mischung aus dichtem Schilfgürtel und kleinen Bootsstegen umgibt. Die Nordbucht des Seddiner Sees geht nach und nach in die verwunschene Wasserwelt des Schmöckwitzer Bruchs über. Versprengte Seerosenteppiche liegen zwischen kleinen und größeren Inseln im Wasser. Sie heißen Nixenwall oder Dommelwall und es bleibt die Frage, ob sie vielleicht selbst nur auf dem Wasser schwimmen. Sowohl der Uferweg als auch seine Verlängerung als Bruchweg werden dicht vom Bruchwald begleitet, der nur manchmal Blicke zum Wasser hindurchlässt. Hinter den Gärten wird es dann pfadig, bevor nach etwas Zickzack die Straße Am Müggelpark überquert wird. Rechts fällt kurz das weitläufige Gewerbegebiet in den Blick, wo sich bei Bedarf der Proviant aufstocken oder wahlweise ein kleiner Imbiss einschieben lässt.

Die sachliche Episode ist schnell vergessen, wenn bei den letzten Häusern bunte Stoppelwiese den Boden bedeckt und sich links die grüne Weite der Schmöckwitzer Bruchwiesen öffnet. Manchmal ist hinten auf den Weidewiesen das grasende Vieh zu entdecken, gekleidet in braunes

Bruchwaldrand am Wernsdorfer See

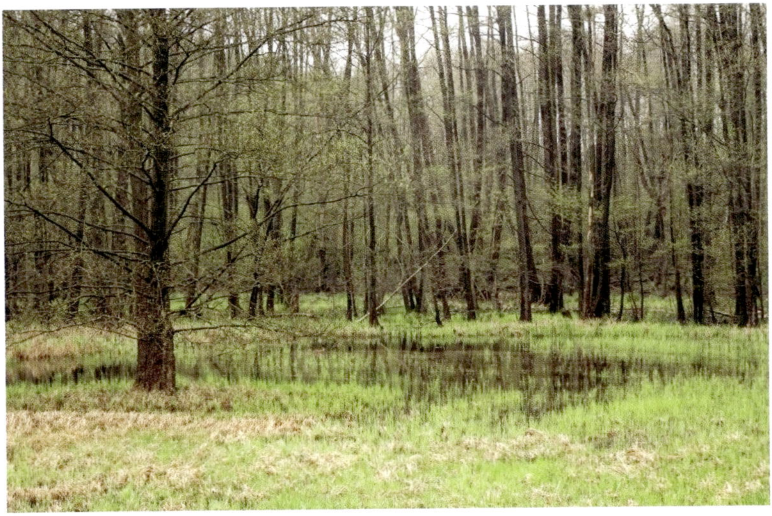

Leder. Aus dem kutschbreiten Weg wird bald ein Pfad, dessen Umrandung nach und nach dichter wird. Manchmal grabbelt das hohe Gras an den Beinen, manchmal tun das Zweige im Gesicht oder Schilfhalme an der Hüfte. Vor dem Freilandlabor Kaniswall, einem grünen Lernort tief in der Natur, endet der Pfad am Kappweg. Der Fahrweg schlägt hinterm grützbedeckten Kappstrom seine sanften Kurven durch eine nordisch anmutende Landschaft. Dazu passend liegt bald die Fischerei direkt am Weg, fern von offenem Wasser. Den fangfrischen Fisch kann man sich in den Rucksack packen, manchmal um die Mittagsstunde auch vor Ort probieren.

Gleich hier weisen am Dreieck der Plattenwege verwitterte Holzschilder zu einem Lehrpfad und ermutigen zum Einschlagen des betreffenden Weges, trotz vorgehängter Kette. Durch die stoppeligen Feuchtwiesen, wo die meisten Abzweige als Sackgasse enden, ziehen sich gerade, selten auch krumme Wassergräben. Voraus lenken einzelne Bäume die Aufmerksamkeit auf sich, noch weiter vorn lässt sich anhand einer Baumreihe der Lauf der Spree vermuten. Entlang von Birken, Schilf und kleinen Obstbäumen, dann zuletzt durch eine Buschgasse kommt man schließlich zur nächsten Siedlung, die als Gegenteil von nass nun an einer kleinen Düne liegt. Kleine Wege locken hinauf in die Sandflanke, die von Trockenrasen bedeckt ist. Nach dem Umrunden der Wo-

Bootsstege bei Gosen

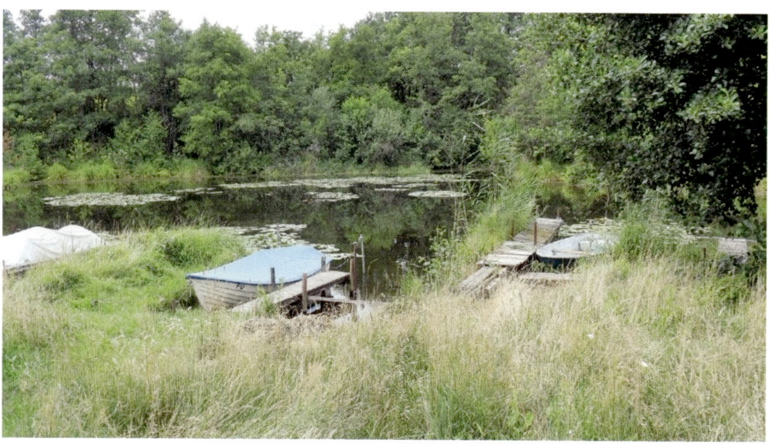

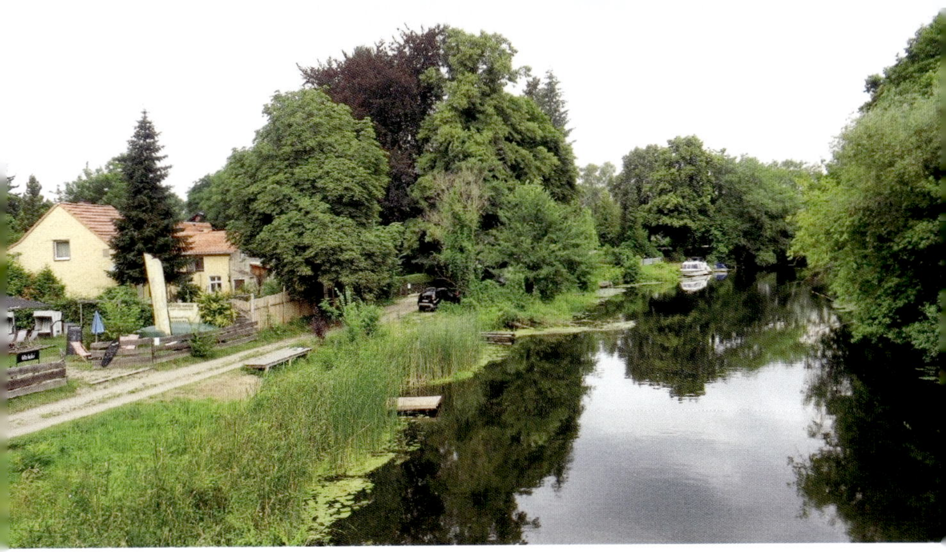

Spreebord Neu Zittau

chenendgärten landet man direkt am Ufer der Spree, vom breiten Wiesenstreifen mit Namen Am Spreebord ragen zahlreiche Stege ins Wasser. Hinter einer Reihe von Hecken liegt der Kanu- und Bretterverleih Spreeboard, der für Imbisskunden lauter schönste Plätze anbietet. Wer sich irgendwann aus dem Liegestuhl oder vom Steg gelöst hat, kann auf den 20 Minuten entlang der Landstraße im zügigen Schritt gleich wieder ein paar Kalorien abbauen. Auf der anderen Straßenseite zieht die Spree ihre Bögen und biegt bald ab, die Berliner Gürtellinie folgt.

Eine dichte Buschbaumgasse endet nahe eines Uferplatzes, der sich für ein Bad in der milde dahinströmenden Spree anbietet. Danach folgt eine naturromantische Passage links des Bretterschen Grabens, der zwischen Bruchwald und den weiten Landschaftswiesen unter Entengrütze ruht, die Ufer bunt bewachsen. Das Grün beiderseits des Pfades ist üppig, hier und da auch etwas krautig, und etwa auf der Mitte liegt ein gemütlicher Rastplatz, von dem leider auch die Mücken wissen. An der Buchhorster Straße schwenkt der Weg hinüber zu den Gärten, bleibt jedoch dem grünen Grund treu. Der leicht erhöhte Wiesenweg zieht weite Bögen, bevor er auf Höhe des Spitzturmes in einen knorrigen Plankenweg übergeht.

Vom großen Holzportal am Ende ist es nur ein Schwenk zurück zum Bretterschen Graben, der jetzt breit und tief genug für Ruderboote ist. Ein

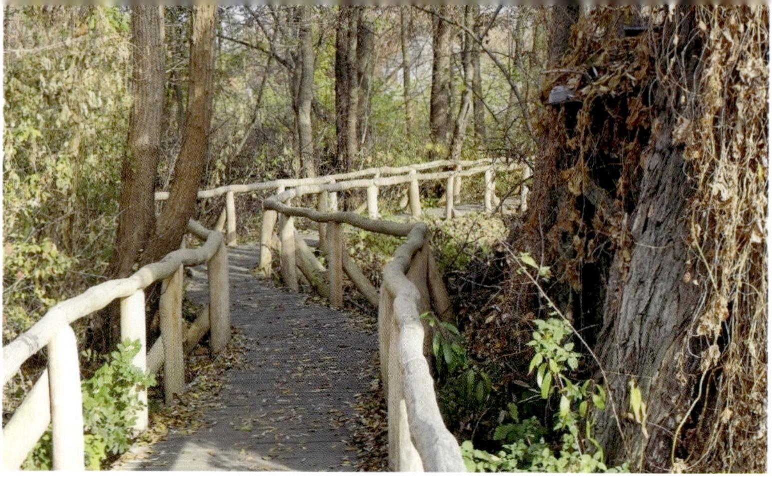

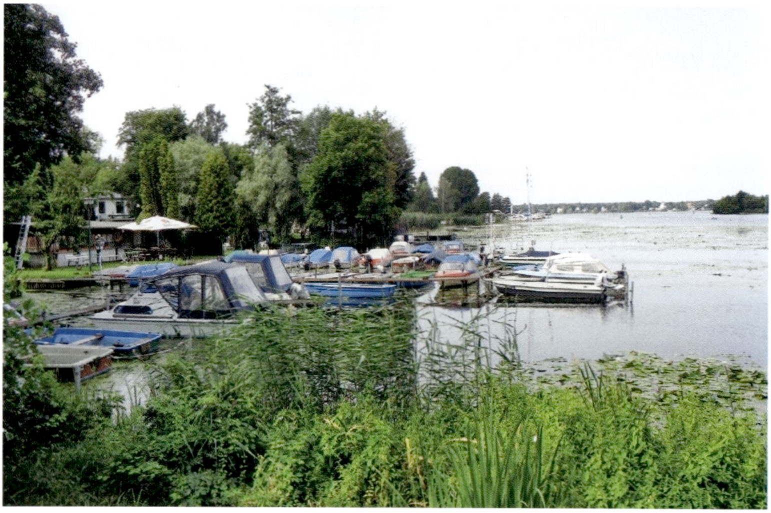

Bohlenweg am Bretterschen Graben in Erkner, Blick zum Dämeritzsee in Erkner

ansehnlicher Spazierweg geht über in die Uferpromenade am Dämeritzsee, welcher erst weit hinter den Bootsstegen in die Breite geht. Hier vom Rathauspark sind es nur ein paar Stufen hinauf in die Innenstadt. Die Berliner Gürtellinie bleibt noch bis zur Brücke am Ufer, schwenkt dann zur Friedrichstraße, wo es links auf direktem Wege zum Bahnhof Erkner ginge. Wer gleich noch Lust auf die erste Hälfte der nächsten Etappe hat, schlägt ein paar Straßenbögen bis zum Ufer des Flakenfließes, wechselt dort auf der Brücke übers kanalbreite Wasser und nimmt die Treppe hinab zum Uferpfad.

Kurzcharakteristik: wald- und wasserreiche Tour mit verschiedensten Naturräumen und einem Städtchen am Ende

Anreise: Tram 68, tagsüber alle 20 Min. (Fahrtdauer ab S Alexanderplatz 55 Min.)

Abreise: S 3, tagsüber alle 20 Min., RE 1, tagsüber zweimal stündlich (Fahrtdauer bis S Alexanderplatz 40/25 Min.)

Anteil mit Autolärm: ca. 25 Min.

Was gibt es entlang des Weges zu sehen: Schiffsgasthaus Strandlust und Seddinpromenade / Fußgängerbrücke Oder-Spree-Kanal / Damm und Fußgänger-Stege am NSG Wernsdorfer See / Wasserreich an der Müggelspreeniederung / Große Wiesen mit Weidevieh und Freilandlabor Kaniswall / Fischerei Kaniswall mit Hofladen (auch Veranstaltungen) / NSG Gosener Wiesen / Kleiner Dünenzug mit Querpfaden / Bootsverleih Spreeboard mit Imbiss / Bretterscher Graben mit Bohlensteg / Uferpromenade und Maulbeerbaum in Erkner

Gastronomie: Schiffsgasthaus Strandlust, Schmöckwitz; mit Zuweg: Gasthaus Zur Linde in Wernsdorf; Müggelseepark div. Imbissoptionen; Fischerei Kaniswall (manchmal); Imbiss Spreeboard, Neu-Zittau; mit Zuweg: Die Gemütlichkeit, Neu-Zittau; div. in Erkner

Spielplätze: Waldspielplatz an der Badewiese Schmöckwitz

Bademöglichkeiten: Badewiese Schmöckwitz (200 m Zuweg), mehrere kleine Badestellen entlang der Seddinpromenade sowie am Damm Wernsdorfer See, bedingt auch vom Ufer am Spreebord, Badestelle an der Spree beim Bretterschen Graben; Strandbad Erkner (mit Zuweg)

Vorkommende Wegweisung: HW 9, Rundwanderweg Wernsdorfer See, Lehrpfad Gosener Wiesen, Rundwanderweg Erkner, Wanderweg am Bretterschen Graben

Abkürzen per ÖPNV: Zur Schleuse/Wernsdorf (Bus, bei km 4,1), Eichwalder Straße/Gosen (Bus, bei km 8,6), Nähe Spreebord/Neu Zittau (Bus, bei km 13,3); dazwischen weitere Optionen mit Zuwegen

Öffentliche Toiletten: in Alt-Schmöckwitz an der Straßenbahnhaltestelle, am Bhf. Erkner

BERG AM SEE UND DÜNE IM WALD – RUND UM WOLTERSDORF

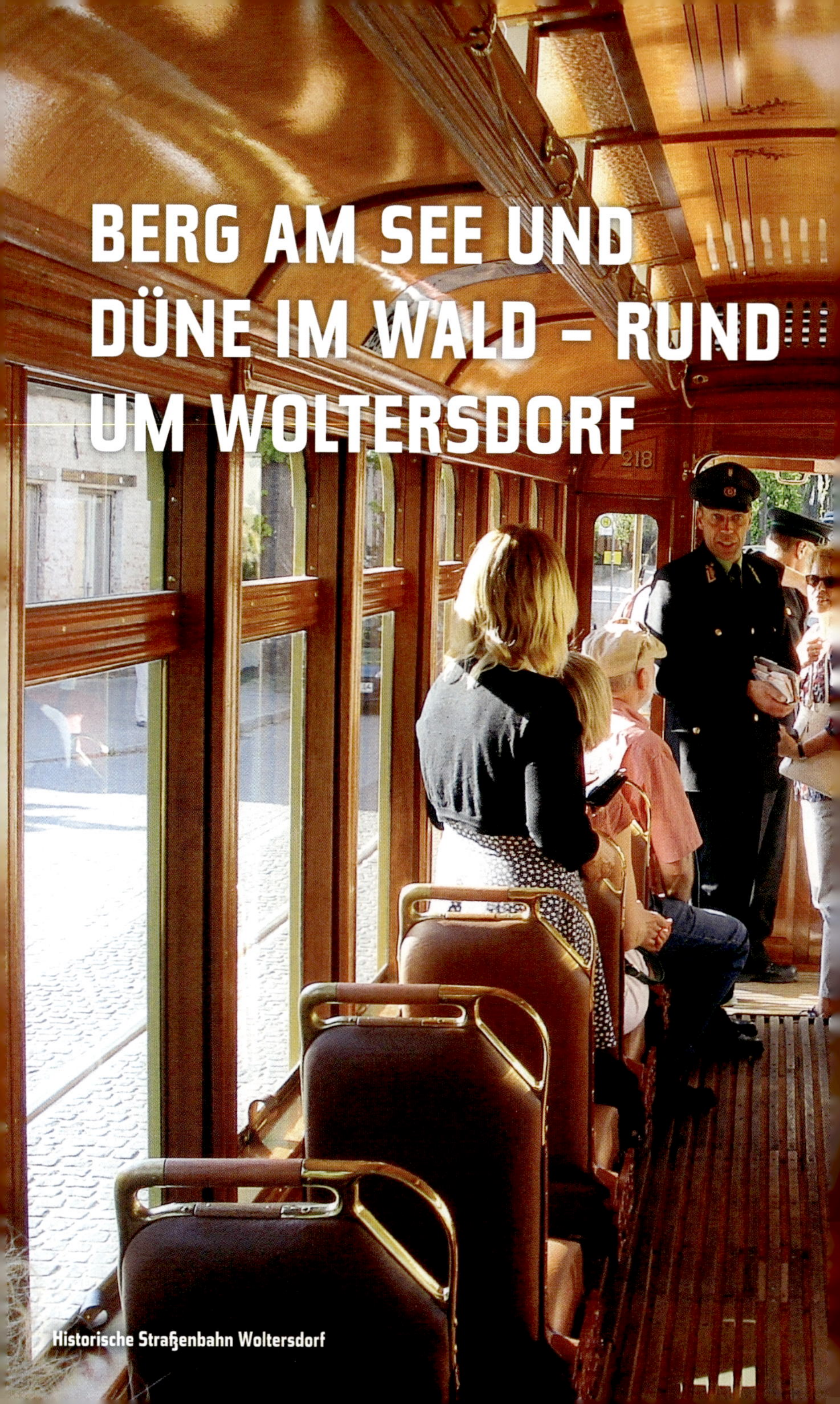

Historische Straßenbahn Woltersdorf

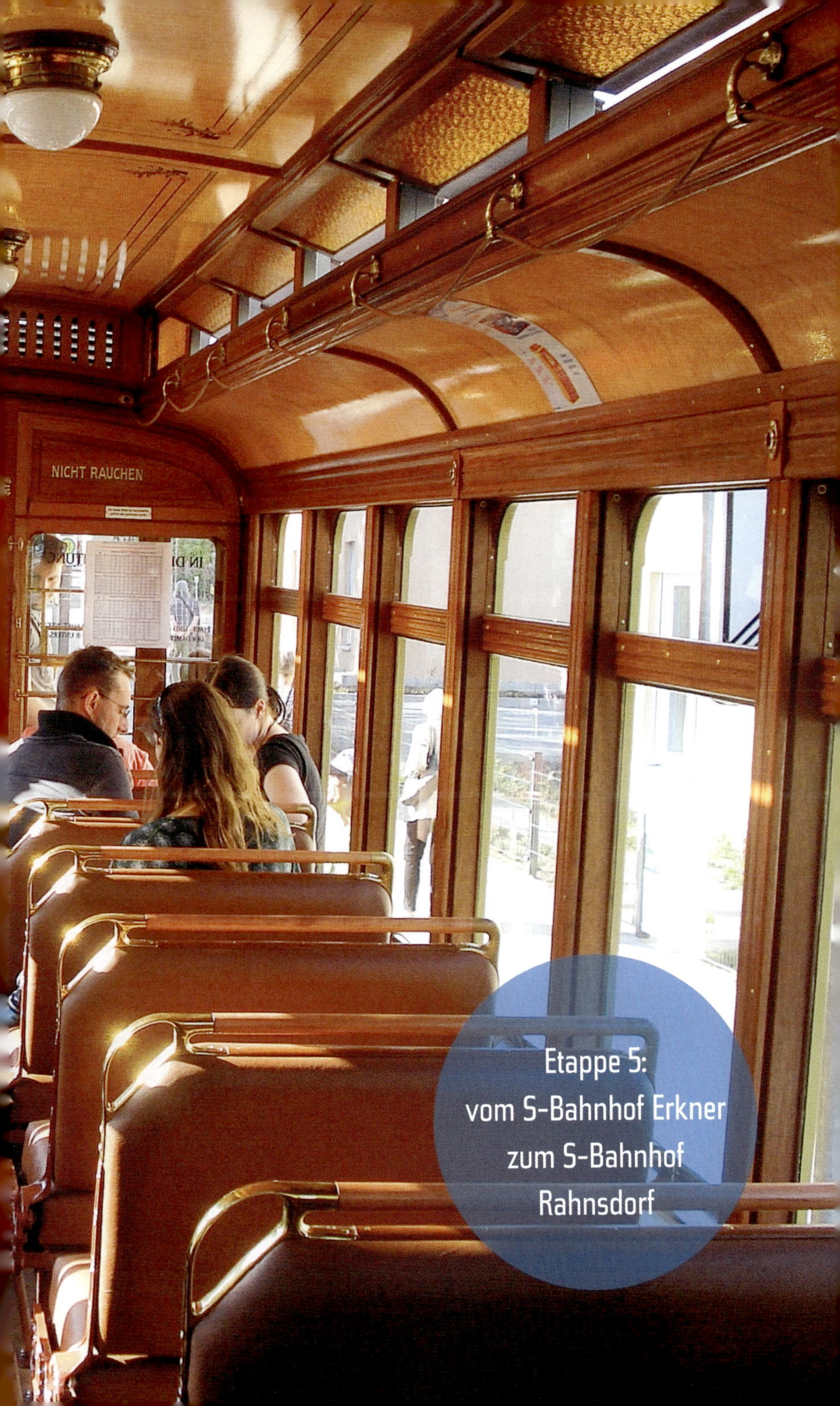

Etappe 5: vom S-Bahnhof Erkner zum S-Bahnhof Rahnsdorf

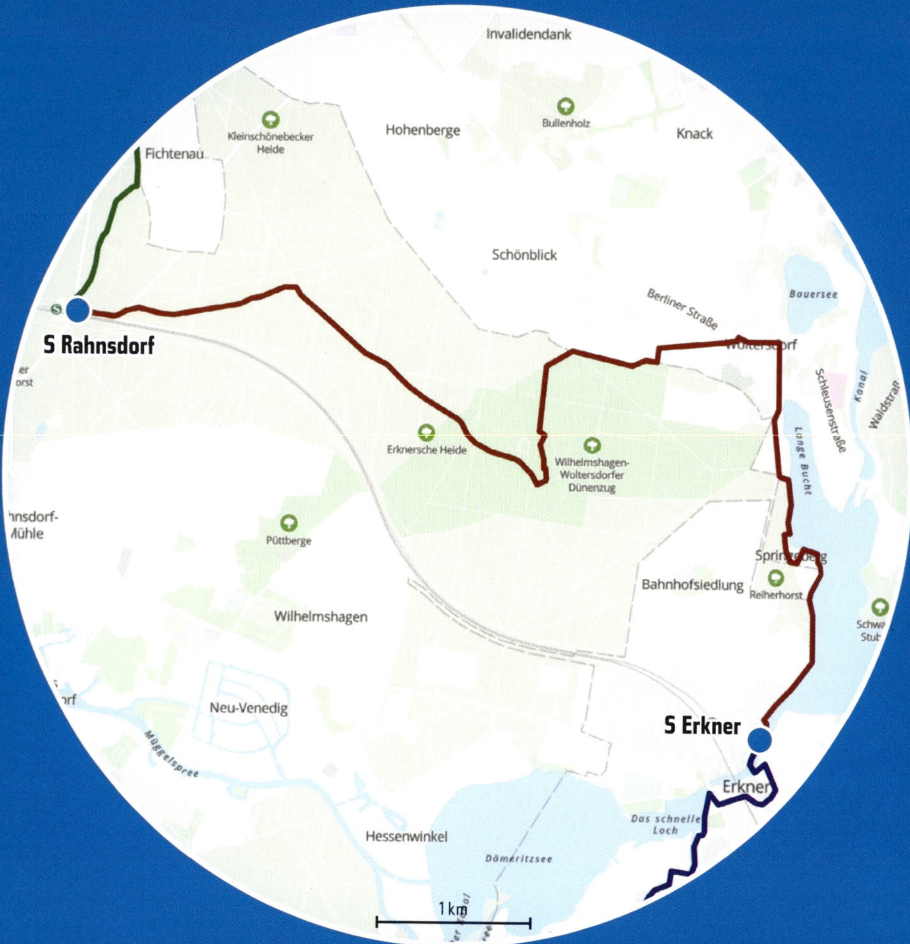

8,7 km; am Beginn 250 m Zuweg vom S-Bhf. Erkner

gut begehbare unbefestigte Wege und Pfade; nur in den Ortslagen Hartbelag

mehrere kleine An-/Abstiege

Verlauf: (S-Bhf. Erkner) / Uferweg am Flakenfließ / Uferweg am Flakensee / Ortslage Woltersdorf / Waldwege im Wilhelmshagen-Woltersdorfer Dünenzug / Schönebecker Heuweg durch den Wald / S-Bhf. Rahnsdorf

Der Einstieg in die Berliner Gürtellinie fällt in Erkner recht pragmatisch aus und lässt sich etwas lieblicher gestalten, wenn man ohnehin der Ortsmitte einen Besuch abstatten wollte. In der Friedrichstraße, die einmal durchs Zentrum reicht, gibt es alle möglichen Geschäfte, wo man für den einsamen zweiten Teil der Etappe Vorsorge treffen kann – Proviant, Schuhe, Haare schön. Auf dem Weg dorthin gibt es von der Brücke übers Flakenfließ einen stattlichen Blick zum Dämeritzsee, der von der Uferpromenade betrachtet noch mehr in die Weite gehen darf. Von dort führt am Rande des Rathausparks eine kleine Treppe hinauf zu einem eleganten Portal, hinter dem die Friedrichstraße entlangläuft. Gleich gegenüber steht Lokalprominenz ersten Ranges in Gestalt eines Maulbeerbaums. Der betagte Baum, dem man seine gut 250 Jahre nicht ansieht, stammt aus der Zeit des Alten Fritz. Der umtriebige Geist war auf die Zucht von Seidenraupen aus, musste diese Idee jedoch mangels Erfolg aufgeben. Der Baum hat sich davon nicht groß irritieren lassen und einfach weitergemacht.

Gleich daneben verbirgt ein kleiner Hügel das Uhrenstübchen einer Blumenuhr, deren kleiner Zeiger etwa so lang wie ein Mensch groß ist. Die Bepflanzung des Ziffernblattes wechselt mehrfach im Jahr, neben

Springestrand am Flakensee

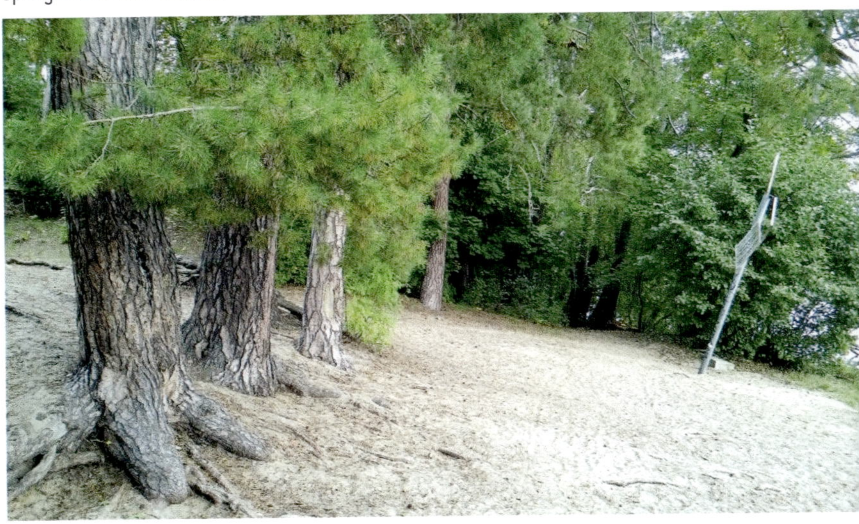

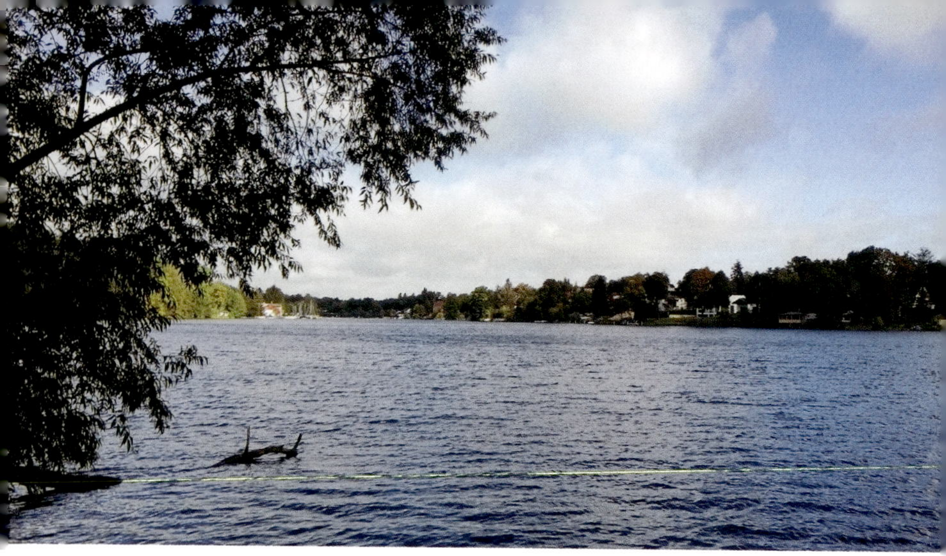

Blick in die Nordbucht des Flakensees

den Jahreszeiten bestimmen auch besondere Anlässe den Zeitpunkt. Das Uhrwerk ist funkgesteuert, die angezeigte Zeit also verlässlich. Gleich gegenüber steht als dritte Sehenswürdigkeit im Bunde die preußische Postmeilensäule, welche an eine historische Postkutschenlinie erinnert. In Blickweite liegt der nächste Bäcker und eröffnet nun die Geschäftszeile. Nach dem Bummeln trifft man auf dem Rückweg in Richtung Bahnhof schon an der Beuststraße auf die Berliner Gürtelline.

Wer hingegen gleich vom Bahnhof auf kürzestem Weg zur Sache schreiten will, gelangt vom Bahnhofsvorplatz zwischen dem zentralen Omnibusbahnhof und der Stadthalle zum Uferweg am Flakenfließ. Schon nach wenigen Metern wird der alte Brückenkopf des Flakensteges berührt, der mit etwas Glück schon bald wieder die beiden Uferseiten verbindet. Dahinter öffnet sich das Wasser zum breiten Flakensee. Fern aller Ufer weist ein großes Schild nach Berlin und richtet sich damit an alle vom Stienitzsee oder Kalksee kommenden Schiffer, die dahingehend Zweifel hegen.

Der reizvolle Uferweg geht nur ab und zu in die Breite, verläuft meist schmal und leicht tänzelnd etwas oberhalb der Wasserkante. Oft wird er von Buschwerk flankiert oder von Uferbäumen begleitet, dennoch ergeben sich immer wieder Blicke über den See, die zunächst auf den Weißen Strand, dann vom Springestrand mit seinen alten Kiefern auf das

Wilhelmsbad fallen. Gleich danach wird der östlichste Punkt von Berlin berührt. Ab der Biege am Springeberg kommt dann gegenüber die lange Strandpromenade von Woltersdorf in Sicht, die bis fast zur bekannten Schleuse reicht. Im weiten Bogen rund um den Berg wird der Pfad wurzelig und regelrecht wildromantisch, dazu erweitert sich der Wasserblick um die lange Nordwestbucht des Sees, wo die Bootsstege dicht an dicht in den See ragen. Am Zaun geht es hinauf nach Springeberg, das aus zwei Handvoll Häusern und ähnlich viel Bötchen am Steg besteht. Ein paar Schritte nach dem Ende der Betonplatten steigt ein kleiner Weg wieder hinab zum Ufer, doch auch der obere Weg hat durchaus seinen Reiz. Gegenüber zieht die Einfahrt zur Schleuse Schiffsrümpfe verschiedener Größen an, darüber ist mit gutem Willen und sauberer Linse der Aussichtsturm auf dem Kranichberg auszumachen. Der sanfte Uferhang liegt voll von gefallenem Holz aller Größen, das dort in Ruhe morsch werden kann. Ein wonniger Pfad verlässt das Ufer hinauf zur Straßenhöhe, die bald einiges über dem Wasser liegt. Kurz darauf bittet der Klabautermann zu Tisch, drinnen zwischen Reusen und Netzen oder auf der Terrasse mit Seeblick.

Nach dem Ende der Bucht steigt rechts eine Treppe ab. Wer die Woltersdorfer Schleuse samt allem Drumherum nicht auslassen möchte,

Mühlteich an der Woltersdorfer Schleuse

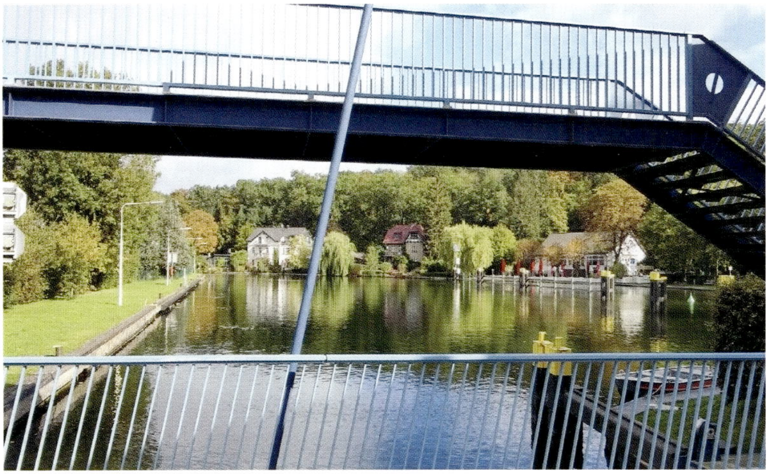

folgt hier einfach dem Weg Am Steg und hält sich danach immer rechts. Nach einer Viertelstunde ist die Endhaltestelle der Straßenbahn erreicht, wo sich reizvolle Optionen eröffnen. Ein paar Schritte weiter liegt eine wunderbare Konditorei, wo sich als bewährte Energiespender unter anderem herrliche Windbeutel verschmausen lassen. Wer einen guten Platz erwischt, kann das Ein- und Auslaufen der Straßenbahnen beobachten und mit der Tasse in der Hand kleinen Szenen von großer Freude beiwohnen. Mit etwas Glück ist einer der historischen Wagen dabei, die zu besonderen Tagen aus dem Schuppen geholt werden. In diesem Fall sollte man vom Tisch aufspringen und unbedingt mitfahren, denn die schöne Waldpassage in den historischen Wagen mit ihrem gediegenen Interieur entlangzurumpeln, hinterlässt eine Erinnerung fürs Langzeitgedächtnis. Auch der smarte Schaffner trägt seinen Teil dazu bei.

Auch an der Schleuse selbst oder am Mühlteich kann man sich ein schönes Plätzchen suchen und ein oder zwei Schleusungen lang dasitzen, gucken und sich darüber freuen, wie der Ruhepuls sich selbst übertrifft. Oder man lenkt Puls und Windbeutelenergie in andere Richtungen und nimmt den erstaunlich steilen Anstieg zum Kranichberg in Angriff, wahlweise knackig auf dem Rennsteig oder etwas moderater auf dem Brotsteig, wo oben die Südtreppe die entscheidenden Höhenmeter reißt. Der Aufstieg auf den Turm kann eventuell etwas dauern, da die Ausstellung des Filmmuseums gut gelungen ist.

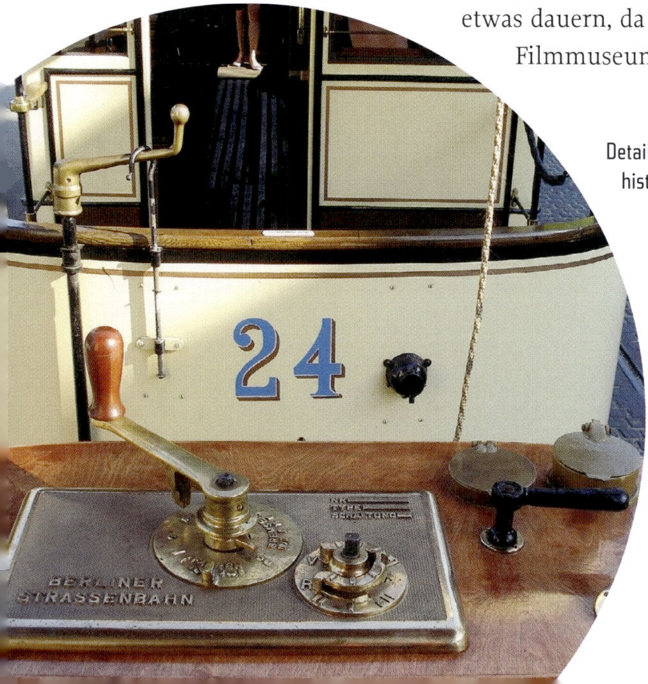

Detail in einer historischen Straßenbahn

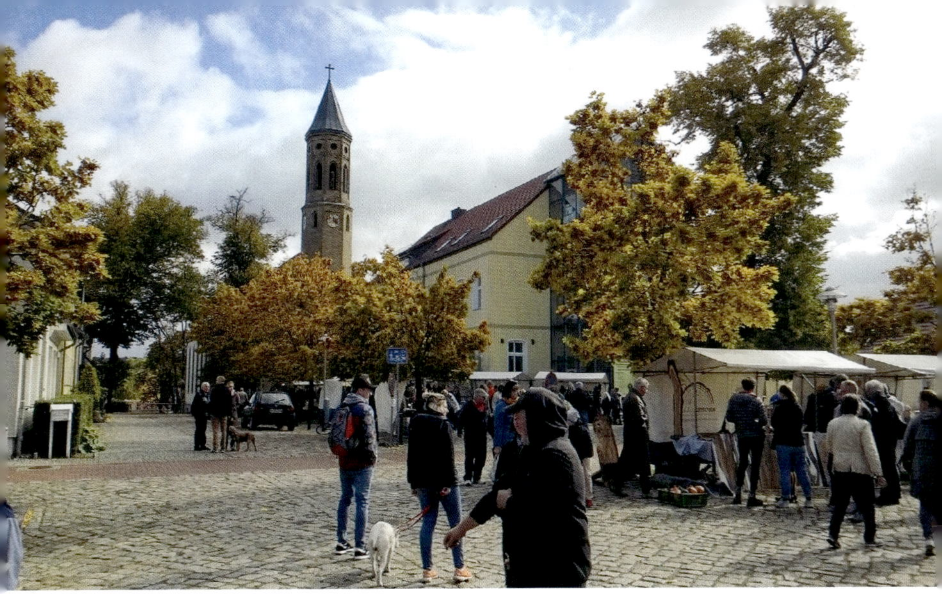

Platz vor dem Woltersdorfer Rathaus

Wird irgendwann die Aussichtsebene erreicht, darf über die weite, freie Sicht gestaunt werden. Wer es indessen ruhiger angeht und die Kurpromenade zum Kalorienabbau wählt, trifft auf dem Weg dorthin auf eine Atmosphäre zwischen Bäder- und Mittelgebirgsromantik.

Für den Rückweg hinauf ins Dorf kann man der Kalkseestraße am Wasser entlang folgen und dann an der Parkstraße oder der Blumenstraße links abbiegen. Von der großen Ampelkreuzung steigt eine flache Treppe hinauf zur Kirche, hier ist man nun auch wieder auf der Berliner Gürtellinie. Hinter der Kirche steht das Kulturhaus Alte Schule, auf dessen Vorplatz hin und wieder ein Markttreiben oder kleine Feste stattfinden, drinnen gibt es Lesungen, Konzerte und anderes. Gegenüber des Thälmannplatzes beginnt die Köpenicker Straße als schattenspendende, gemütliche Allee. Nach einem Schwenk spaziert man nun schon am Waldrand des Wilhelmshagen-Woltersdorfer Dünenzuges und taucht bald in den Wald ein. Kurz nach dem Queren des Schwarzen Weges wird die Bezeichnung Dünenzug mit Inhalt gefüllt, wenn man hinter einer Höhenstufe den Laubwald verlässt und mit Sand unterm den Sohlen vornehmlich zwischen Kiefern herumspaziert. Nach einem kleinen Sattel steigert sich das auf einer größeren Lichtung noch. Eine ganze Reihe von Pfaden münden in die weglose Stelle ein. Zwischen den maximal zimmerhohen Bäumen meint man das Huschen von Kobolden zu hören und ist kurzzeitig etwas verwirrt in der Wahl der korrekten Fortsetzung. Wer den richtigen Weg gefunden hat, folgt zunächst noch einem Pfad, geht dann bald schon auf einem breiteren Weg, der noch etwas später zu einem sanft ausgeprägten Hohlweg wird.

Die nächste Abbiegung ist nun zwei Kilometer entfernt. Der Waldweg trägt in Karten den Namen Schönebecker Heuweg und schafft als Ganzes betrachtet eine fast luftliniendirekte Verbindung zwischen Erkner und Schöneiche. Er ist gerade so breit, dass man zu zweit nebeneinander gehen kann, und lässt fast immer eine Kurve im Blickfeld, zudem wechselt der Wald zu beiden Seiten immer wieder Gestalt, Deckenhöhe und Inventar. Schneller als erwartet ist man also an der genannten Abbiegung, von der schon die eingleisige Straßenbahntrasse zu sehen ist. Alle paar Minuten trödelt eine Bahn von da nach dort oder in die andere Richtung. Spätestens am Andreaskreuz des unbeschrankten Bahnüberganges fällt ins Auge, dass auch links Züge fahren, hier nun S-Bahnen und Regionale. Dank des Straßenbahngleises wird der kleine S-Bahnhof Rahnsdorf zum Umsteigebahnhof und darf mit doppeltem Wohlklang als Tor nach Woltersdorf gelten.

Sattel im Dünenzug

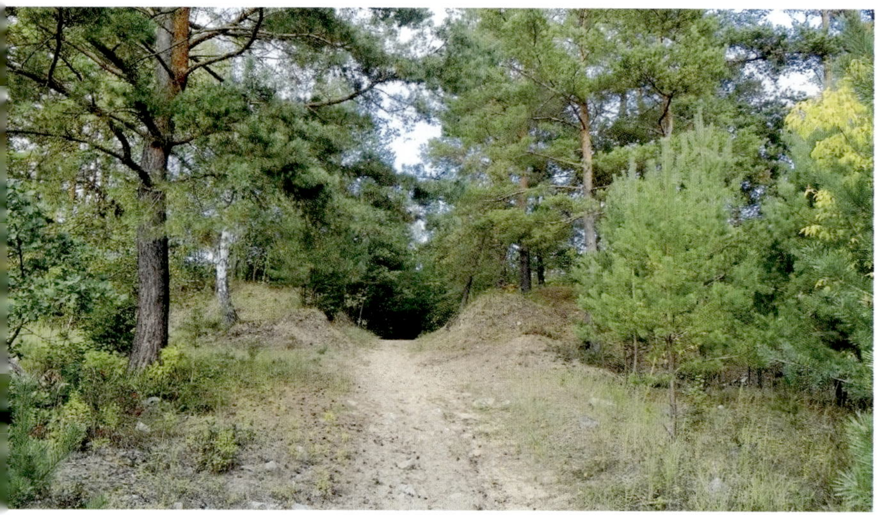

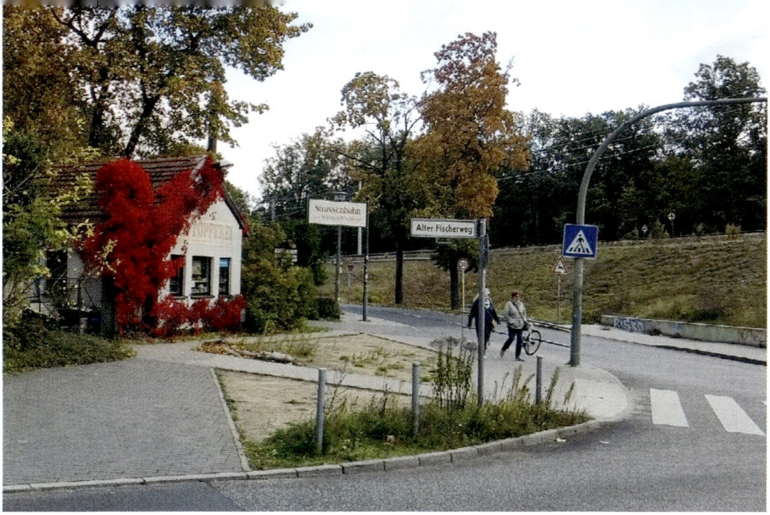

Am Bahnhof Rahnsdorf

Kurzcharakteristik: erst wasser-, dann waldreiche Tour mit einem schönen Dorf und einer Düne mitten im Wald

Anreise: S 3, tagsüber alle 20 Min., RE 1, tagsüber zweimal stündlich (Fahrtdauer ab S Alexanderplatz 40/25 Min.)

Abreise: S 3, tagsüber alle 20 Min. (Fahrtdauer bis S Alexanderplatz 35 Min.)

Anteil mit Autolärm: ca. 15 Min.

Was gibt es entlang des Weges zu sehen: Uferweg am Flakensee / Woltersdorfer Straßenbahn / Dorfkern Woltersdorf mit Kirche und Ehrenfriedhof / optional: Abstecher zur Woltersdorfer Schleuse (mit Brauereigasthof) und dem Kranichsberg / NSG Wilhelmshagen-Woltersdorfer Dünenzug und Grenzberge

Gastronomie: Imbiss am Bhf. Erkner; Klabautermann, Woltersdorfer Landstraße; div. im Ortsgebiet Woltersdorf

Spielplätze: am Rathaus Woltersdorf (sehr klein)

Bademöglichkeiten: mehrere geeignete Stellen sowie Springestrand am Flakensee

Abkürzen per ÖPNV: Thälmannplatz/Woltersdorf (Straßenbahn, bei km 3,2), Wilhelmshagen mit 800 m Zuweg (S-Bahn, bei km 5,9)

Öffentliche Toiletten: am Bhf. Erkner, (am S-Bhf. Wilhelmshagen)

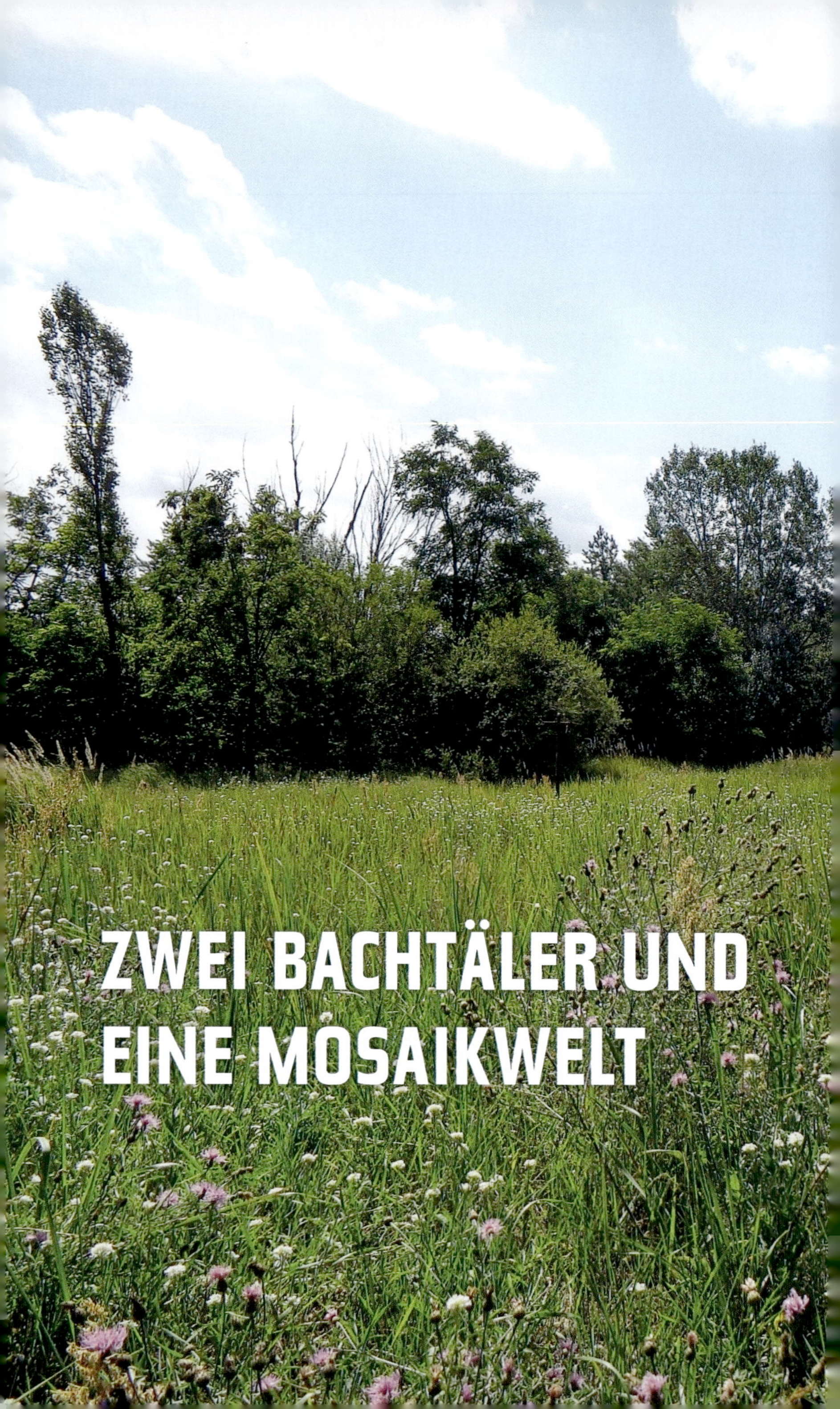

ZWEI BACHTÄLER UND EINE MOSAIKWELT

Etappe 6: vom S-Bahnhof Rahnsdorf zum S-Bahnhof Friedrichshagen

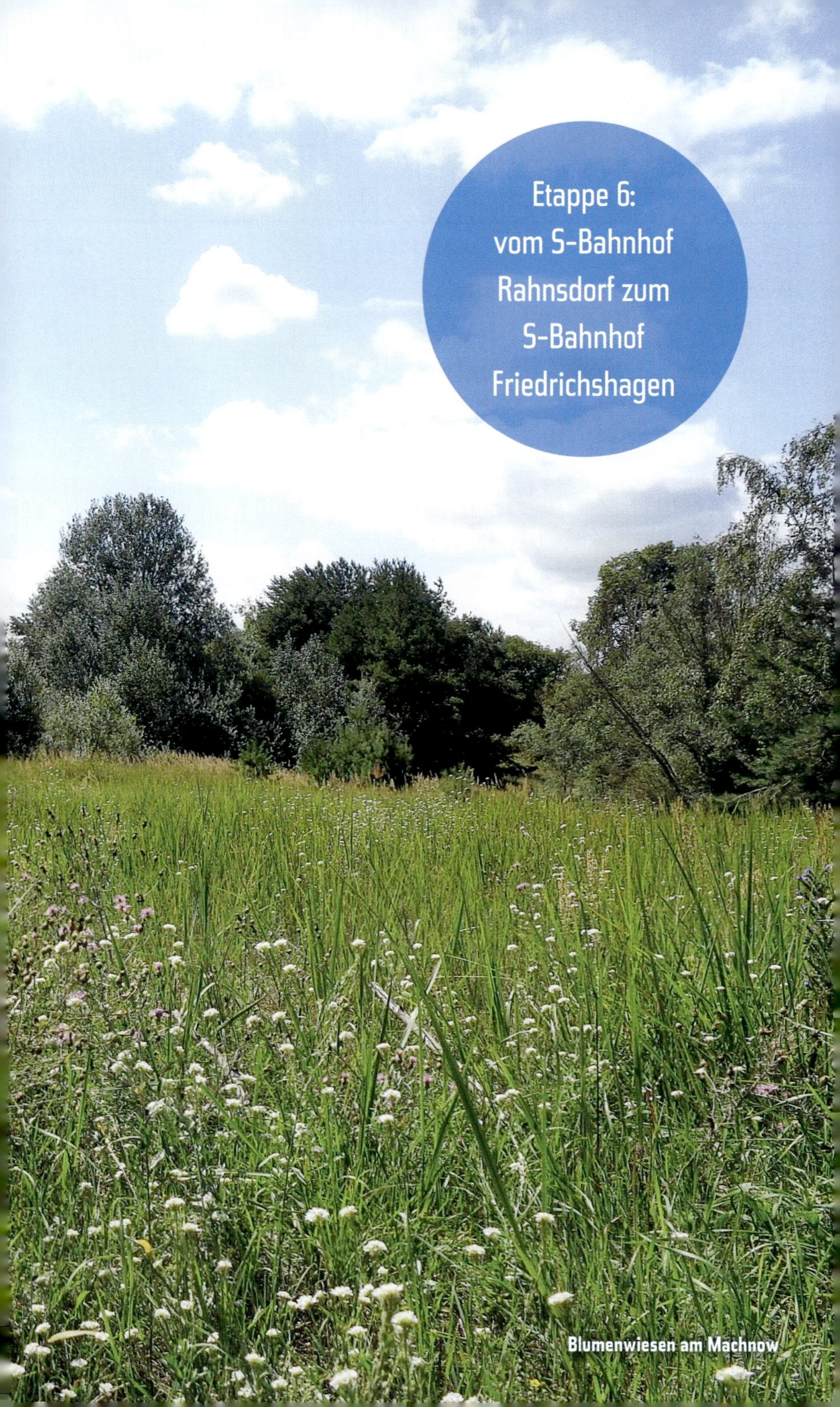

Blumenwiesen am Machnow

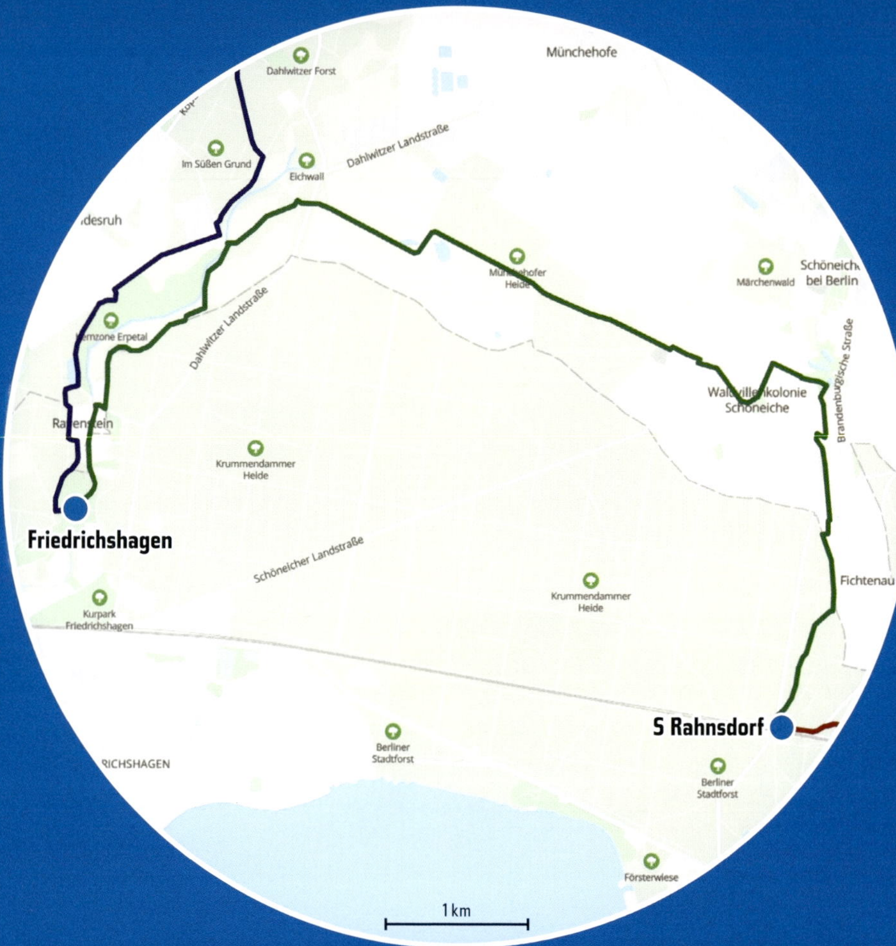

9,8 km; am Ende 1 km Zuweg zum S-Bhf. Friedrichshagen

gut begehbare unbefestigte Wege und Pfade; nur in den Ortslagen Hartbelag

keine Steigungen

Verlauf: S-Bhf. Rahnsdorf / Wege und Pfade am Kleinen Spreewaldpark und Mühlenfließ / Ortslage Schöneiche mit Kleinem Spreewald- und Goethepark / Wald der Münchehofer Heide / Senke des Machnow / Erpetal / Ravenstein / (S-Bhf. Friedrichshagen)

Wer nach dem Verlassen der S-Bahn aus dem Bahnhof Rahnsdorf tritt, hat erstmal mit verschiedenen Versuchungen zu kämpfen, Entscheidungen zu treffen – auch wenn der Plan Berliner Gürtellinie eigentlich stand. Jenseits der Bahnunterführung lockt der schöne Waldweg nach Rahnsdorf, wo es neben zwei Meistereien des Bäcker- und Konditorhandwerks auch die verschlungenste Fährpassage Berlins gibt. Als dritter im Bunde wäre da noch das Strandbad Müggelsee, das ebenfalls über schöne Waldpfade zu erreichen ist, ganz ohne Stau und Parkplatzsuche. Direkt vom Bahnhofsportal hingegen kann eine der historischen Straßenbahnen gezielt das nostalgische Herz anspringen und zur waldduftenden Rumpelfahrt nach Woltersdorf verlocken, das allein ein tagesfüllendes Ausflugsziel stellt.

Wer trotz alledem der Grundidee treubleibt, wirft vielleicht noch einen Blick ins gut gefüllte Schaufensterchen der Töpferei, verlässt kurz darauf den Alten Fischerweg und nimmt nach der Revierförsterei die Spur des Fredersdorfer Mühlenfließes auf. Das kleine Gewässer ist manchen auch als Senitz bekannt und soll noch heute in geheimnisvoller Weise über gewisse Verbindungen zum strausbergnahen Gamengrund verfügen. Im Sommer zieht sich das Wasser immer öfter in tiefere

Goethepark Schöneiche

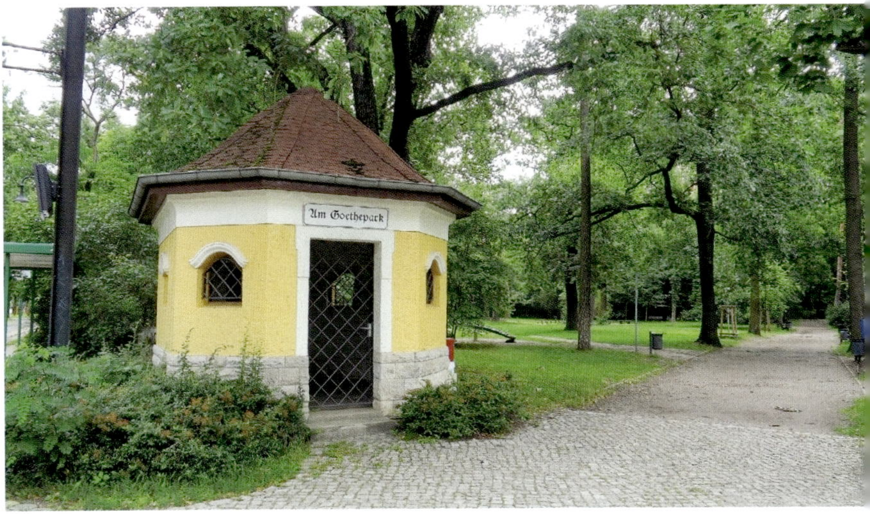

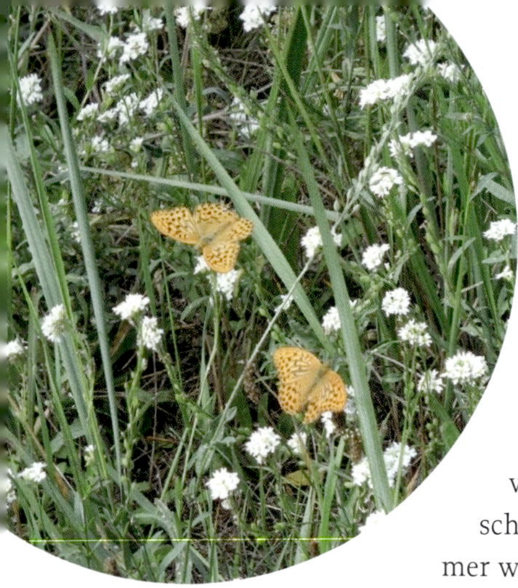

Am Wegesrand

Schichten zurück, sodass der Lauf trockenliegt.

Im hochgewachsenen Laubwald werden die Wege mit jedem Abzweigen schmaler. Nach dem Abbiegen vor dem ersten Brücklein wird der Pfad schließlich schulterschmal und sorgt immer wieder für etwas Tuchfühlung mit Blatt und Zweig. Trotz trockenem Bachlauf ist die Natur üppig und verwunschen. Öfter trifft man nun auf die handgemalten Wegweiser des Müggel-Spree-Weges, der von Friedrichshagen daherkommt und hier auf seinem weiten Weg nach Fürstenwalde einen nördlichen Bogen über Schöneiche und Rüdersdorf schlägt. Ein kurzes Stück begleitet er die Berliner Gürtellinie.

Auf dem nächsten Brücklein wird endlich das Mühlenfließ überquert und sogleich auf den Uferpfad abgebogen, der von bemerkenswerten Eichenstämmen eskortiert wird. Die Fließstraße flankiert einen Parkstreifen mit hübscher Brücke, gleich danach beginnt das nächste Stückchen Uferpfad. Nach etwas Straßen-Zickzack folgt Teil 3 in Kurpark-Anmutung und führt mit zartem Informationsgehalt durch eine verspielte Streuobstwiese. Die bald folgenden Bachkaskaden aus großem Gestein sind auch ohne Wasser eindrücklich, zugleich machen sie neugierig auf ein Wiedersehen zu Jahreszeiten mit fließendem Bächlein.

Gleich hinter den Felsstufen liegt der Kleine Spreewaldpark. Wer ihn ausschließlich mit gefüllten Fließen und gestakten Kähnen kennt, ist auf den ersten Blick vielleicht betrübt. Doch auch ohne Wasser zeigt sich hier auf kleinstem Raum eine große Vielfalt von Dingen und Stellen, die es zu entdecken gilt. Gut verpackte Umweltbildung, das schönste Mosaik-Geschöpf weit und breit und nicht zuletzt die Stege und charakteristischen Holzbrücken, wie man sie vom originalen Spreewald kennt, lassen dort leicht die Zeit vergessen. Ist das einmal geschehen, kann man dem Müggel-Spree-Weg auch gleich noch zum Schlosspark und dem Alten Dorf Schöneiche folgen – und dann nach dem Blick auf die Uhr weitersehen oder einfach in die Straßenbahn nach Friedrichshagen steigen. Deren Wagen übrigens fahren als einzige im Berliner Raum auf schmaler Spur.

Am Rand des Goetheparks mit seinen hochgewachsenen Bäumen weckt ein kleiner Pavillon einen kurzen Gedanken an Weimar, bevor die Gürtellinie nun Kurs auf den Ortsrand nimmt. An der Krummenseestraße lohnt ein kurzer Abstecher nach links, wo bewiesen wird, dass moderne Kirchbauten nicht sachlich aussehen müssen.

Bald nach dem Friedhof taucht der Weg in den Wald ein, dessen Bild erst von Blättern, dann von Nadeln bestimmt wird. Wo sich zehn Minuten später der Wald wieder öffnet, beginnt nun der besondere Streifen des Machnow. Dieser beginnt zunächst mit einer sandigen Senke, welche an vielen Stellen die Wurzeln der Kiefern hindurchschauen lässt. Zahlreiche Pfade laden ein ins Labyrinth der noch vergleichsweise jungen Baumkronen. Ebenso schön und deutlich entspannter ist der gediegene breite Weg, der am rechten Rand quasi auf der hohen Kante verläuft.

Verlandeter Weiher im Machnow

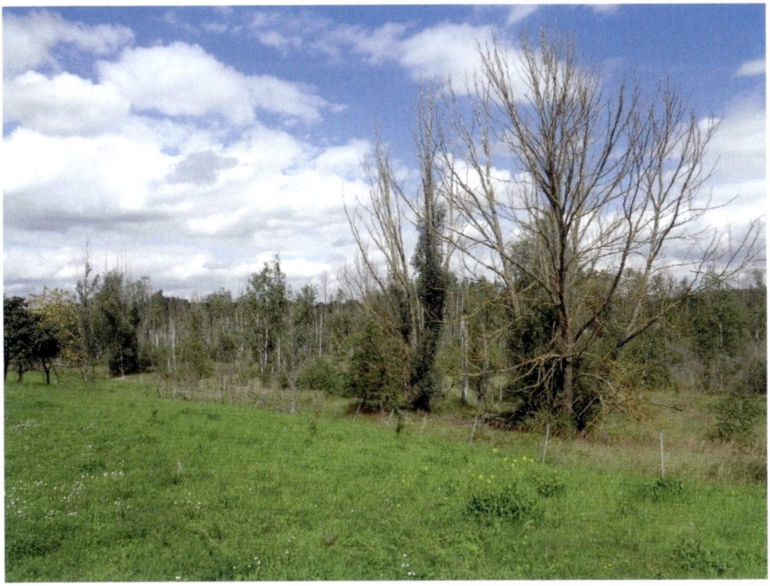

Rechts der Spur übernimmt der Laubwald, während am Wegesrand die Blütenpracht immer bunter und vielfältiger wird. In der nun ausgeprägteren Senke lässt sich ein verlandeter Weiher erahnen, in dem laut historischem Verbotsschild nicht gebadet werden soll.

Ein Schwenk führt über Wiesenwege zur Mitte des Machnow, wo sich anhand der Dämme und Senken noch gut die ehemaligen Rieselfelder erkennen lassen. Zuwachsende Plattenwege und ein weiterer trockengefallener See bekräftigen den Eindruck. Heute finden hier zahlreiche Vögel und Wildtiere ein Rückzugsgebiet. Die Landschaft öffnet sich zu einer wohltuenden Weite, die größer wirkt, als sie es tatsächlich ist. Die Blütendichte auf den üppigen Sommerwiesen legt noch ein paar Zähne zu. Markante Einzelbäume setzen sich lässig in Szene, im Sommer unterstützt von einer losen Gefolgschaft gelbblühender Königskerzen.

Eine rein grüne Übergangssequenz aus Wald leitet vorbei an einem Pferdegatter zur Heidemühle und damit in die idyllische Welt des Erpetals, das als Prominenz unter den naturnahen Berliner Bachtälern gelten darf. Selbst wenn hier viele Menschen unterwegs sind, wirkt es nur sel-

Erpe-Stromschnelle an der Heidemühle

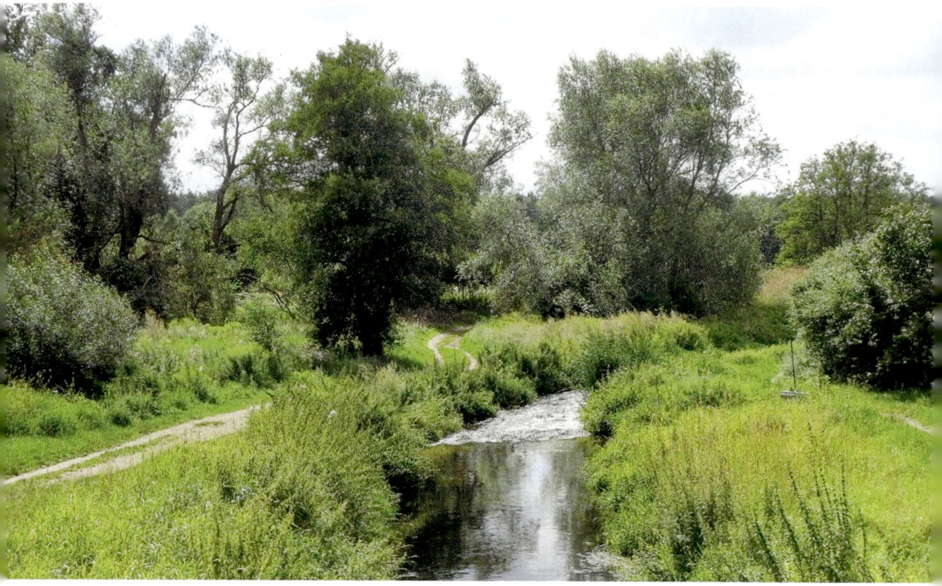

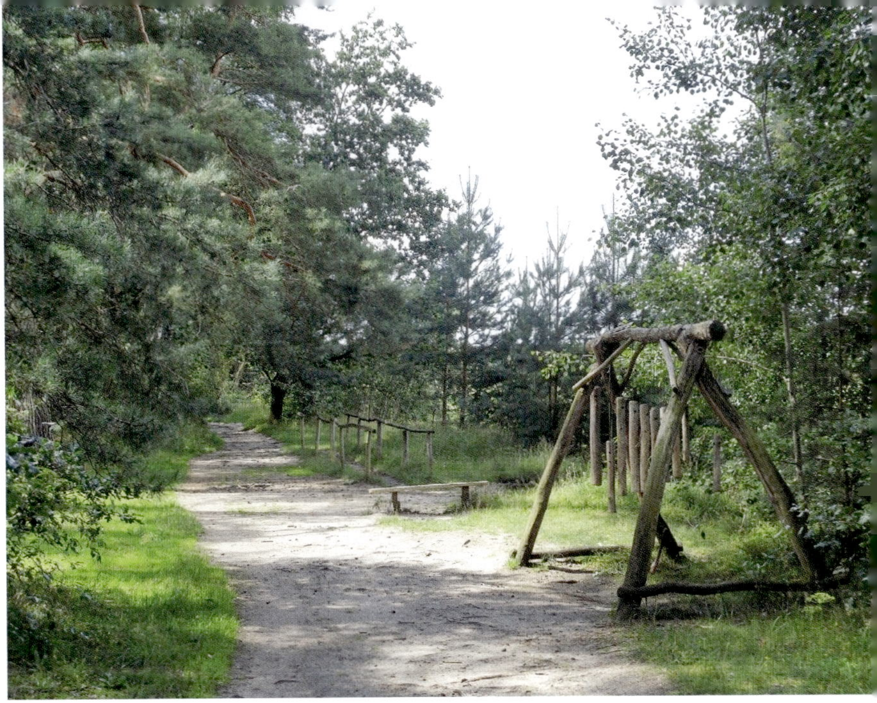

Waldspielplatz am Erpetal

ten überfüllt. Gleich an der Mühle zeigt der von Altlandsberg kommende Bach anhand einer kleinen Schnelle freudig, wie ihm in der zurückliegenden Zeit unter die Arme gegriffen wurde. Schöne Pfade begleiten den Lauf des Wassers, das hier auch Neuenhagener Mühlenfließ genannt wird, in seinem breiten Wiesental. Zum Weg durch die Erpewiesen gesellt sich in Gestalt des E 11 auch ein Schwergewicht unter den Weitwanderwegen. Eindrucksvolle Ruinen uralter Weiden ragen zugleich in den Himmel und in die Breite, struppige Wiesen sorgen für Vielfalt in Duft, Gesumm und Gezwitscher. Hier und da finden sich hölzerne Rastoptionen verschiedener Gestalt oder Möglichkeiten für Spiele unter freiem Himmel, auch diese komplett aus Holz. Der Weg durch den Wald verläuft schattig, kurvig und nimmt kleine Sättel, folgt dabei einem als Rundweg angelegten Naturlehrpfad, der zwischen Heidemühle und Ravensteiner Mühle beste Freiluft-Unterhaltung anbietet.

An der Ravensteiner Mühle geht die Gürtellinie zum zweiten Mal auf Tuchfühlung mit der hier schon flüsschenbreiten Erpe. Deren sanfte Bögen wurden an der Uferkante mit Palisaden befestigt und lassen damit

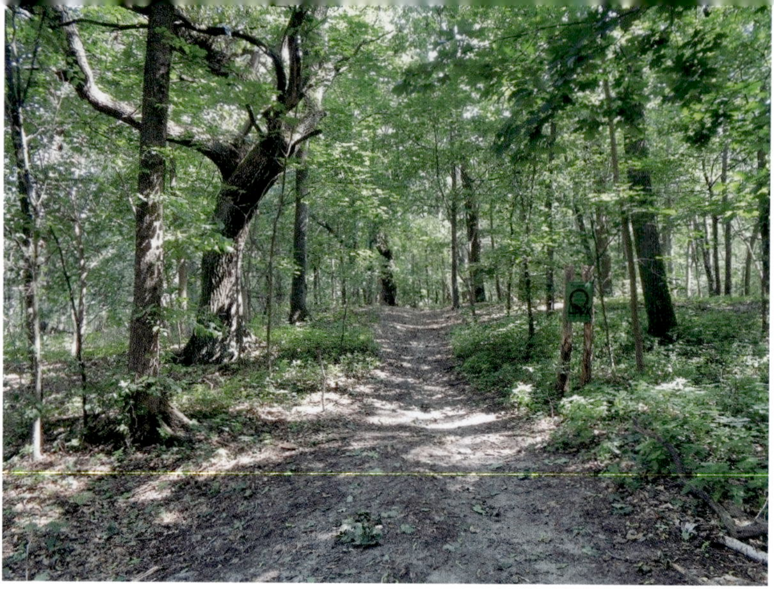

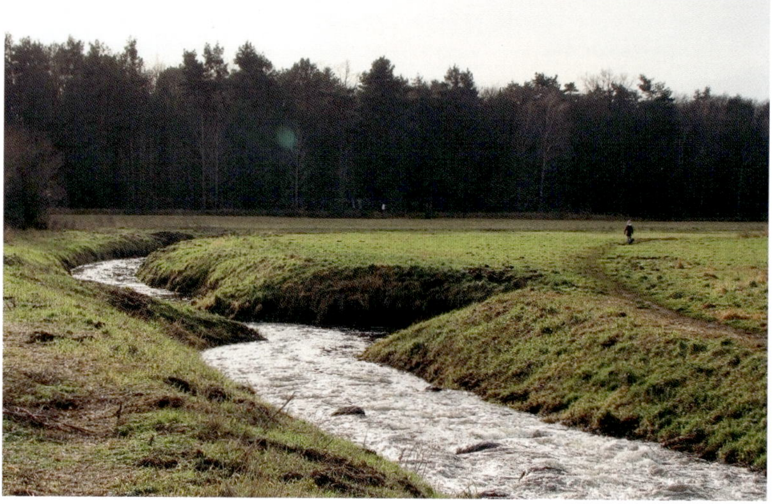

Im Erpetal: Wald und Bachlauf

ein zweites Mal auf dieser Etappe Gedanken an den Spreewald aufklappen. An einzelnen Stellen versammeln sich gezielt die Enten. Niemand außer ihnen könnte wohl erklären, was gerade diese Stelle so besonders reizvoll macht oder ob sie morgen ein paar Meter weiter liegen wird.

Das ruhige Band der Erpe weckt insbesondere im Licht des nahenden Abends den Wunsch, dass dieser Uferweg niemals aufhören möge.

Insofern ist es ein kleiner Segen, dass zum Anschluss an die S-Bahn ein kleiner Zuweg vonnöten ist, denn dieser lässt in seiner längsten Variante eine halbstündige Verlängerung des Vergnügens zu. Kurz vor der S-Bahn läuft er schließlich, begleitet von Kopfweiden, in einer langen Kurve am Rand einer auenhaften Bullenweide aus. Wer auch dann noch keine Lust auf den kürzesten Weg hat, kann sich kurz vor dem Bahnhof durch den weitläufigen Kurpark treiben lassen, wo vielleicht das Freiluftkino gut zur Abendstunde passt.

Kurzcharakteristik: bunte Mischung von Wald und Wiesen, dazu ein grünes Bachtal und eine schöne Ortslage

Anreise: S 3, tagsüber alle 20 Min. (Fahrtdauer ab S Alexanderplatz 35 Min.)

Abreise: S 3, tagsüber alle 10 Min. (Fahrtdauer bis S Alexanderplatz 30 Min.)

Anteil mit Autolärm: nur punktuell

Was gibt es entlang des Weges zu sehen: Uferwege am Fredersdorfer Mühlenfließ / Kleiner Spreewaldpark / Waldvillenkolonie Schöneiche und Goethepark / Münchehofer Heide und besonderer Grünstreifen Der Machnow / zauberhaftes Erpetal mit Mühlenwiesen und Bachschnellen / optional: Abstecher zur Friedrichshagener Bölschestraße

Gastronomie: Imbiss an der Friedrichshagener Straße, Schöneiche; etwas abseits: div. in Schöneiche rund um die Dorfaue (ca. 20 Min. Zuweg); div. in der Friedrichshagener Bölschestraße (Zuweg ca. 20 Min.)

Spielplätze: am Kleinen Spreewaldpark beim Dinoteich, im Goethepark, Wald-Erlebnisbereich am Ostrand des Erpetals mit Baumxylophon, Barfußpfad und riesigem Mühlespiel aus Baumstämmen

Vorkommende Wegweisung: Müggel-Spree-Weg, Erpetal-Naturlehrpfad, E 11

Abkürzen per ÖPNV: Goethepark/Schöneiche (Straßenbahn, bei km 3,3); danach keine weiteren Optionen

Öffentliche Toiletten: am S-Bhf. Friedrichshagen

TÄLER, SEEN UND EIN BALKON – VON DER ERPE ZUR WUHLE

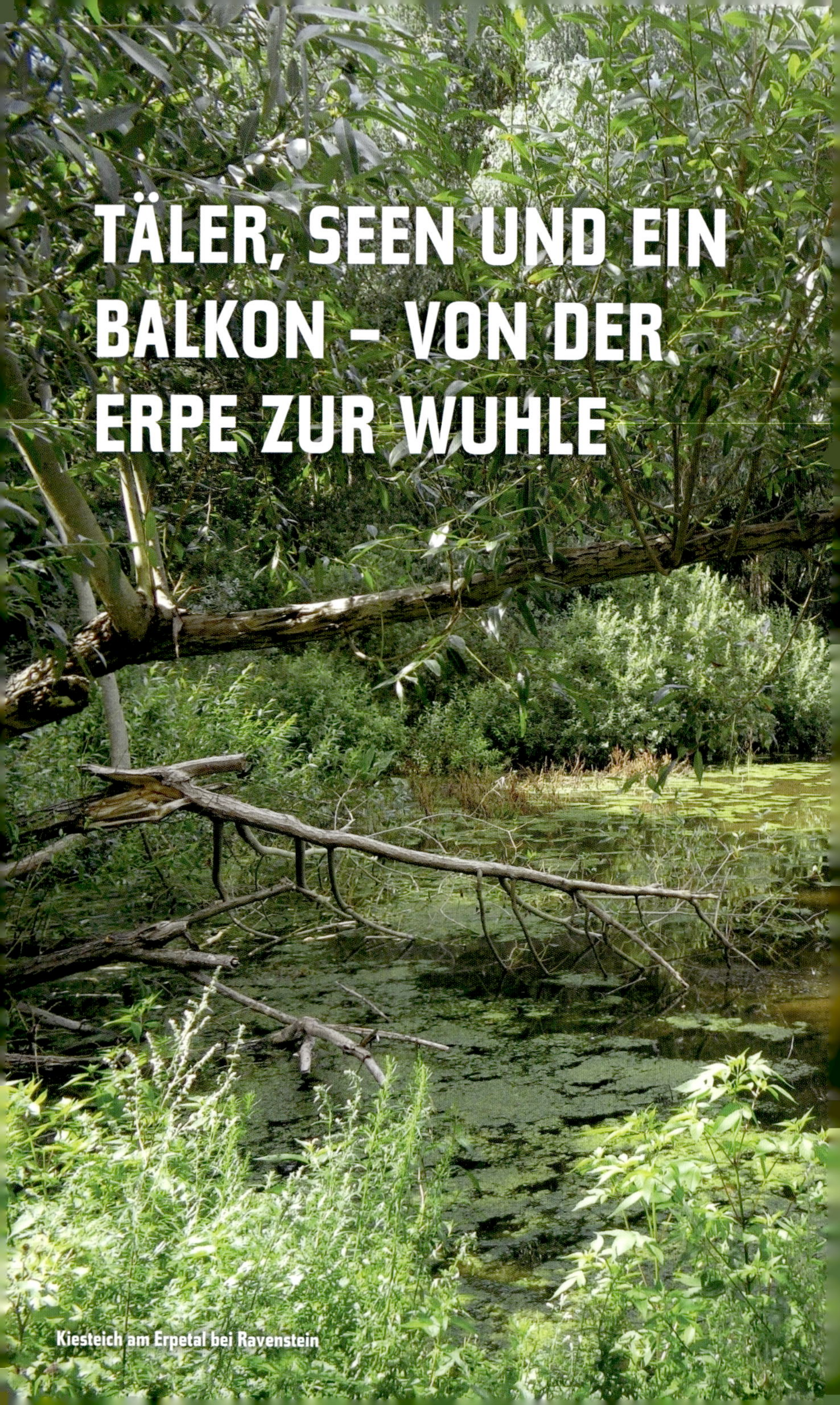

Kiesteich am Erpetal bei Ravenstein

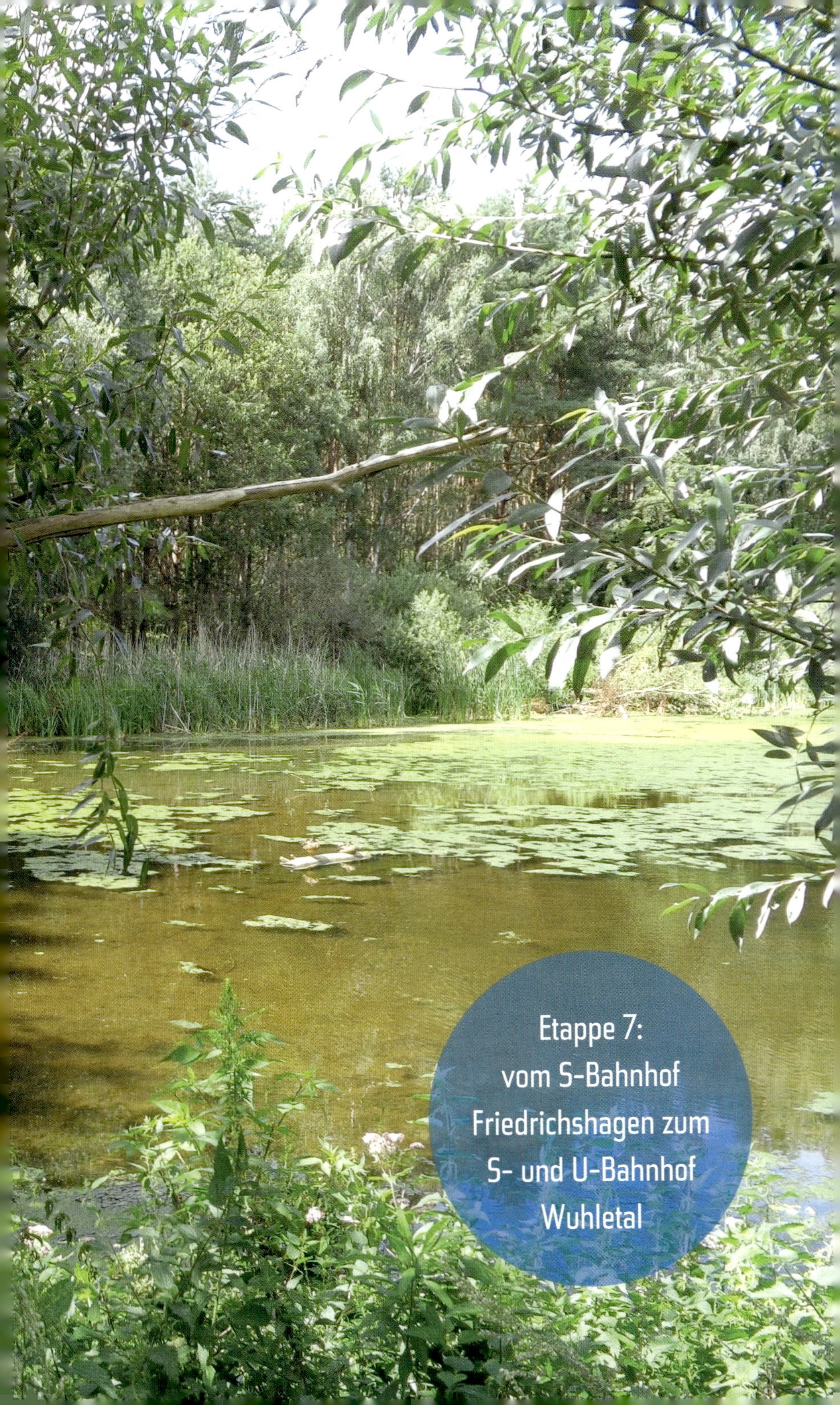

Etappe 7: vom S-Bahnhof Friedrichshagen zum S- und U-Bahnhof Wuhletal

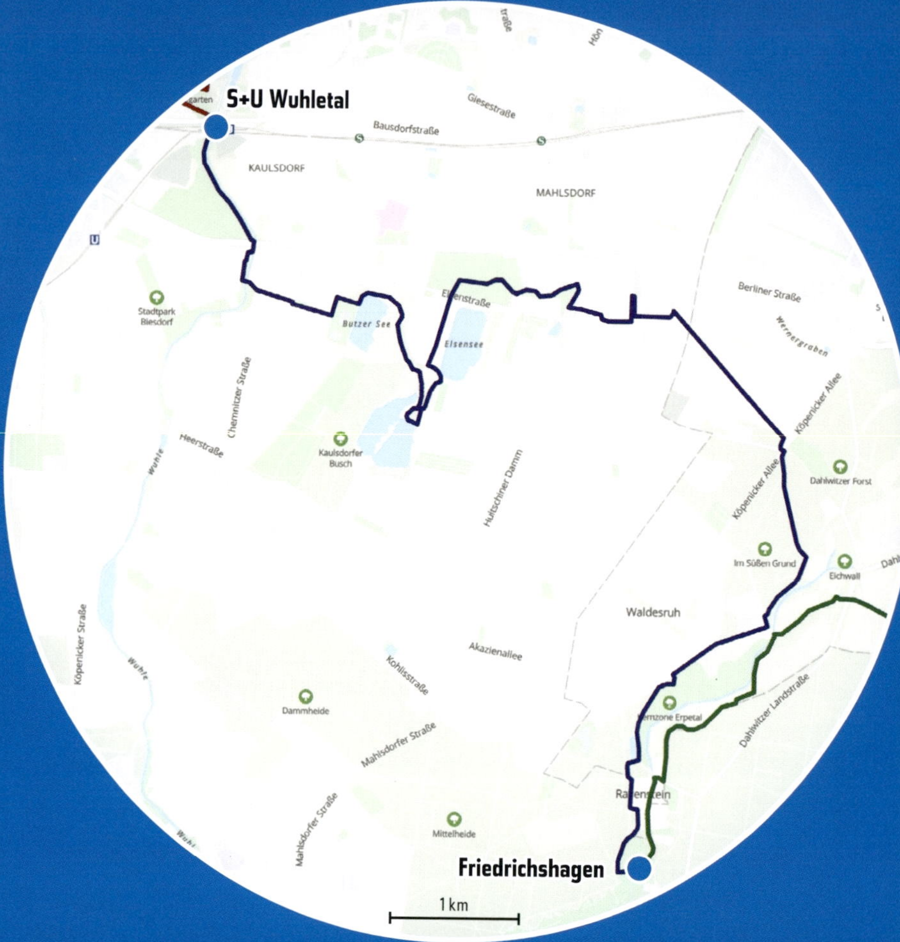

12,9 km; am Beginn 1 km Zuweg vom S-Bhf. Friedrichshagen

gut begehbare unbefestigte Wege und Pfade; in den Wohnlagen meist Hartbelag

keine nennenswerten Steigungen

Verlauf: (S-Bhf. Friedrichshagen) / Ortslage Ravenstein / Wege im Erpetal / ruhige Fahrwege bei Heidemühle / Waldweg zur Köpenicker Allee / Feldweg nach Mahlsdorf / Parkwege in Mahlsdorf / Wohnlage Mahlsdorfer Blumenviertel / ufernahe Wege an den Kaulsdorfer Seen / Wohnlage Mosbacher Straße / Wege im Wuhletal / S-/U-Bhf. Wuhletal

Der S-Bahnhof Friedrichshagen liegt dicht am idyllischen Erpetal, zugleich beginnt nach Süden raus die bestens bummelbare Bölschestraße mit dem Spreetunnel unweit ihres Endes. Als weitere Ablenkung zählt der Bahnhof zu den wenigen in Berlin, von denen eine Straßenbahn losfährt und direkt im Wald verschwindet, mit den brandenburgischen Orten Schöneiche und Rüdersdorf zudem vollwertige Ausflugsziele ansteuert.

Der Einstieg in die Berliner Gürtellinie liegt eine Viertel- bzw. halbe Stunde vom Bahnhof entfernt, je nachdem, ob man den von Kopfweiden und zeitweise auch von Wasserbüffeln veredelten Einstieg ins Erpetal direkt an der Bahntrasse wählt oder den kürzeren Zuweg durch den Kurpark. Beide Optionen haben ihren Reiz, und so oder so wird an der Erpebrücke des Hauptweges das Flüsschen überquert.

Hinter den Gärtchen geht es von dort zur Ravensteiner Mühle, wo manchmal die Handwerklichkeiten der Bewohner übers Tal schallen. An der Mühlenstraße taucht man in den Wald ein, nimmt die Spur des Naturlehrpfades auf und findet sich ein paar Abbiegungen später in einer

Grasinseln im Kiesteich

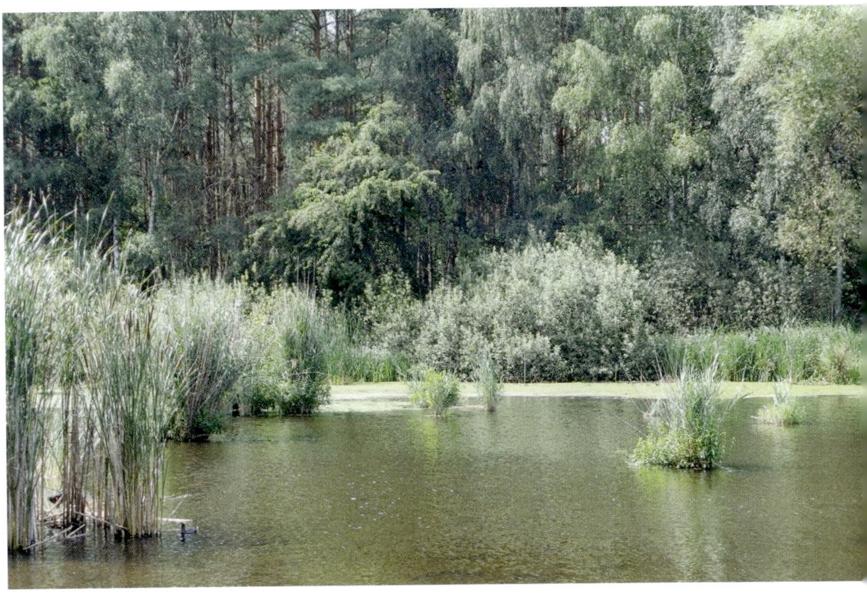

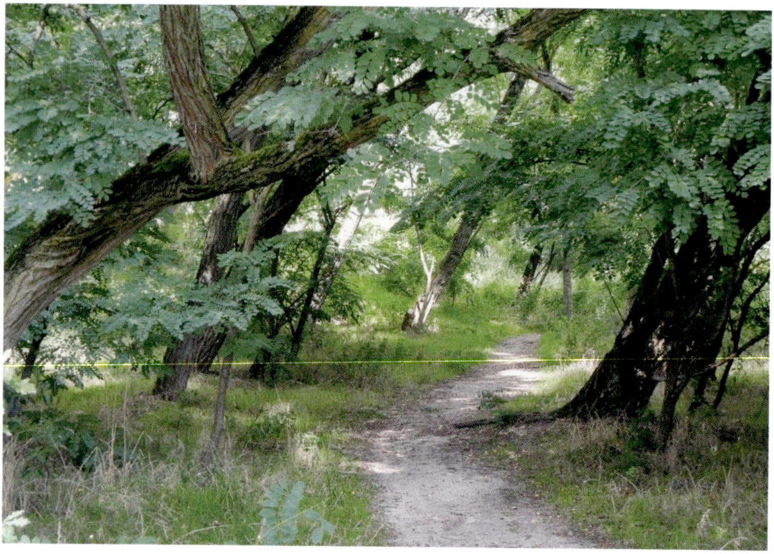

Fliehende Bäume im Erpetal

ganz eigenen Welt wieder, fast ein wenig unerwartet. Unterhalb einer sanften Geländekante liegt ein verträumter Schilfweiher, dem man seine Vergangenheit als Kiesteich überhaupt nicht ansieht. Seerosenblätter bedecken großflächig die Wasserfläche, ein dichter Schilfgürtel sorgt zusammen mit kleinen Grasinseln und buschigem Uferwald dafür, dass sich verschiedenste Wasservögel sehr wohlfühlen. Der kleine Strand am flachen Wasser ist planschgeeignet, und wenn es auch keine Rastbänke gibt, lässt sich hier gut eine längere Pause einlegen.

Rechts des Weges sorgt ein schmaler Ableger der Erpe für eine gerade Reihe aus Schilf, Rohrkolben und anderen hochwachsenden Wasserpflanzen, dahinter reicht der Blick weit in den Wiesengrund des Fließtales. Viele alte Bäume begleiten den Weg zwischen Waldrand und Wasserläufchen, oftmals Windflüchtern gleich nach Osten geneigt oder in theatralischen Gesten erstarrt. Die kleine Pfadpassage bis zum Erreichen der Kuhweide ist baummäßig eine besondere.

Dort, wo manchmal in Schwarz, Braun oder Weiß die breitschultrigen Gehörnten stehen, schwenkt der Weg vor zum Fahrweg mit dem schönen Namen An der Trainierbahn, der auf die Nähe zur Galopprennbahn Hoppegarten verweist. Zweimal laden schöne Aussichtsbänke auf der hohen Kante zum Beinelangstrecken ein, der Blick schweift in beiden Fällen über bilderbuchtaugliche Wiesen mit verstreuten Obstbäumen.

Danach lockt erst ein Wiesenpfad rechts in die Talwiesen, kurz darauf links ein Waldpfad in einen nutzbaren Alternativweg. Die Berliner Gürtellinie verläuft hier geradeaus durch eine schöne Kastanienallee, der Andeutung folgend vorbei an einem Trainingsgelände für Pferde.

Hinter der Heidemühle schlüpft dann wieder ein Weglein in den hochgewachsenen Wald. Auf Höhe der blumigen Mühlenwiese – auch hier wartet eine dieser kaum verhandelbaren Rastbänke – beginnt dann Teil 1 der Luftlinie nach Mahlsdorf entlang einer Waldschneise. Immer schmaler wird der hübsche Weg und läuft schließlich zum Pfad ein, bevor an der Bushaltestelle die Landstraße gequert wird. Entlang eines buschigen Baumstreifens folgt nun Teil 2 der besagten Luftlinie, der Blick hat Platz und kann weit voraus schon die Reklametürme des Stadtrandgewerbes erspähen. Der hübsche, sanft ansteigende Graspfad durchstreift ein paar Gehölze, bevor sich unweit des Möbellagers ein Breitblick über

Am Feldrain nach Mahlsdorf

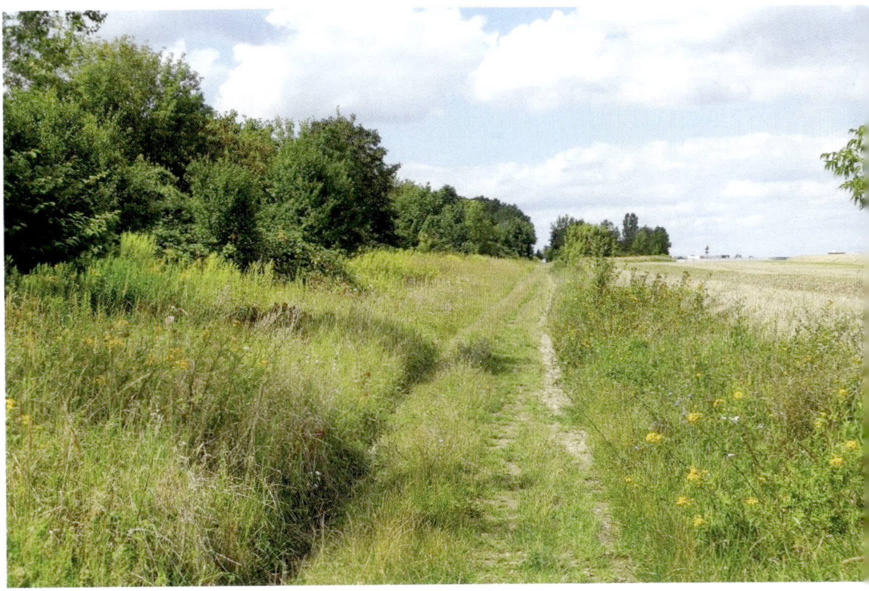

die Dächer von Mahlsdorf aufspannt. Erkennbar sind in der Ferne sogar die Hochhaussiedlungen von Lichterfelde, die markante Landmarke der drei Schornsteine des benachbarten Kraftwerks hingegen ist mittlerweile Geschichte.

Nach ein paar nüchternen Minuten entlang des langen Gewerbebaus wird es gleich umso kuschliger. Durch zwei Parkstreifen mit geschwungenen Wegen und einem Spielplatz erreicht man den leicht abenteuerlichen Durchschlupf zum Hultschiner Damm, der zuletzt noch die Rinne des Rohrpfuhlgrabens kreuzt. Nach ein paar Minuten entlang des Straßenbahngleises, dessen Lage auf der Straße manchen Autofahrer verwirrt, liegt gegenüber das Portal zum Gutshaus Mahlsdorf mit seinem kleinen und feinen Landschaftspark. Im Gutshaus ist das international relevante und an Herzblut reiche Gründerzeitmuseum untergebracht, welches Charlotte von Mahlsdorf im Jahre 1960 eröffnet hatte. Schon zuvor bewahrte sie das Gebäude durch ihren Einzug vor dem Abriss.

Vorbei am Gutshaus geleitet das Pflaster direkt zum Hinterausgang, der tagsüber geöffnet ist. Den Wegbögen folgend steht man nach kurzem Anstieg am Berliner Balkon, einem hölzernen Mini-Stonehenge mit großem Bankenrund, das weithin erkennbar ist. Der Fernsehturm und die Müggelberge sind von hier aus bei fast jedem Wetter auszumachen, für die Fülle der Feinheiten dazwischen braucht es etwas Stadtkenntnis und Beharrlichkeit. Gleich unterhalb der Anhöhe erstrecken sich immerhin vier Wasserflächen, von denen allein der Elsensee nicht zugänglich ist. Den zweige-

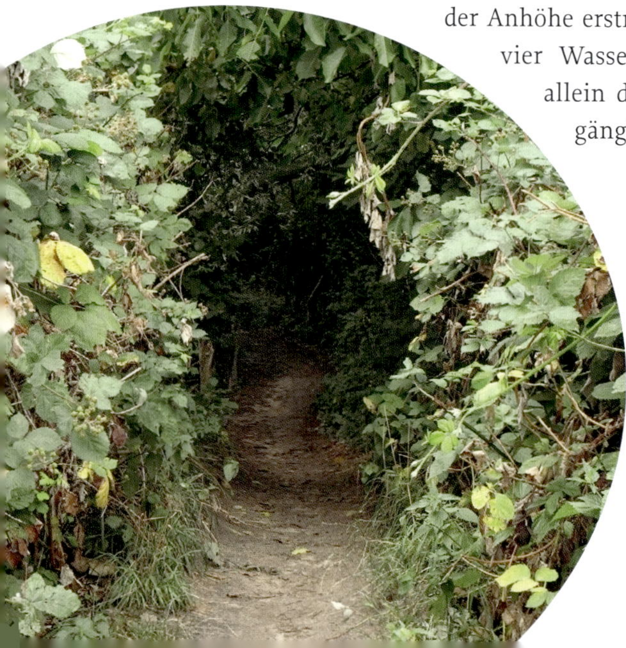

Pfadgasse am Butzer See

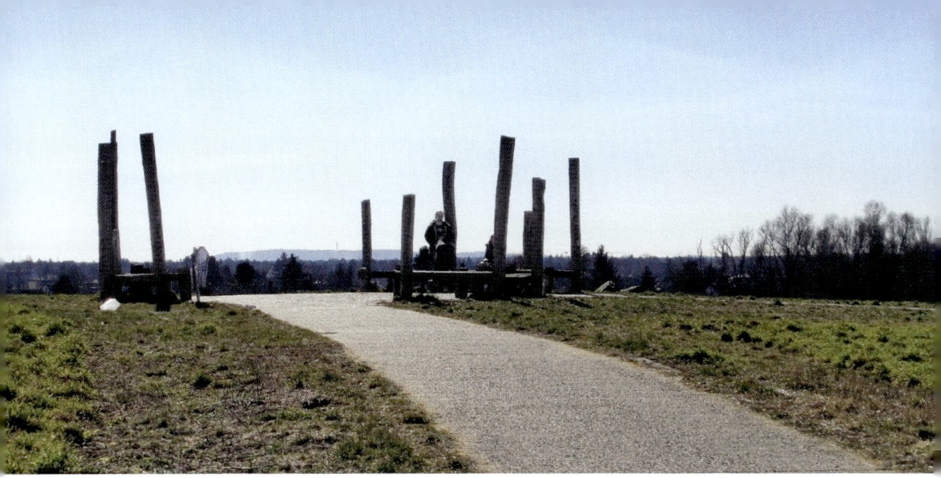

Berliner Balkon bei Mahlsdorf

teilten Habermannsee umgibt eine lange, abwechslungsreiche und teils recht wilde Uferlinie mit einem Gewirr von Schlängelpfaden, die auch einer Ostseeinsel gut stehen würden und hier und da ein Verneigen einfordern. Neben schönen Stränden gibt es Sandbänke sowie einen begehbaren Mittelstreifen, der manchmal zur Insel wird. Sogar eine knöchelhohe Steilküste hat der See am Oststrand zu bieten, mit handbemalter Bücherbox am Rand.

Der Weg vom Habermannsee zum Butzer See führt die Schritte auf klaren Pfadspuren durch struppige Wiesen, die im Sommer schon mal hüfthoch stehen können. Das Gras als solches spielt hier nur mehr eine untergeordnete Rolle, dementsprechend groß ist die Vielfalt an Insekten. Auch am Butzer See gibt es diese herrlichen Pfade im wilden Uferstreifen, die manchmal im Uferkraut enden. Nach dem Nordstrand wird der Sportplatz halb umrundet, danach geleitet die Mosbacher Straße auf kürzestem Weg zum zweiten Bach dieser Etappe. Der mittlerweile winzigen Wuhle wurde vor einiger Zeit gewissermaßen der Hahn abgedreht, als das Klärwerk Falkenberg dichtmachte, dem Bach sein über die Zeiten geformtes Bett über Nacht drei Nummern zu groß war. Seitdem muss die Wuhle mit dem Ertrag ihrer eigentlichen Quelle klarkommen, zu Regenzeiten ergänzt um den Dachabfluss hinzugekommener Wohnsiedlungen.

Dem Charme des Tales tut das keinen Abbruch. Etwas spiegelndes Wasser ist fast immer zu finden, der Tiefgang reicht allemal für Enten-

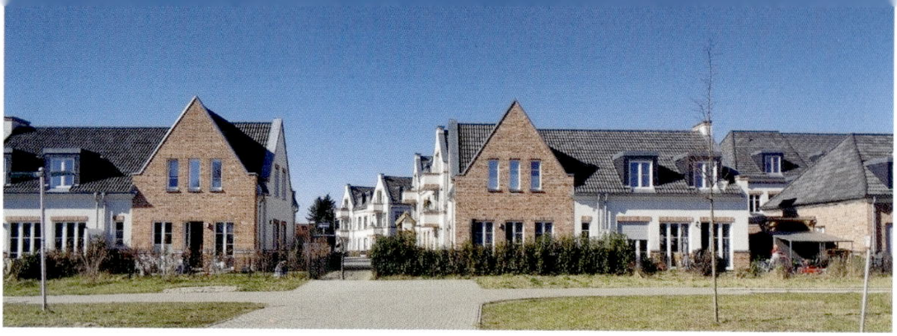

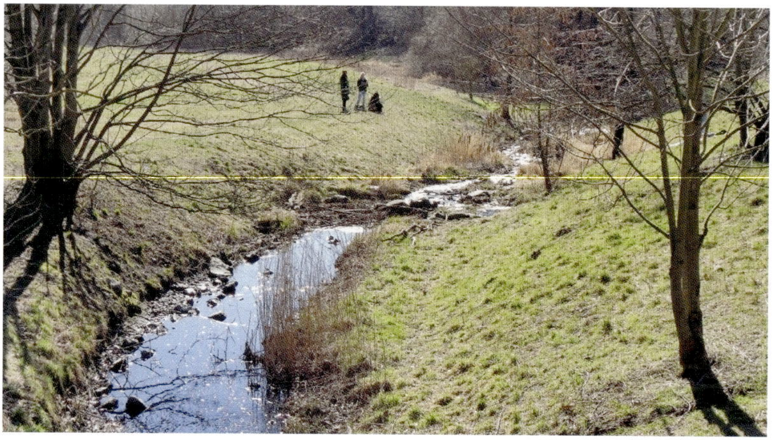

Holland-Viertel an der Wuhle, Wuhle südlich des Bahnhofs Wuhletal

küken und oftmals ist sogar ein Fließen zu erkennen. Für längere Zeit geht die Berliner Gürtellinie jetzt mehr oder weniger untergehakt mit dem Wuhletalweg, der gleichermaßen für Sohlengänger und Pedaltreter angelegt wurde. Am anderen Ufer wurde eine Art holländisches Viertel entworfen, der Versuch ist durchaus geglückt. Kurz darauf ist die belebte Bundesstraße zu queren, doch das ist schon länger kein Problem mehr, da man einfach nur den Kopf etwas einziehen muss und dann bequem unter dem rollenden Verkehr hindurchgehen kann.

Der dichte Waldstreifen entlang des gediegenen Weges verbirgt, dass dieser nah entlang der Wuhle verläuft, einige der Stämme räkeln sich förmlich über die Wegmitte. Kleine Bögen umschiffen die Linie der Stämme, bis das Bodengrün übernimmt und wieder Geradlinigkeit gestattet. Beim Hinaustreten ins Freie kommt vom Gipfel der Biesdorfer Höhe der Abstiegspfad, der auch eine Reihe von Stufen beinhaltet, rechts öffnet sich der Blick auf das schöne Dorfbild von Kaulsdorf. In Sichtweite zum Bahnhof fließt die Wuhle grün eingeschmiegt und kann nach Regentagen manchmal ein paar wilde Schnellen zum Leben erwecken. Doch auch ohne Mehrwasser fließt das Bächlein hier recht verspielt, schmeißt sich launig in kleine Kurven und versammelt daher fast immer ein paar Kinderfüße am flachen Wiesenufer. Beim Gang übers Brücklein fällt der Blick in den dunklen Schlund des Ostbahntunnels, der mit oder ohne fließend Wasser bei quartiersuchenden Fledermäusen sehr gefragt ist. Der gleich folgende Schlund ist flach, breit und licht und öffnet an seinem Ende den Blick auf ein neues Kapitel in Sachen Wuhletal.

Kurzcharakteristik: zwei grüne Talgründe, dazwischen Wald, Wiesen und Felder nebst einem Aussichtsbalkon und zwei Seen

Anreise: S 3, tagsüber alle 10 Min. (Fahrtdauer ab S Alexanderplatz 30 Min.)

Abreise: S 5 oder U 5, tagsüber alle 5 Min. (Fahrtdauer bis S Alexanderplatz 20 Min.)

Anteil mit Autolärm: nur punktuell

Was gibt es entlang des Weges zu sehen: zauberhaftes Erpetal mit Schilfweiher / Waldstück im Süßen Grund / Landschaftspark Gutshaus Mahlsdorf mit Gründerzeitmuseum / Berliner Balkon am Barnimhang / Kaulsdorfer Seen mit Badestränden / Wuhletal an der Biesdorfer Höhe, optional: Extrabogen über den Gipfel / optional: Abstecher zum alten Dorfkern Kaulsdorf

Gastronomie: mit Zuweg: Taverne Waldesruh (nahe Heidemühle); mit Zuweg: L'Osteria, Alt-Mahlsdorf; mit Zuweg: Zum Ziehbrunnen, Hultschiner Damm; Imbiss S-/U-Bhf. Wuhletal

Spielplätze: in Mahlsdorf im Theodorpark

Bademöglichkeiten: kleiner Strand mit planschtiefem Wasser am Kiesteich Vogelherd (Erpetal), Strände Habermannsee und Butzer See (Kaulsdorf)

Vorkommende Wegweisung: Erpetal-Naturlehrpfad, HW 8, HW 14

Abkürzen per ÖPNV: Schießplatz/Waldesruh (Bus, bei km 4,2), Alt-Mahlsdorf mit 250 m Zuweg (Straßenbahn, bei km 6,9); dazwischen weitere Optionen mit Zuwegen

Öffentliche Toiletten: am S-Bhf. Friedrichshagen, am S-/U-Bhf. Wuhletal

KOPF IN DEN WOLKEN IM WUHLEBERGLAND

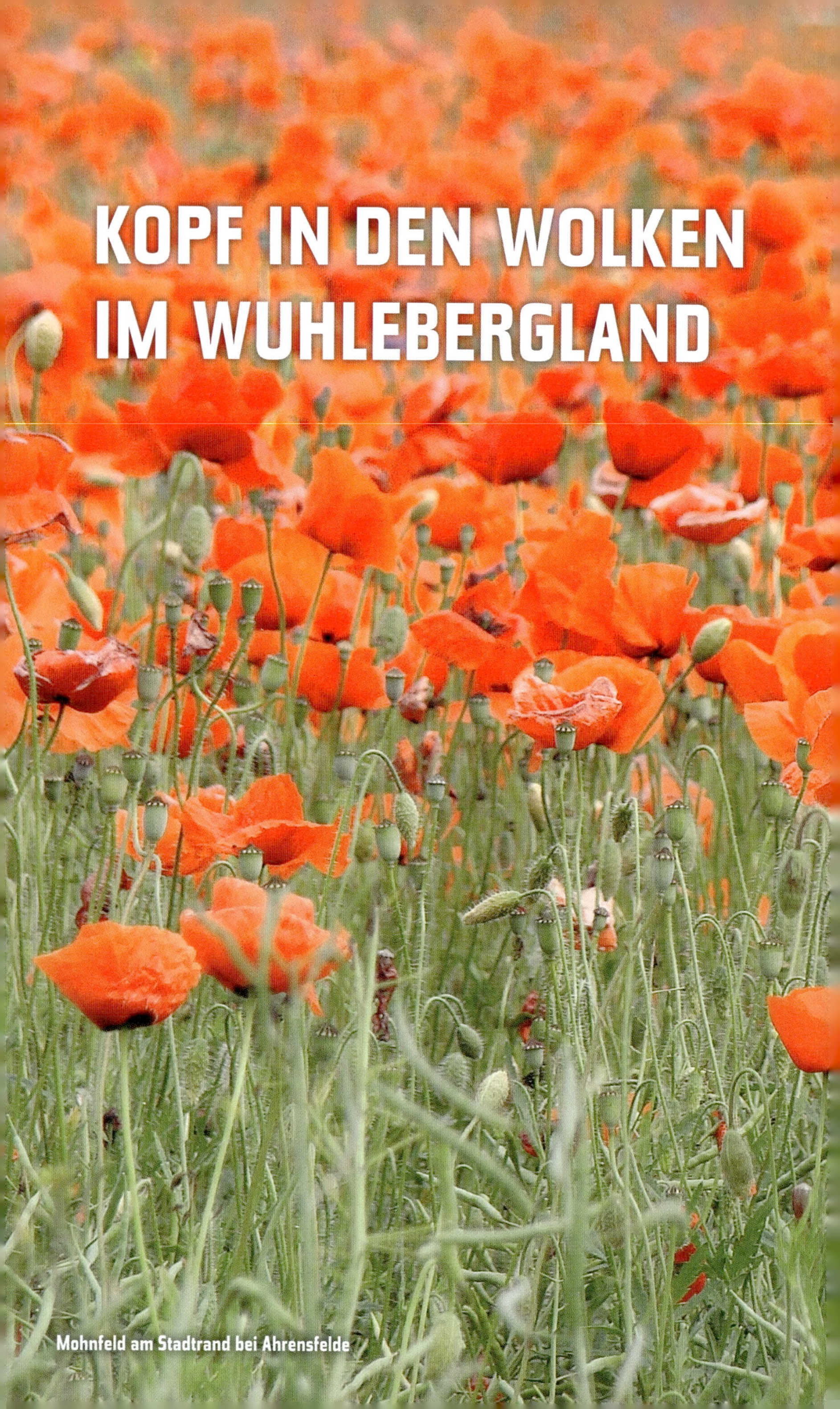

Mohnfeld am Stadtrand bei Ahrensfelde

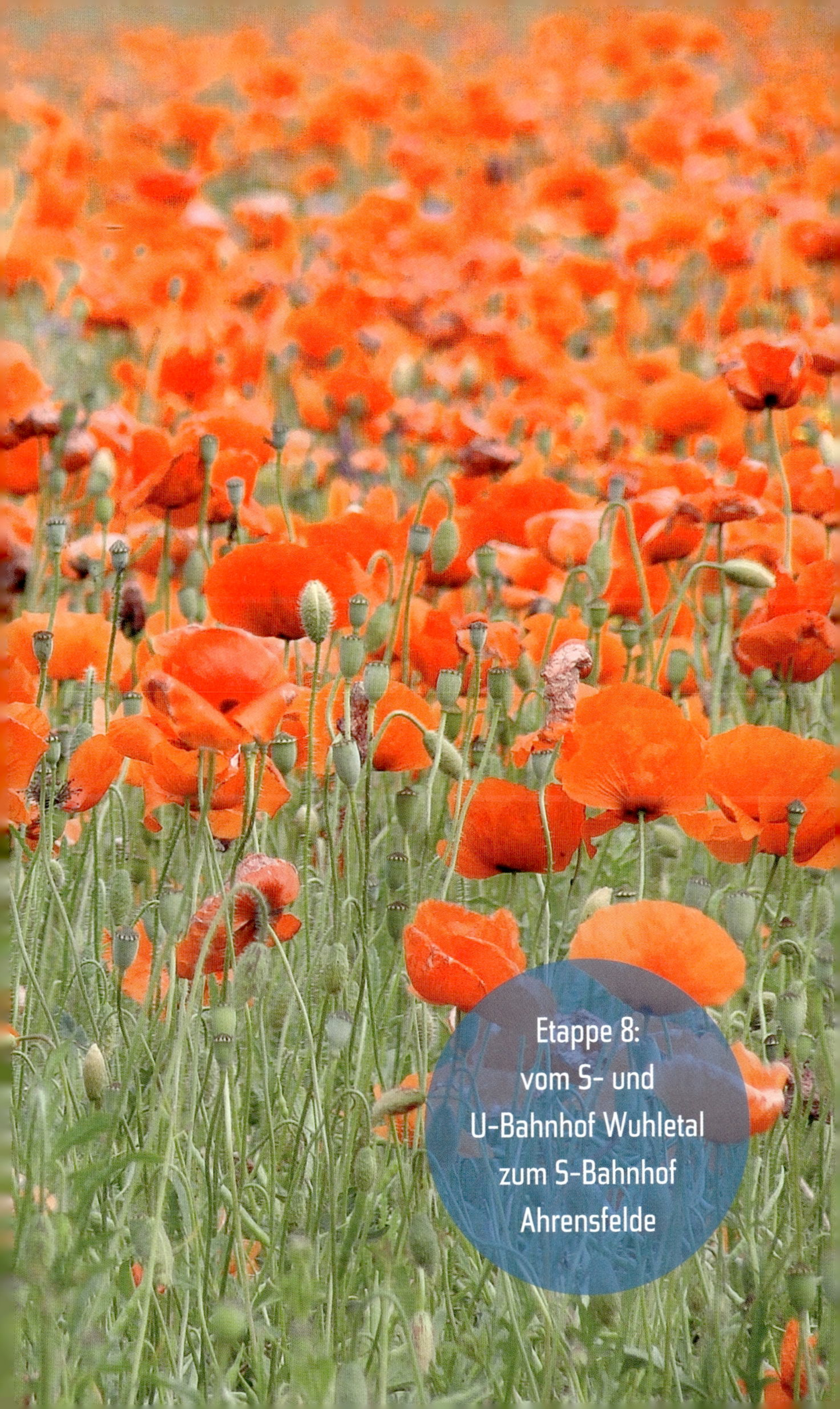

Etappe 8:
vom S- und
U-Bahnhof Wuhletal
zum S-Bahnhof
Ahrensfelde

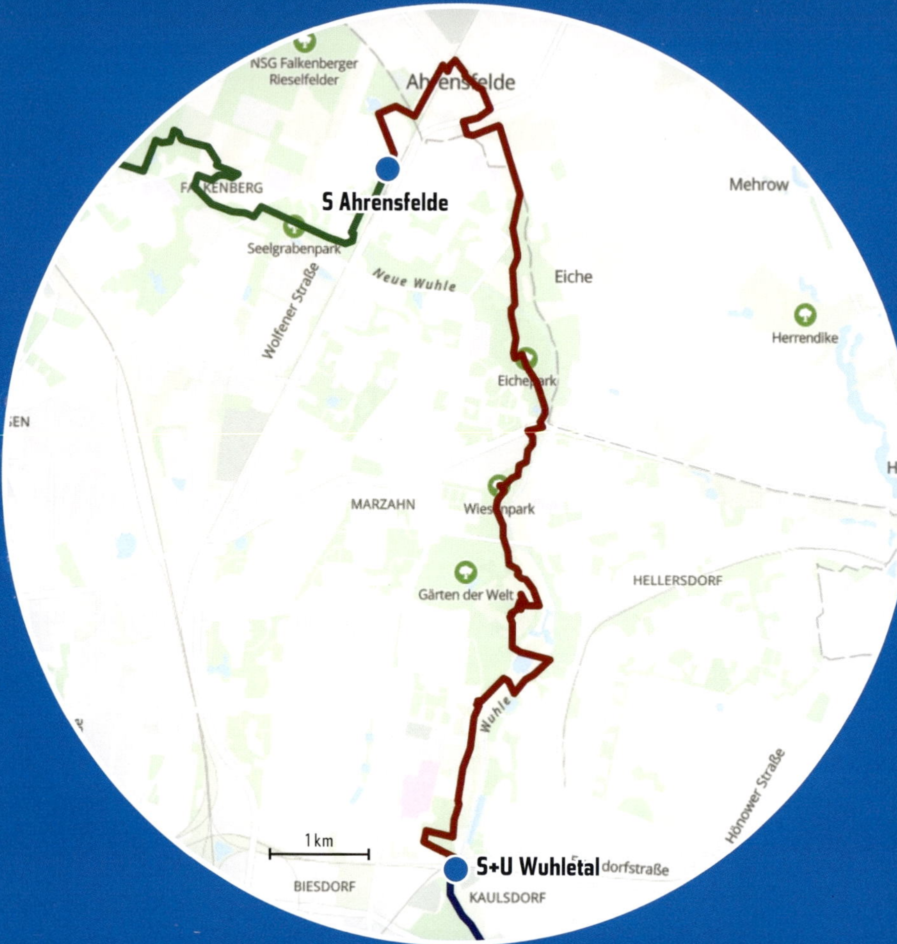

12,8 km

gut begehbare unbefestigte Wege und Pfade; Hartbelag nur in den Ortslagen, manchmal auch in den Parkflächen

zwei größere An-/Abstiege (Kienberg, Ahrensfelder Berge)

Verlauf: S-/U-Bhf. Wuhletal / Parkwege im Wuhletal / Treppen zum Kienberg / Abstiegspfad vom Kienberg / Parkwege im Wuhletal / Pfade und Stufen in den Ahrensfelder Bergen / Parkwege im Wuhletal / Ortslage Dorf Ahrensfelde / Parkwege im Wuhlepark / Ortslage Ulmenallee / Parkwege am Gehrensee / S-Bhf. Ahrensfelde

Der Bahnhof Wuhletal verfügt über zwei berlinweite Besonderheiten: Er ist der einzige Bahnhof, wo man auf demselben Bahnsteig zwischen S- und U-Bahn wechseln kann, und es ist wohl der einzige im Stadtgebiet, unter dem ein Bach hindurchfließt. Damit ergeben sich nach dem Aussteigen sowohl nach Süden als auch nach Norden schöne Blicke ins üppig grüne Tal des Baches, jeweils ergänzt um einen städtischen Gipfel.

Im Zeichen von zwei solcher Erhebungen steht nun dieser Abschnitt der Berliner Gürtellinie, auf dem man hin und wieder gut ins Schwitzen kommt – mal geschieht das auf langen Treppen, mal auf alpin anmutenden Pfaden. Trittsicherheit sollte mitgebracht werden, alternativ kann man gut auf bequemere Wege ausweichen. Als dritte Möglichkeit lässt sich der jeweilige Berg einfach an seinem Fuße umgehen.

Gleich nach dem Eintritt ins Tal eröffnet sich hinter einem schwebenden Findling ein weiter Blick, ein bisschen wie eine Fata Morgana – jenseits der weiten Wiesen mit ihren schönen Alleen erhebt sich die turmreiche Dächerlinie des ehemaligen Wilhelm-Griesinger-Krankenhauses, dessen backsteinernes Gebäude-Ensemble seinerzeit im Landhausstil erbaut wurde. Ein Abstecher zum Rondell an der Hauptallee lohnt, von

Ensemble des ehemaligen Krankenhausgeländes

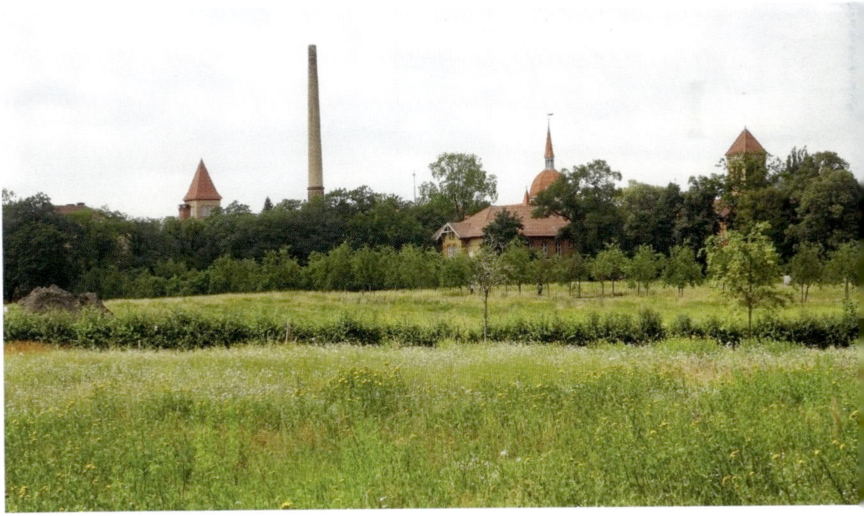

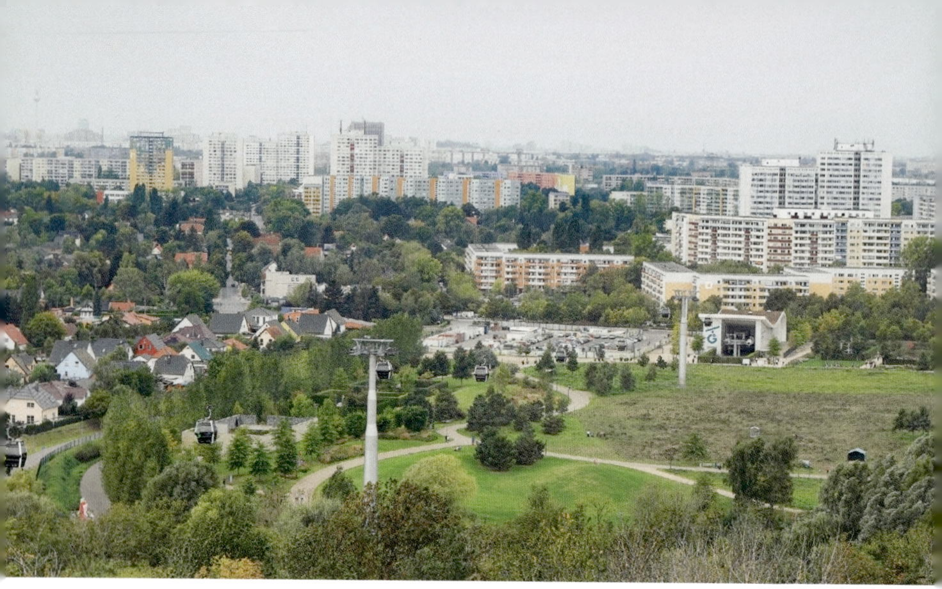

Blick vom Wolkenhain

der hübschen Kirche mit Schinkel-Anmutung ist es zudem nicht weit zum kleinen Tiergehege. Bemerkenswert ist auch der vielfältige Baumbestand auf dem gesamten Gelände.

Die erwähnten Alleen, eine jede von anderem Obst, machen neugierig und lenken die Schritte fast automatisch nach links. Obgleich die Bäume noch recht jung sind, schließt sich das Blätterdach mehr und mehr und macht dort das Flanieren zum besonderen Vergnügen, im Herbst auch ganz konkret für den Gaumen. Rechts des Wuhletal-Wanderweges, der den größten Teil der Etappe begleitet, fließt oder steht in ihrem breiten Talgrund die kleine Wuhle und füllt nebenher manch wilden Weiher, sorgt im Frühling und Sommer für üppiges Grün sowie ganzjährig für würzig duftendes Kraut. Obwohl sich links die Wohnviertel in vielen Etagen erheben, wähnt man sich abgeschieden und tief im Grünen.

Das setzt sich nach der Querung der Cecilienstraße fort, nun zwischen verspielten Schrebergärten und einem lichten Streifen von Uferwald. Voraus setzt sich Berlins derzeit einzige Seilbahn in Szene, mit ihr die Bergstation auf dem Kienberg. Zwei dicht aufeinanderfolgende Talquerungen ergeben immer neue Perspektiven auf die ansehnliche Kombi aus Wuhleteich, Wuhlesteg, Seilbahn und Kienberg. Großzügig in Rost gefasst und formvollendet gibt es das schließlich am Hellersdorfer Fenster. Gleich dahinter beginnt der fast 300 Meter lange Wuhlesteg, der nach Gottfried Funeck benannt wurde. Dem Landschaftsplaner sind unter anderem umfängliche Pflanzungen von Bäumen im damaligen Ost-Berlin zu verdanken, ferner legte er mit der Berliner Gartenschau die Grundlagen für die heutigen Gärten der Welt.

Rund um den Steg gibt es neben schönen Verweilorten viel zu entdecken, und möchte man den Gipfel des Kienbergs mit dem Wolkenhain lieber auslassen, nimmt man einfach den unteren Weg. Wer schließlich doch oben an der Bergstation der Seilbahn steht, hat eine lange Reihe von Stufen hinter sich und erhält am Wolkenhain immerhin die Auswahl zwischen weiteren Stufen oder einem Fahrstuhl.

Ganz oben kann es angebracht sein, Mützen und Kopftücher etwas fester zu zurren, denn der Wind kann dort ganz ordentlich pfeifen. Die Sicht reicht weit in alle Richtungen und ist nur selten gänzlich klar, doch sowohl der Fernsehturm als auch die Kammlinie der Müggelberge sind fast immer auszumachen. Selbst bei trübem Wetter sichtbar sind die beiden Nachbargipfel im Wuhletal.

Für den schnellstmöglichen Abstieg gibt es einen recht direkten und teils sehr steilen Pfad, für den sich unbedingt festes Schuhwerk empfiehlt und von dem man nach nassen Tagen besser die Sohlen lassen

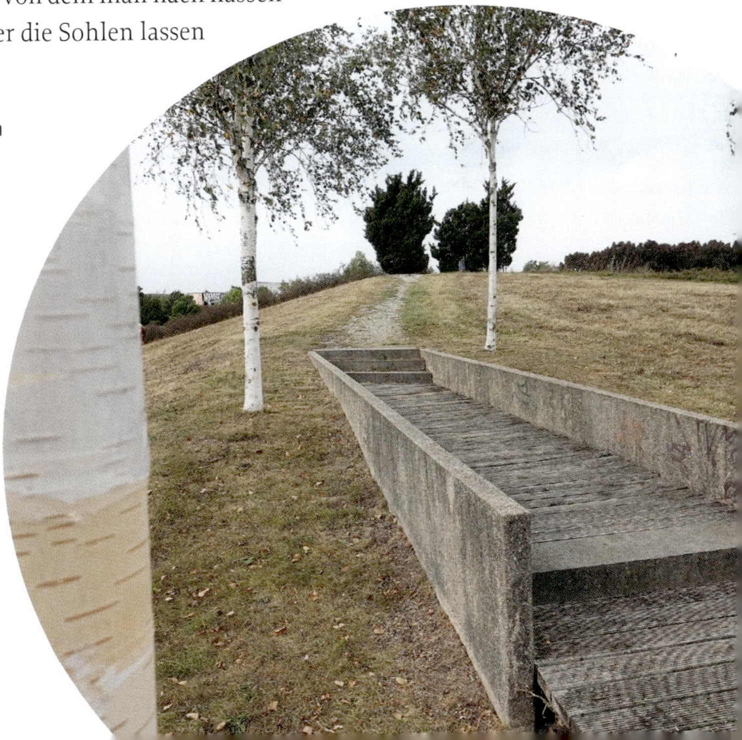

Birkensteg zum großen Sofa

sollte. Alternativ und komfortabel führt eine Reihe ausladender Kehren ebenfalls zu Tale und belohnt zwischendurch immer wieder mit schönen Ausblicken ins Wuhletal und dessen Wasserlandschaften.

Nach dem sanft auslaufenden Abstieg wird eine weitläufige Parkaue gestreift, links übern Zaun lassen sich Blicke zu asiatischen Gärten erhaschen. Wer an dieser Stelle neugierig wird, hat es an der bald folgenden Eisenacher Straße nicht weit zum Haupteingang der Gärten der Welt.

Die Berliner Gürtellinie bleibt weiter dem Lauf der Wuhle treu und schwärmt aus in den weitläufigen Wiesenpark. Hier sind immer Menschen allen Alters unterwegs, und doch ist es niemals voll. Fantasievolle Spielplätze gibt es und große Liegewiesen, schöne Aussichtsplateaus mit Bänken und sogar ein hölzernes Riesensofa am Ende einer beplankten Birkenzeile. Überraschend folgt gleich darauf ein kleiner Weiher mit dichtem Schilfgürtel und verwinkeltem Bohlensteg mitten hindurch. Nur die Karte verrät, dass das Gewässer quadratisch und funktional ist.

Auch die folgende Passage lässt nicht vermuten, dass sich zur Linken der riesige Straßenbahn-Betriebshof erstreckt. In gediegenen Wegbögen gibt es immer wieder einladende Nischen mit Bänken. Das Grün ist dicht, zum Teil von exotischer Anmutung und verschmilzt zur Wuhle hin mit deren Uferwald.

Steg im Quadratteich

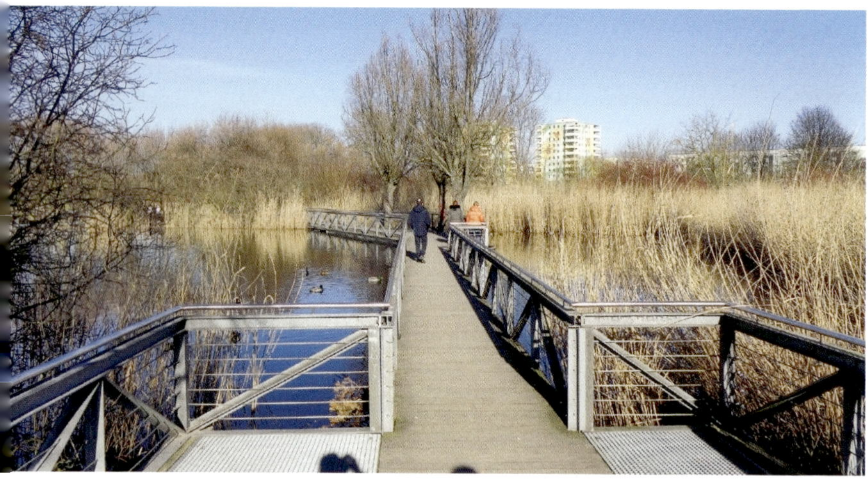

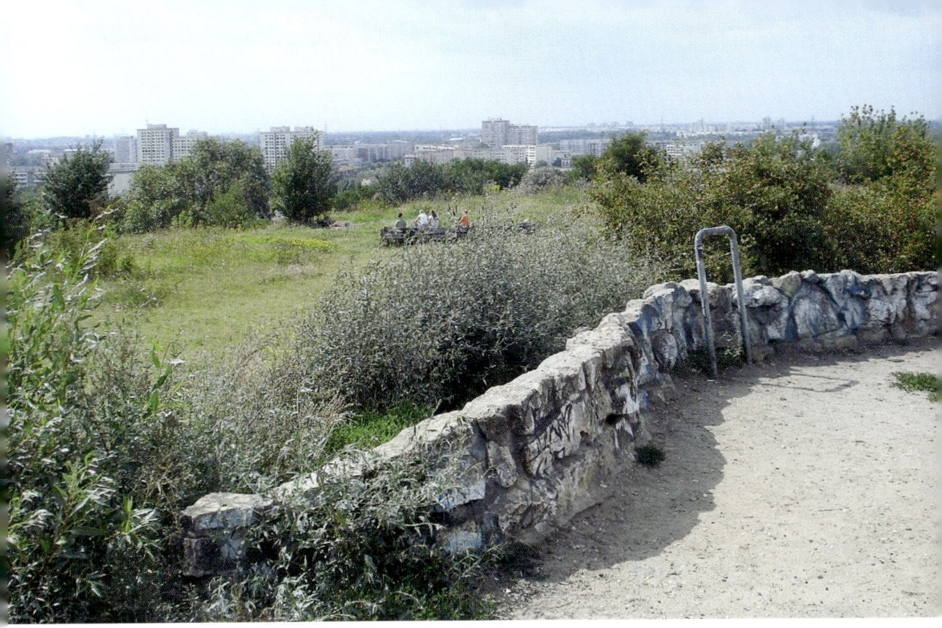

Auf dem Gipfelplateau des Großen Ahrensfelder Berges

Kurz wird die große Stadt gegenwärtig, wenn im einfachen Zickzack die breite Landsberger Allee samt Straßenbahngleisen zu queren ist, hin zu einem unauffälligen Portal. Gleich dahinter taucht man wieder ein ins Bachtal, streift kurz den Fasanenpfuhl und hat nun erneut die Wahl, den Berg zu nehmen oder zu umgehen. Auch der Aufstieg selbst lässt die Wahl zwischen dem oft steilen und teils zerfurchten Aufstiegspfad, für den nun neben festem Schuhwerk auch Trittfestigkeit zu empfehlen ist, oder einem gediegenen Breitweg. Mit dem Südplateau passiert man noch einen stillen Vorgipfel, bevor schließlich über eine wettergegerbte und urige Stiege das Hauptplateau des Ahrensfelder Berges mit seinem kniehohen Mäuerchen erklommen wird. Hier kann der Blick über das Dächermeer der Stadt oder weit nach Brandenburg hinaus schweifen. Mit dem höchsten Punkt der Müggelberge befindet man sich hier übrigens auf Augenhöhe, berlinweit zudem unter den Top 5 in Sachen Gipfelhöhe.

Auch dieser Abstieg nutzt sehr direkt einen steilen Pfad, der teils stark zerfurcht ist, auch hier ist Trittfestigkeit gefragt. Unten setzt sich der Weg nach dem kleinen Ausschlupf wieder auf dem breiten Wuhletal-Wanderweg fort, voraus rückt nach der Brücke über die Neue Wuhle

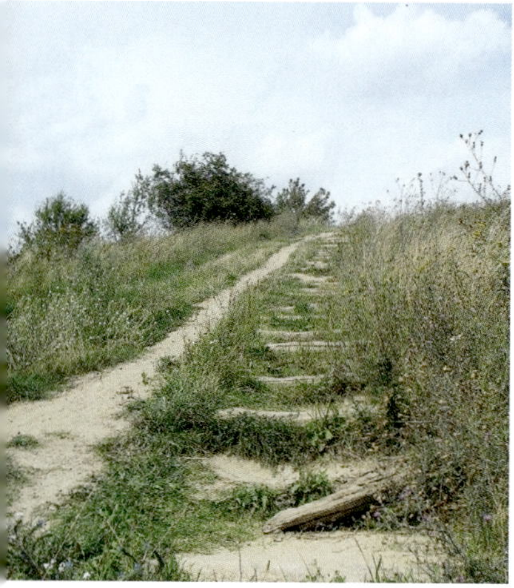

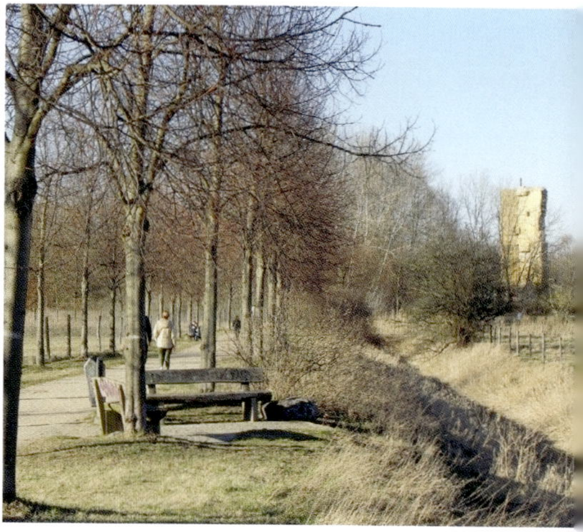

Aufstiegstreppe zum Ahrensfelder Berg, Wuhletalwächter voraus

der nördlichste Gipfel des Wuhleberglandes in den Blick – wobei es aber auch bleibt. Der Wuhletalwächter, ein ansehnlicher Stapel ausrangierter Plattenbau-Elemente, ist ein Alpenvereins-Kletterfelsen mit mehreren Schwierigkeitsgraden und fällt eindeutig in die Kategorie Bergsteigen. Immer möglich ist das bodennahe Bouldern im gut zugänglichen Sockelbereich. Ebenfalls bodennah kann man rechts zum Dorf Eiche schauen, zur Linken manchmal ein paar breitschultrige Hochlandrinder im hohen Grase entdecken.

Die Berliner Gürtellinie zeigt jetzt mehr und mehr den Stadtrand an und erreicht schließlich Ahrensfelde, die Wuhle ist hier nur mehr ein Rinnsal. Auf einem weiten Wiesenbogen kurz vor dem eigentlichen Dorf bleibt der Kirchturm stets im Blick, ebenso bei der kurzen Passage entlang der verkehrsreichen Dorfstraße. Ein charmanter kleiner Grünzug schafft schließlich die Verbindung zum Regionalbahnhof Ahrensfelde Dorf, ein kleiner Abstecher zum großen Ostkirchhof mit der Jugendstil-Kapelle liegt hier nahe. Nach einem kurzen Schlenker über die Aussichtsplattform am Gehrensee ist der Bahnhof Ahrensfelde nur noch ein paar Minuten entfernt. Die Überführung dort ist ordentlich abgerockt, jeweils an den Enden ist jedoch ein Verweis auf den Barnimer Dörferweg zu sehen und hinterlässt ein kleines Grinsen im Gesicht.

Kurzcharakteristik: schöne Parkwege im Bachtal, zwischendurch Aussichtsberge, Teiche und ein langer Steg

Anreise: S 5 oder U 5, tagsüber alle 5 Min. (Fahrtdauer ab S Alexanderplatz 20 Min.)

Abreise: S 7, tagsüber alle 10 Min. (Fahrtdauer bis S Alexanderplatz 30 Min.)

Anteil mit Autolärm: ca. 5 Min.

Was gibt es entlang des Weges zu sehen: denkmalgeschütztes Ensemble ehem. Wilhelm-Griesinger-Krankenhaus, dazu Wuhlgarten mit Obstalleen sowie Kleintierhof / romantisches Wuhletal mit Karpfenteich, Wuhleteich und Stegen / Kienberg mit Wolkenhain (auch per Seilbahn) / Wiesenpark mit Themenspielplätzen und Teichsteg / Kleiner und Großer Ahrensfelder Berg mit urigen Stiegen / DAV-Kletterfelsen Wuhletalwächter mit Boulder-Sockel / Dorfkern Ahrensfelde mit Kirche / Grünzug Wuhle-Park / optional: Abstecher zum Ostkirchhof Ahrensfelde / Aussichtsplattformen Gehrensee

Gastronomie: Imbiss S-/U-Bhf. Wuhletal; mit Zuweg: Bowling Hellersdorf am Feldberger Ring; Café Wolke Sieben auf dem Wolkenhain; mit Zuweg: Pizzeria Amaretto, Suhler Straße; Rabensteiner Stüble (nahe Wuhletalwächter); div. Imbissoptionen am Bhf. Ahrensfelde

Spielplätze: im Wuhletal nahe des Bahnhofs Wuhletal, beim Wuhlesteg, am Wolkenhain, im Wiesenpark, beim Fasanenpfuhl, an der Straßenbahnwendeschleife in Ahrensfelde, im Wuhlepark, am Bhf. Ahrensfelde

Vorkommende Wegweisung: HW 14, HW 13

Abkürzen per ÖPNV: Eisenacher Straße/Gärten der Welt (Bus, bei km 5,2), Betriebshof Marzahn (Straßenbahn, bei km 6,5), Ahrensfelde Stadtgrenze (Straßenbahn, bei km 10,1), dazwischen weitere Optionen, teils mit Zuwegen

Öffentliche Toiletten: am S-/U-Bhf. Wuhletal, nahe des Wuhlestegs im Jelena-Šantić-Friedenspark, an der Seilbahnstation Wolkenhain auf dem Kienberg, am Ahrensfelder Platz am Bhf. Ahrensfelde

WIESENLANDSCHAFTEN IN FÜNF VARIANTEN

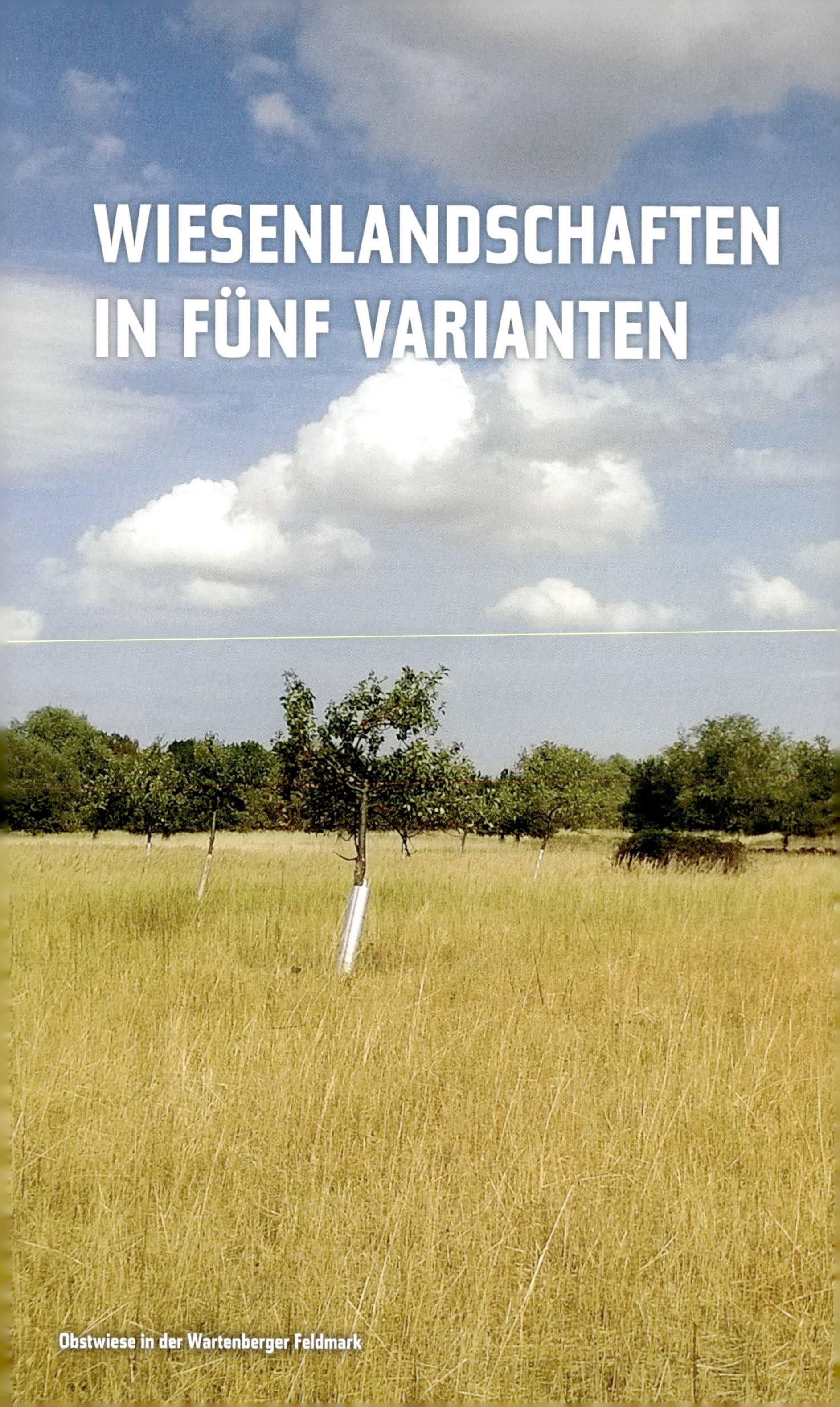

Obstwiese in der Wartenberger Feldmark

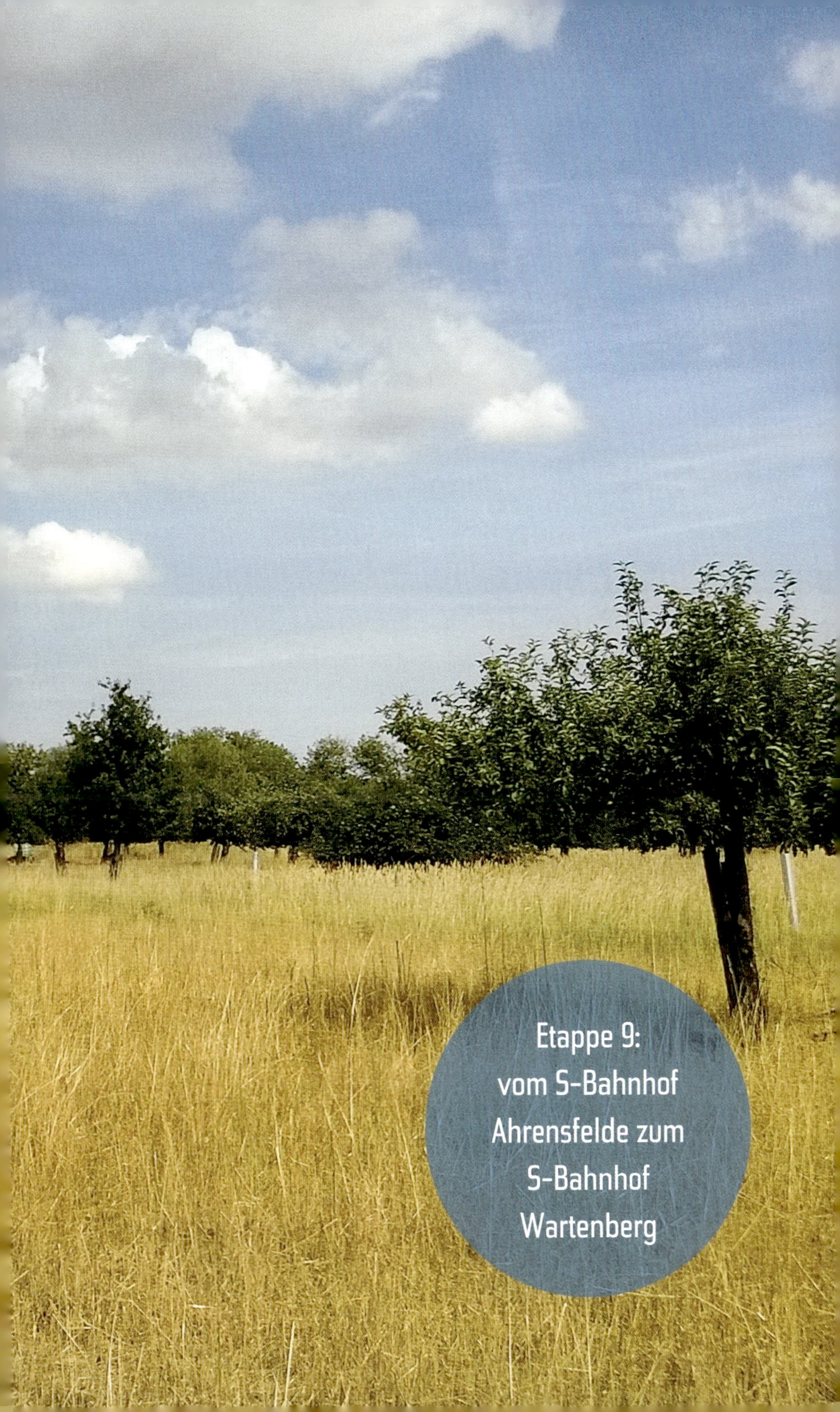

Etappe 9: vom S-Bahnhof Ahrensfelde zum S-Bahnhof Wartenberg

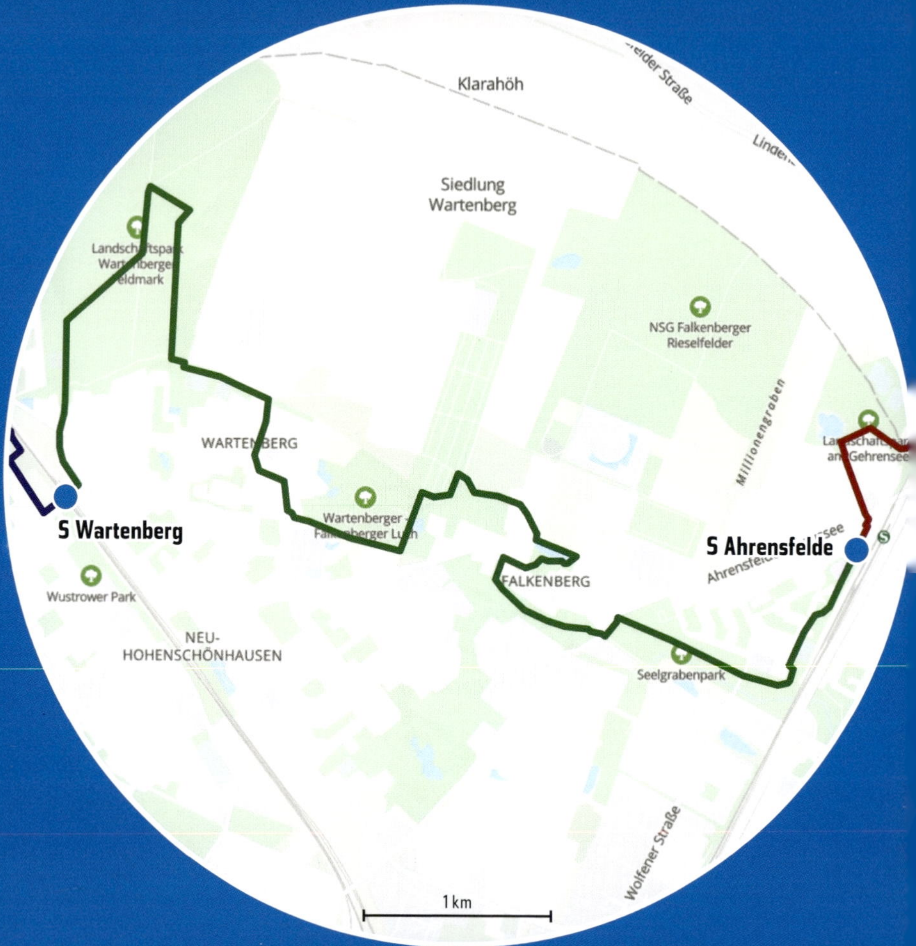

9 km

in den Wohnlagen sowie in vielen Parkflächen Hartbelag; ansonsten gut begehbare unbefestigte Wege und Pfade

keine Steigungen

Verlauf: S-Bhf. Ahrensfelde / Parkwege am Geraer Ring / Parkwege an der Neuen Wuhle / Parkwege hinter Dorf Falkenberg / Dorf Falkenberg / Parkwege im Schlosspark / Feldwege in den Rieselfeldern / autofreie Wege rund ums Wartenberger-Falkenberger Luch / Ortslage Dorf Wartenberg / Pfad am Hechtgraben / Feldwege in der Wartenberger Feldmark / Ortslage Hagenower Ring / S-Bhf. Wartenberg

Ahrensfelde ist nicht ganz eindeutig zu fassen in Bezug auf das Ortsbild, die räumliche Aufteilung und die Empfindung. Die meisten, die nach Ahrensfelde fahren, meinen wohl den Bahnhof, der zugleich S-Bahn-Endstation und Regionalbahnhof ist. Denn in dieser Gegend wohnen eine Menge Leute. In seiner Funktion als Tor nach Brandenburg ist Ahrensfelde ein eher kleines, denn während man über die nächste Bahnhofs-Verwandtschaft in Strausberg und Bernau bis nach Polen oder an die Ostsee gelangt, ist hier schon in Werneuchen Schluss. Eine Verlängerung nach Tiefensee ist dem Anschein nach in Arbeit, zumindest liegen hier und da neue Schwellen und Schienen entlang der alten Strecke. Sogar ein Lückenschluss bis Wriezen, welcher der Wriezener Bahn ihren namentlichen Inhalt zurückschenken würde, durchläuft schon länger verschiedene Gedankenmühlen. Doch bis dahin: Werneuchen.

Vom Ahrensfelde rund um den Bahnhof kommt man auf beiden Seiten direkt in die Platte, die westlich der Bahn ungefähr halb so hoch ausfällt wie rund um die Havemannstraße. Eine kleine, überdachte Geschäftszeile, die gemeinsam mit dem Havemann-Center als Herz der Großsiedlung durchgeht, stellt etwas mehr als eine Grundversorgung

Parkweg am Bahnhof Ahrensfelde

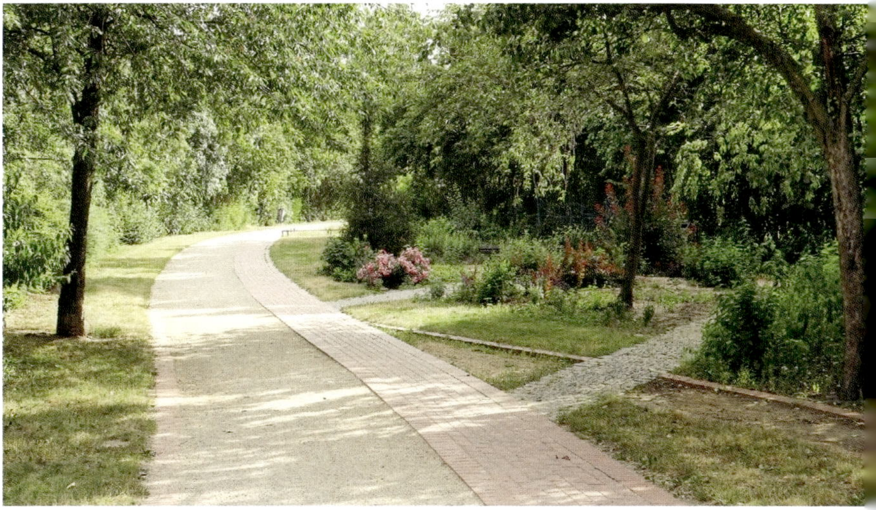

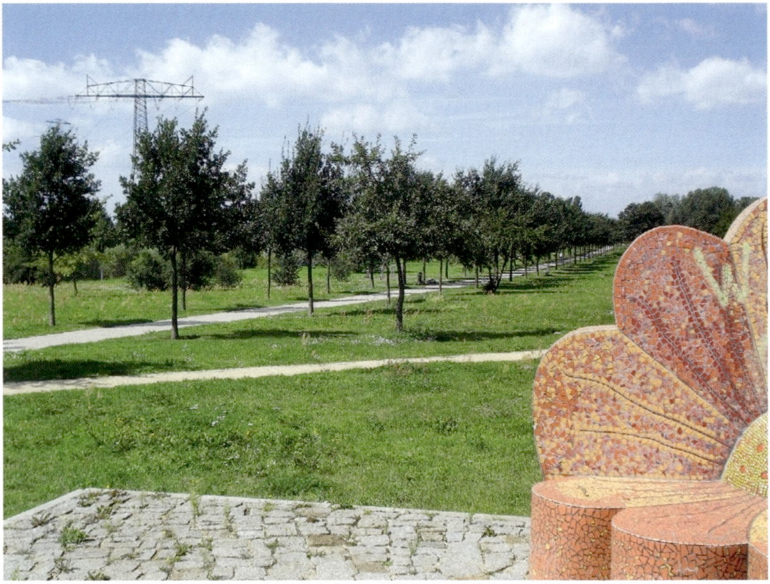

Allee zwischen den Sonnenhüten

bereit. Zwischen Zeile und Center steht eine bunt bemalte Wand mit einer großen Treppe zu einer kleinen Rutsche und trägt leicht irritiert zur Gestaltung des kleinen Platzes bei.

Dann gibt es das eigentliche, das Dorf Ahrensfelde, welches bereits in Brandenburg liegt und geplagt ist vom steten Durchgangsverkehr. Den innersten Kern rund um Kirche und Marktplatz gab es auf der vorherigen Etappe zu sehen. Nicht zuletzt dürfen auch der verwunschene Ostkirchhof Ahrensfelde sowie die Einfamilienhaussiedlungen auf der anderen Seite der Bahn noch als Ahrensfelde gelten.

In die Berliner Gürtellinie lässt sich direkt am Bahnhof einsteigen. Dort kommt die Bahnhofsüberführung gen Gehrensee fast direkt an einem Streifen Grün heraus, der innerhalb von hundert Schritten zum schönen Parkstreifen wird. Das schmale Band wurde parallel zur Bahntrasse angelegt, lässt diese schnell vergessen und mit etwas gutem Willen an ein Kurörtchen denken, vielleicht Bad Ahrensen. Mit geschwungenen Wegen, unterschiedlich gestalteten Nischen zum Sitzen und Treffen, mit kleinen Rodel- und Tobehügeln und allerlei schönen Blumenrabatten.

Nach einem Schwenk beginnt vor einer dieser dicken, oberirdischen Rohrleitungen, einem eingängigen Charakterzug des Bezirks, ein besonderer Parkstreifen. Im Kern eine mitteljunge Allee, wohl Ahornbäume, und drumherum naturbelassene Wiesen für die Sechsbeinigen, später weite Wiesenflächen, begleitet vom eingesenkten Lauf der Neuen Wuhle. Neben der beeindruckenden Baumreihe wird die Allee begleitet von allerlei Spiel- und Trimmgeräten, die Menschen aller Altersgruppen in skurril anmutende Bewegungsmuster versetzen.

Vom aufgeblühten Riesen-Sonnenhut in schönstem Mosaik bis zum abendlich geschlossenen Blütenkopf reicht dieser Teil der Allee, und mit kleinem Schwenk vorbei an schweren Weideochsen setzen sich die schönen Wege im Falkenberger Fußsteig hinter den Gärten des Dorfes Falkenberg fort. Krummhölzerne Kletterstangen ragen wie flehend gen Himmel, junge Bäume und üppige Wiesen flankieren den Weg. Ein kleines Rondell mit Findlingen und Bänken bildet die Schleuse zur Dorfstraße, wo gegenüber die backsteinerne Kapelle zu sehen ist. Noch vorher lenkt der pittoresk-verspielte Hof eines Cafés die Blicke ab und bittet zur kleinen Pause. Jenseits der Dorfstraße geht es einmal quer durch den Guts-

Hinterhof der Dorfkate Falkenberg

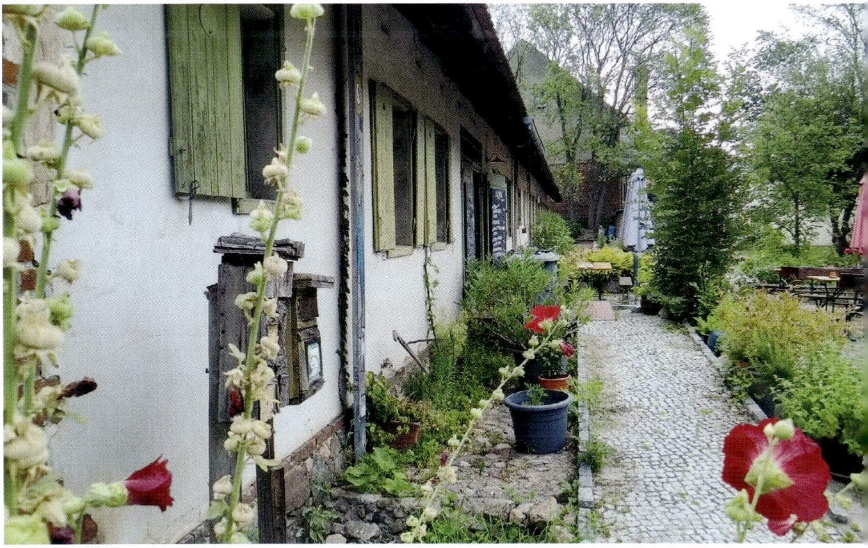

park mit seinem kleinen Wegegewirr. Ein Treppchen führt hinab auf das Niveau des länglichen Gutsteiches, der sich tief in seinen Grüngürtel zurückgezogen hat. Hinter einem kleinen Damm, auf dessen Krone schmale Treppen führen, gehen sofort die einstigen Rieselfelder in die Weite, durchzogen von geschwungenen Wiesenwegen, bunter Flora und jungen Obstbaumreihen. Doch auch der innere Weg am Teich hat seinen Reiz. Beide enden schließlich am Stegeweg mit seiner heranwachsenden Baumreihe. Nur ein paar Schritte weiter lockt ein Pfad zwischen kleinen Äckern hindurch und verschwindet schon bald in einem urwüchsigen Stück Waldes mit dichtem Wiesenkraut und hoch umrankten Bäumen. Rechts davon erstreckt sich ein Pappelwäldchen, links bald ein Feuchtgebiet, dem sich bei den Kleingärten näherkommen lässt. Nach einem Stück Asphalt stößt kurz vor der Straßenbahnschleife wieder der Falkenberger Fußsteig hinzu und markiert hier den Südrand des Wartenberger-Falkenberger Luches, dessen feuchter Boden an den saftigen, weiten Wiesen zu erkennen ist.

Ein verspielter Garten feiert die Freiheit, bevor man zum ersten Schnipsel des alten Wartenberger Dorfkerns kommt, ein gepflasterter Straßenbogen leistet Erkennungshilfe. Teil zwei der Dorfstraße folgt

Falkenberger Fußsteig vor Wartenberg

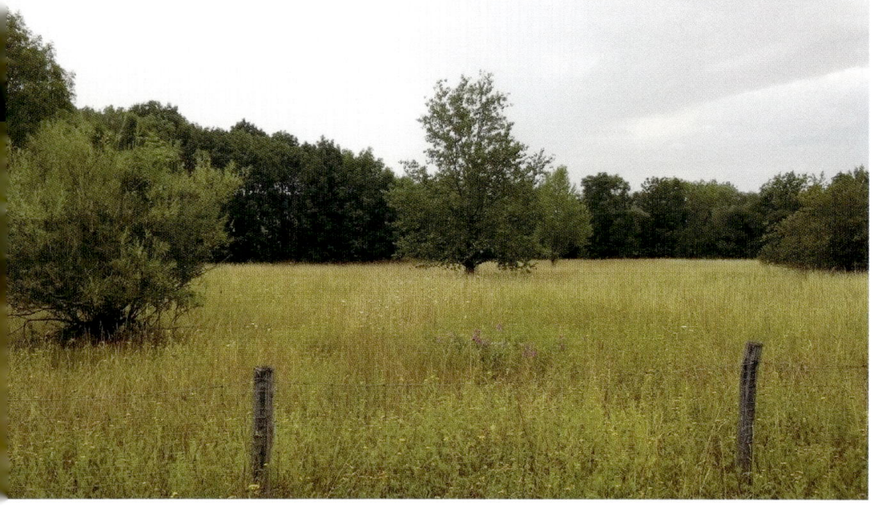

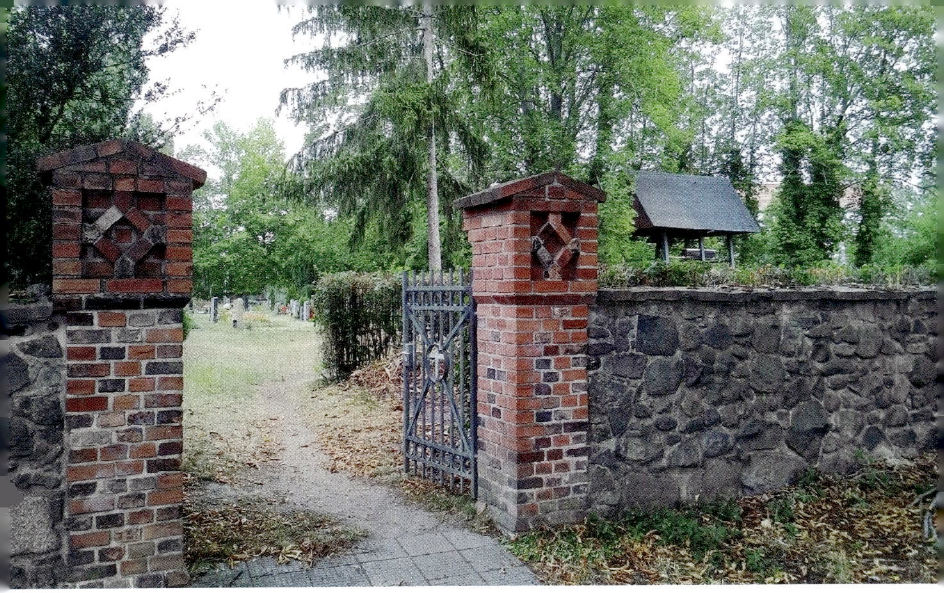

Friedhof Wartenberg Dorf

gleich darauf und verbindet alte Scheunen und Gehöfte mit dem Wartenberger Friedhof, auf dem nur ein kleines Geläut steht. Die Dorfkirche fehlt an dieser Stelle seit Längerem, ein elliptischer Nachfolger steht eine Viertelstunde entfernt, kurz vor dem S-Bahnhof Hohenschönhausen. Eine Ecke weiter wird es nun ein bisschen kiezig. Gegenüber des Restaurants steht dort ein herrliches Dorfkaufhaus, wo auf kleinster Fläche nahezu alles zu bekommen ist, was man gerade brauchen könnte. Ein Bummel durch die Handvoll Gänge kann somit leicht ausufern, wenn Muße im Spiel ist. Direkt am Ortsrand quert die kleine Rinne des Hechtgrabens, dessen Linie die Etappe insgeheim schon länger begleitet und dies auch weiter tun wird. Ein winziger Pfad schleicht sich mehr oder weniger schattig hinter den Gärten entlang, nach rechts ergeben sich vereinzelt Blicke auf die weiten Felder. Kurz hinterm Sportplatz führt ein Brücklein über den tiefen Hechtgraben, und nach kurzem Schwenk beginnt ein hinreißend schönes Stück Weges, auf dem man die Stadt buchstäblich hinter sich zurücklässt. Der gediegene Wiesenweg wird links bald von einem Weidezaun begleitet, rechts erstreckt sich ein artenreicher Wiesenstreifen vor einem dichten Wäldchen. Nach dessen Ende weitet sich der Blick. Rechts stehen lose verstreut Obstbäume mit unterschiedlichsten Kronenformen, unter denen man Schafe weiden

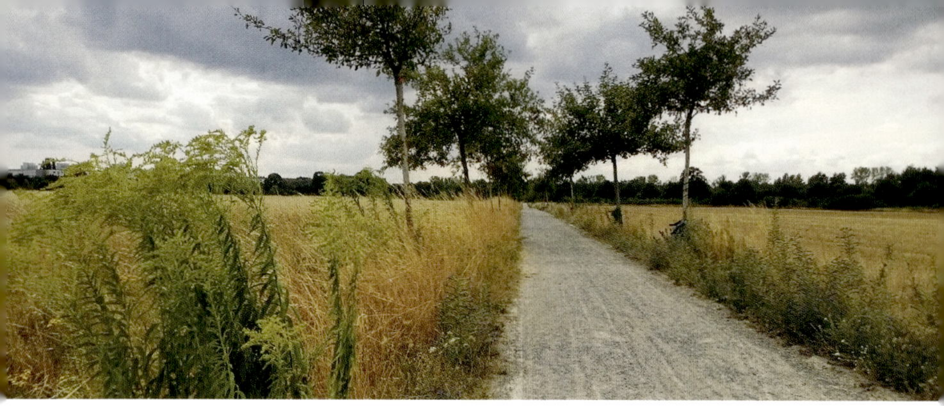

Junge Obstallee Wiesenweg in der Wartenberger Feldmark

sieht, auch wenn gerade keine da sind. Bei einem halben Blick zurück ist zwischen zwei Baumkronen ein winziger Fernsehturm auszumachen. Die nahe Wartenberger Platte scheint ewig weit weg.

Wer in der offenen Wartenberger Feldmark mit ihrer Art von Wegen auf den Geschmack kommt, kann die Zeit hier nach Norden noch etwas ausdehnen – die Landschaft reicht bis zur Stadtgrenze, welche dort in Blickweite zur Lindenberger Mühle von einer liebenswerten Allee nachgezeichnet wird. Auch auf dem diagonal verlaufenden Wiesenweg sind junge Alleebäume am Heranwachsen, die im späten Sommer gern kleine Obstspenden abgeben. An der Kreuzung mit der langgezogenen Ahornallee steht ein gerippter Hochstand, der auch ein Aussichtstürmchen sein könnte. Nebenher läuft ein Graben und lässt Kraft seiner Böschung einzelne Baumwurzeln als Skulptur wirken. Vor oder hinter der Brücke des querenden Schnitterinnenweges sollte man auf dem jeweiligen Weg vorbei an Skaterbahn und Spielplatz zum Basketball-Platz spazieren. Die von blanken Baumstämmen gestellte Umrandung des Spielfeldes ist im besten Sinne ein Hingucker, insbesondere vor der Kulisse von Feldmark und Himmel. Noch ein Zimmer weiter kann man windgeschützt auf Wellenliegen herumlümmeln.

Hinterm Hechtgraben gleich rechts stehen schöne Schattenbänke unter Kirschbäumen. Auch der Weg geradeaus führt zwischen Streuobstwiesen hindurch, ein Teil davon ist als Japanischer Garten insbesondere zur Kirschblüte im zeitigen April ein Augenschmaus. Vorn ist die erste Ampel seit langem zu sehen, von dort sind es nur ein paar Minuten bis zum Bahnhof Wartenberg.

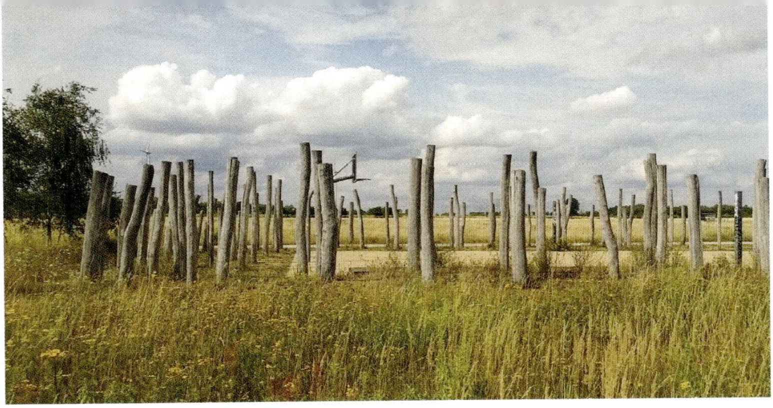

Spielfeld am Stadtrand

Kurzcharakteristik: schöne Parkstreifen, Wiesen und weitläufige Feldmark, dazwischen zwei Dörfer und etwas Feuchtland

Anreise: S 7, tagsüber alle 10 Min. (Fahrtdauer ab S Alexanderplatz 30 Min.)

Abreise: S 75, tagsüber alle 10 Min. (Fahrtdauer bis S Alexanderplatz 30 Min.)

Anteil mit Autolärm: ca. 5 Min.

Was gibt es entlang des Weges zu sehen: gestalteter Grünzug Ahrensfelde mit Promenade und Naturerlebnisgarten / Allee zwischen den Sonnenhüten mit Fitnessgeräten / schottische Hochlandrinder auf der Weide / Falkenberger Fußsteig / Dorfkern Falkenberg mit Gutspark, Gutsteich und Landschaftswiesen / NSG Wartenberger-Falkenberger Luch / altes Dorf Wartenberg / LSG Wartenberger Feldflur mit Alleen / besondere Spielplätze am Schnitterinnenweg

Gastronomie: div. Imbissoptionen am Bhf. Ahrensfelde; Café Lehmsofa, Falkenberg; Restaurant Aashirvad, im Dorf Wartenberg; Imbisse am S-Bhf. Wartenberg

Spielplätze: am Bhf. Ahrensfelde und im folgenden Parkstreifen, an der Allee zwischen den Sonnenhüten, hinterm Supermarkt im Dorf Wartenberg, am Schnitterinnenweg

Vorkommende Wegweisung: HW 16, HW 6

Abkürzen per ÖPNV: Falkenberger Dorfstraße (Bus, bei km 2,6), Falkenberg (Straßenbahn, bei km 4,4), Dorfstraße/Lindenbergerstraße in Wartenberg (Bus, bei km 5,4)

Öffentliche Toiletten: am Ahrensfelder Platz am Bhf. Ahrensfelde, am S-Bhf. Wartenberg (östlicher Vorplatz)

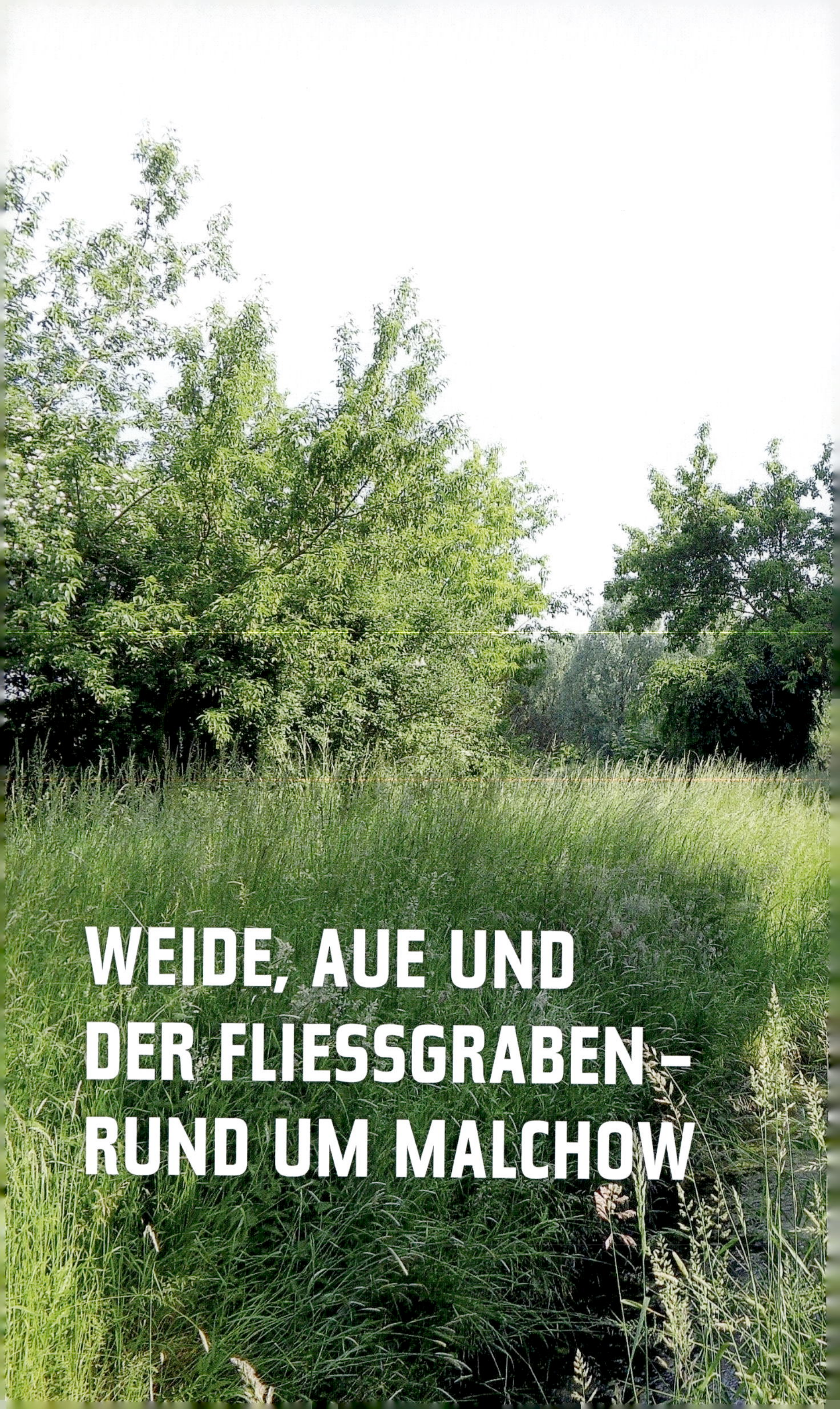

WEIDE, AUE UND DER FLIESSGRABEN – RUND UM MALCHOW

Etappe 10: vom S-Bahnhof Wartenberg zum S-Bahnhof Blankenburg

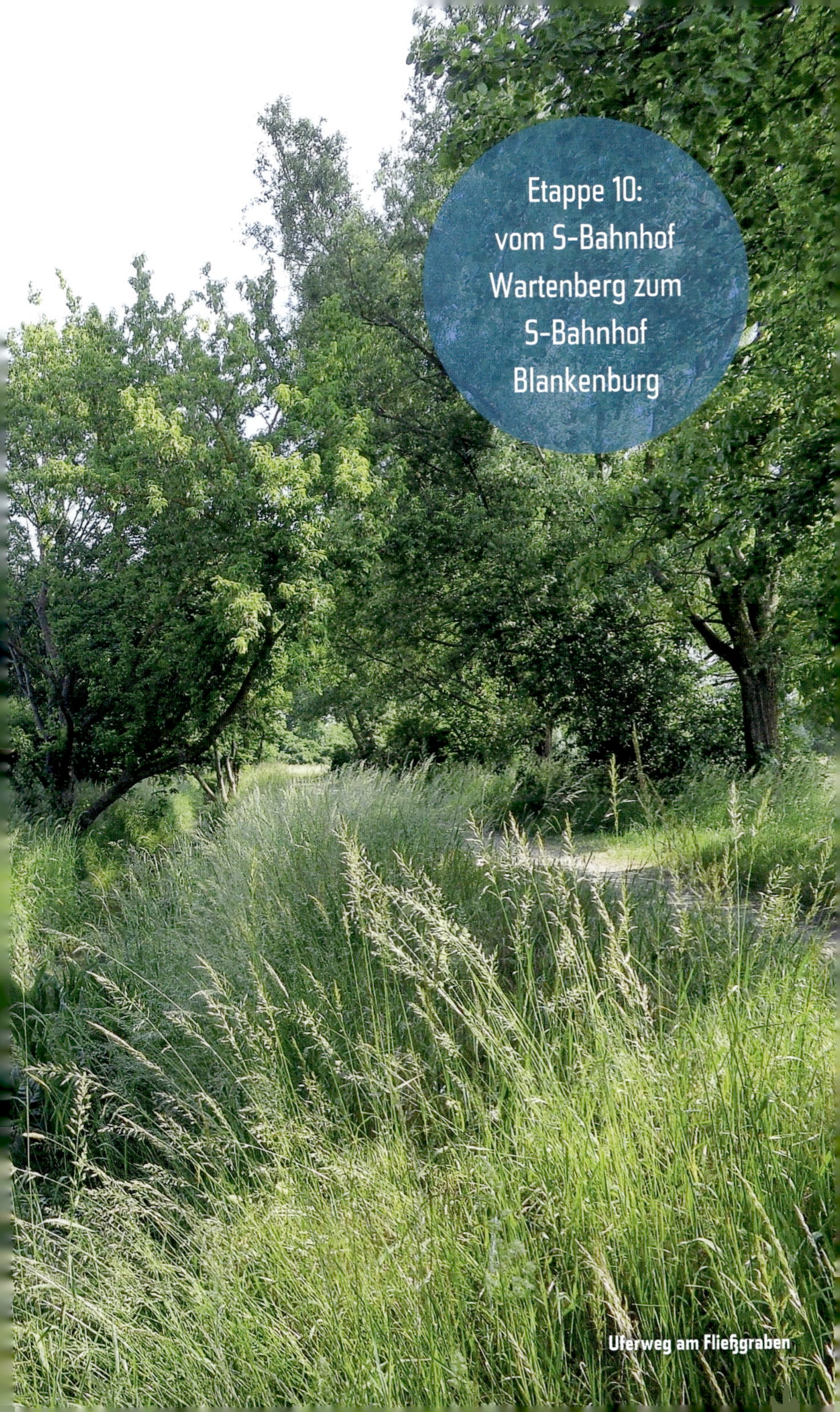

Uferweg am Fließgraben

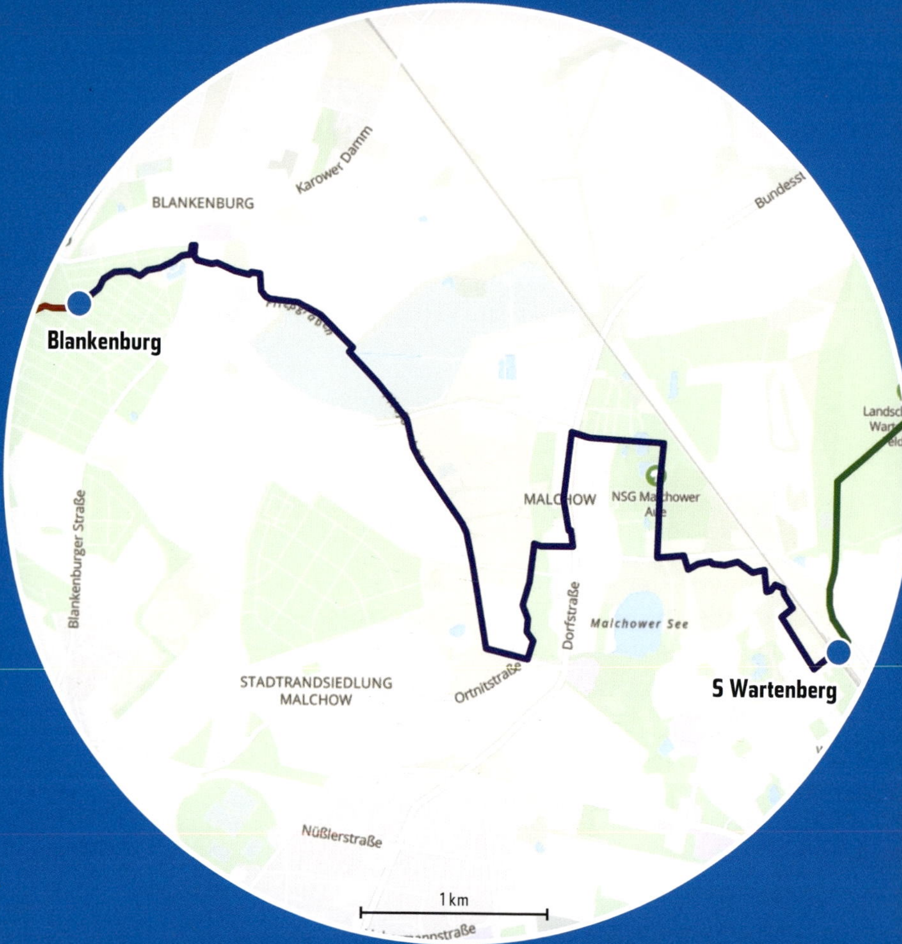

7,8 km; am Ende 250 m Zuweg zum S-Bhf. Blankenburg

gut begehbare unbefestigte Wege und Pfade; in den Ortslagen meist Hartbelag

keine Steigungen

Verlauf: S-Bhf. Wartenberg / Pfade an der Weidefläche / Wege an den Malchower Teichen / Ortslage Dorf Malchow / Fußweg hinterm Dorf / Feldwege am Fließgraben / Ortslage Alt-Blankenburg / Kleingärten / (S-Bhf. Blankenburg)

Der S-Bahnhof Wartenberg liegt inmitten der Hohenschönhausener Plattenprärie, die da ein paar Etagen niedriger, dort einiges höher ausgefallen ist. Auf der Ostseite des Bahnhofs verleiht ein gerastertes Wäldchen mit zahllosen Bänken dem Vorplatz seinen Charme, gerahmt ist es von Imbiss-Angeboten aus zwei Kulturkreisen. In den Jahrzehnten seit Errichtung der Siedlung in den 1980er Jahren ist auch zwischen den Hochhäusern das Grün herangewachsen und prägt den Charakter der Höfe zwischen den Blöcken, begleitet Straßenzüge und Gehwege.

Dennoch rechnen nach dem Verlassen des Bahnhofs wohl die Wenigsten damit, schon bald ins Grün einzutauchen. Damit ist übrigens nicht das gleichfalls gerasterte Wäldchen westlich der Bahnunterführung gemeint, das ohne kulinarische Rahmung auskommen muss, nicht jedoch ohne eine Reihe von Bänken. Dafür gibt es hier links und rechts des Platzes soziale Angebote, die sich sehen lassen können.

Die Berliner Gürtellinie biegt gleich nach rechts ab in die Straße Am Berl. Deren Name leitet sich vom benachbarten Pfuhl her, hat also nichts mit Berlin zu tun. Am Spielplatz taucht der Weg in ein Wäldchen ein,

Vorplatz an der Ostseite des Bahnhofs Wartenberg

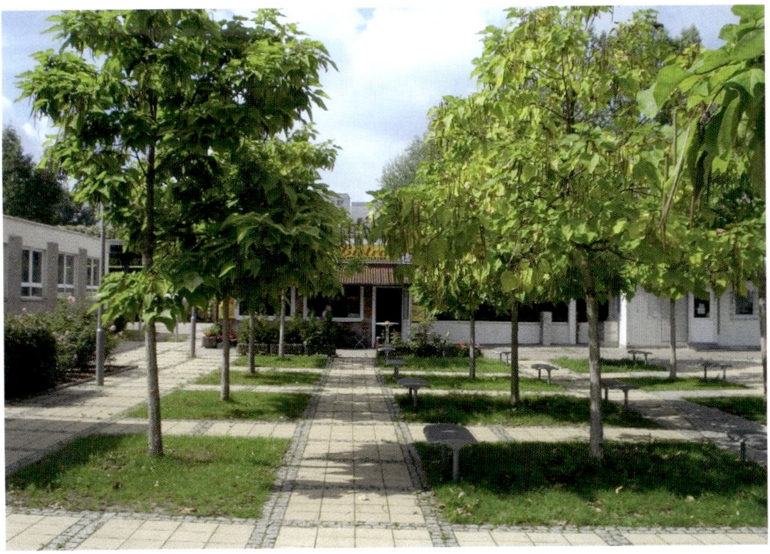

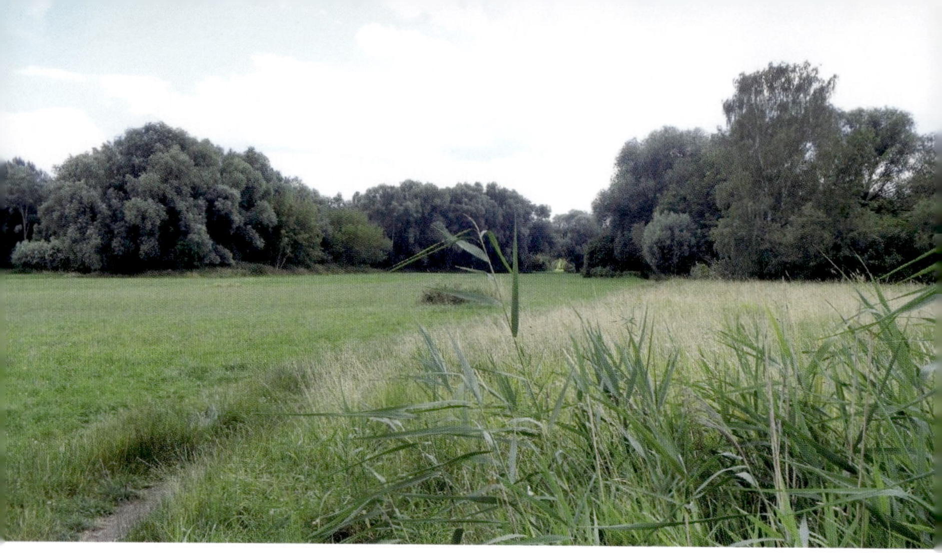

Malchower Teichweg

überquert bei einer der charakteristischen dicken Rohrleitungen den Hechtgraben und zupft damit am thematischen Faden dieser Etappe. Der besteht nicht nur in der ständigen Nähe zu verschiedenen Gräben, sondern vielmehr in der späteren Wiederkehr zum Hechtgraben, der nach dem Umrunden des Malchower Sees Fließgraben heißt.

All diese Gräben rund um Malchow gehen auf das 18. Jahrhundert zurück, als rundum Moore zu entwässern waren. Später spielten sie im Rahmen der Rieselfelder eine Rolle und in jüngerer Vergangenheit wurde sogar eine Zeitlang Torf abgebaut.

Gleich nach dem Überqueren des Hechtgrabens, der sich ein paar Meter weiter unter der Bahntrasse hindurchdrängelt, beginnt der kleine Trampelpfad entlang eines filigranen Zaunes, welcher eine unregelmäßig geformte Wiesenfläche mit lose verstreuten Bäumen einhegt und sehr nach Weidetieren aussieht. Zu entdecken war bislang kein einziges, doch taugt die Fläche auch gut zum Verstecken.

Der Pfad endet am Max-und-Herta-Naujocks-Weg. Schon nach einem kurzen Stück mit etwas Autoverkehr biegt rechts der Malchower Teichweg ab und macht seinem Namen bald alle Ehre. Alte Bäume begleiten die Spur, die an den sumpfigen Auslegern des Malchower Dorfgrabens entlangführt. Die Mischung aus Niedermoorwiesen, Bruchwald und den vom Schilf nachgezeichneten Gräben trägt den Namen Malchower Aue, und in der Tat lässt das Naturschutzgebiet, welches trotz seiner Überschaubarkeit große Weite ausstrahlt, an Auwiesen denken.

Nach einem Knick führt der Pfad zwischen stillen Stichteichen hindurch, Zeugen des Torfabbaus. Als breiter Malchower Teichweg erreicht er bald darauf das Dorf, das trotz des Schicksals als frequentierte Stadteinfahrt seinen Charme erhalten hat. Darüber hinaus gibt es hinter den Kulissen manches zu entdecken, nicht zuletzt die eben durchquerte Malchower Aue. Dasselbe gilt für den Malchower See. Denen, die hier jeden Tag vorbeifahren, wird vieles davon wohl dauerhaft verborgen bleiben, das liegt in der Natur der Sache.

Neben der Aue, dem See und allerhand Pferdeställen gibt es hier noch den Naturhof Malchow und den Dorfkirchhof. Im Naturhof schafft die Naturschutzscheune mit der Remise und dem Alten Stall ein eindrucksvolles Gebäudeensemble, das bei Festen und nicht zuletzt auch beim Weihnachtsmarkt eine wirklich gute Figur macht. Wer den gepflasterten Innenhof diagonal quert, findet dahinter den grünen Teil des Naturhofs und hier auch unter freiem Himmel Umweltbildung in ihrer schönsten Form. In dem verwunschenen, bunt gefüllten Areal, von dem sich Kinder wohl nur schwer wieder lösen wollen, gibt es unter anderem das Fledermausbeet, das insbesondere nachts seine Düfte verströmt. Noch etwas höher als die Störche lebt ein Turmfalke, der weit oben in einem Strommast seinen Nachwuchs aufzieht. Im Erdgeschoss hingegen kann man sich am Teich von den Fröschen beobachten lassen oder den Bienen beim Tagewerk lauschen. Nicht weniger interessant und ähnlich entspannend sind das Storchencafé sowie der liebevoll gestaltete Hofladen, in dem vor allem Regionales zu finden ist – als Geschenk oder für die eigene Speisekammer.

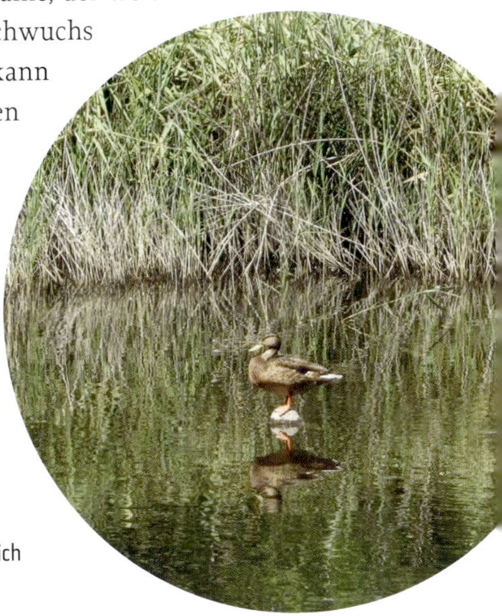

Auf dem Torfstichteich

Der Malchower Kirchhof rückt beim Vorbeigehen vor allem durch den einzelnstehenden, hölzernen Glockenstuhl in die Wahrnehmung. Die mittelalterliche Kirche, die dem letzten Krieg zum Opfer fiel, erhielt ein paar Meter weiter einen schlicht-eleganten Nachfolgebau, ist jedoch selbst noch anhand ihres Grundrisses erkennbar. Ermöglicht hat das ein Verein, der den Steinhaufen wieder in Form gebracht hat und nun in dem teils umrankten, nach oben offenen Gemäuer verschiedenste Veranstaltungen organisiert.

Nachdem mit hiesigen Pferden ein paar Blicke ausgetauscht wurden, zeigt sich auf dem Weg hinterm Dorf eine weitere Seite des Straßendorfes. Kurvenreich führt die von Bäumen begleitete Pflasterspur hinter den Gärten entlang, vorbei an Obstwiesen und einem Rastplatz mit kleiner Aussichtsplattform, von der sich aus einmeterfuffzig Höhe die Wahrnehmung erweitern lässt.

Noch vor Erreichen der Landstraße wird nun die eingangs erwähnte Fährte des Hechtgrabens aufgenommen. Der von üppigem Grün gerahmte Weg folgt direkt dem Lauf des kleinen Grabens und lässt bei knirschender Sohle sofort vergessen, dass der Blick eben noch auf den Fernsehturm fiel. Auch nach dem Knick nach Norden bleibt der wohlige

Weg ins Dorf Malchow

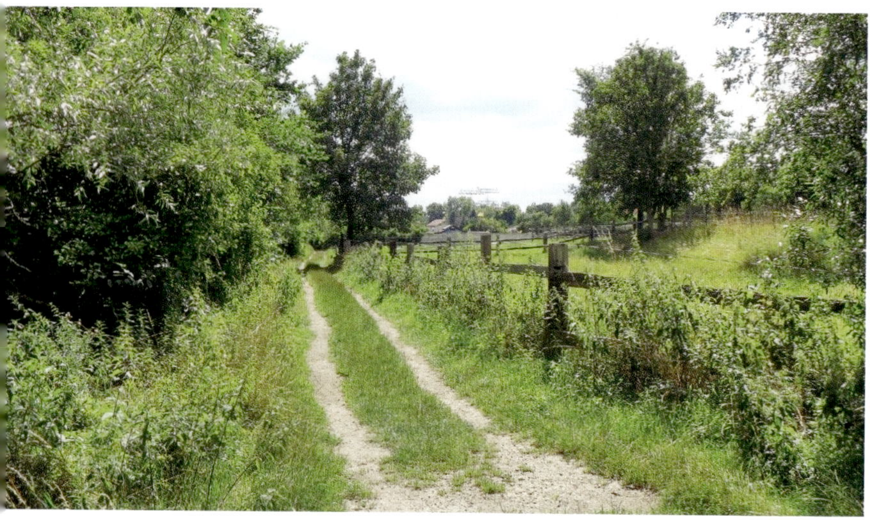

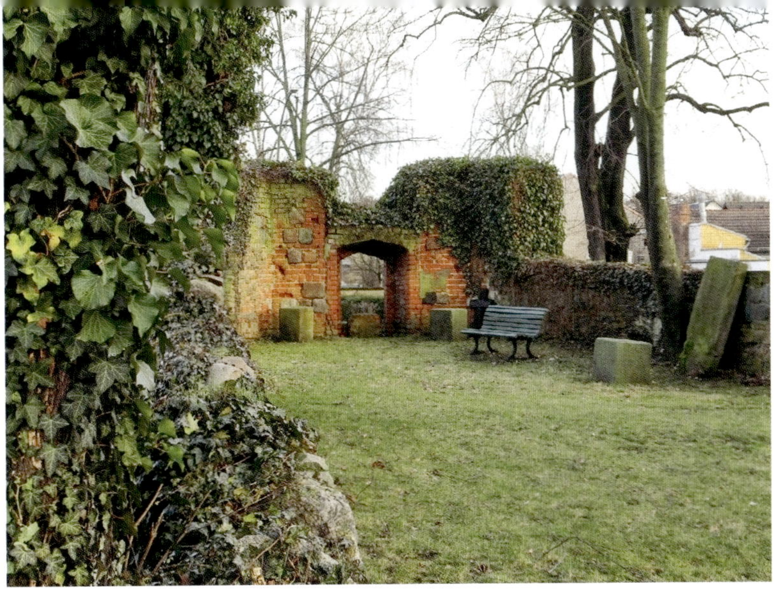

Kirchruine in Malchow

Halbschatten erhalten, und bei hochgewachsenem Gras kann der Blick auf den nahen Weiher glatt unter den Tisch fallen. Falls also ein Pfad in die Wiese lockt – ein kurzes Abschweifen lohnt.

Von nun an weicht der Fließgraben, der hier nicht mehr ohne Weiteres zu überspringen wäre, der Berliner Gürtellinie nicht mehr von der Seite, sogar über das Etappenziel hinaus. Die Bäume am Wegesrand spenden Schatten, bilden Tunnel oder setzen sich einzeln in Szene, sei es mit wegüberragenden Ästen oder mit extrakräftigen Stämmen. Im Rückblick wird manchmal die Linie der Malchower Häuser sichtbar.

Bald öffnet sich der Blick nach Westen und kann ausschwärmen über die weiten Felder. Auch der Fließgraben gönnt sich eine breitere Furche, an deren Rand während der hellen Monate die Mohnblumen für Farbakzente sorgen. Die Kulisse aus Graben, Wiesen und Bäumen ist malerisch. Mal stehen Pferde am anderen Ufer und lassen ein Schnaufen vernehmen, mal sind es Golfspieler, die man jedoch eher hört als sieht, denn die Umrahmung des Uferweges ist hier buschig dicht. Ab und an geben vorbeieilende Radfahrer etwas Fahrtwind ab.

Nach der Verbeugung vor einem tiefhängenden Ast geht es entlang der Wohnsiedlung, dann kurz auf Kopfsteinpflaster und nach einem Holzbrücklein schattig zur Heinersdorfer Straße. Von der Ampel sind es

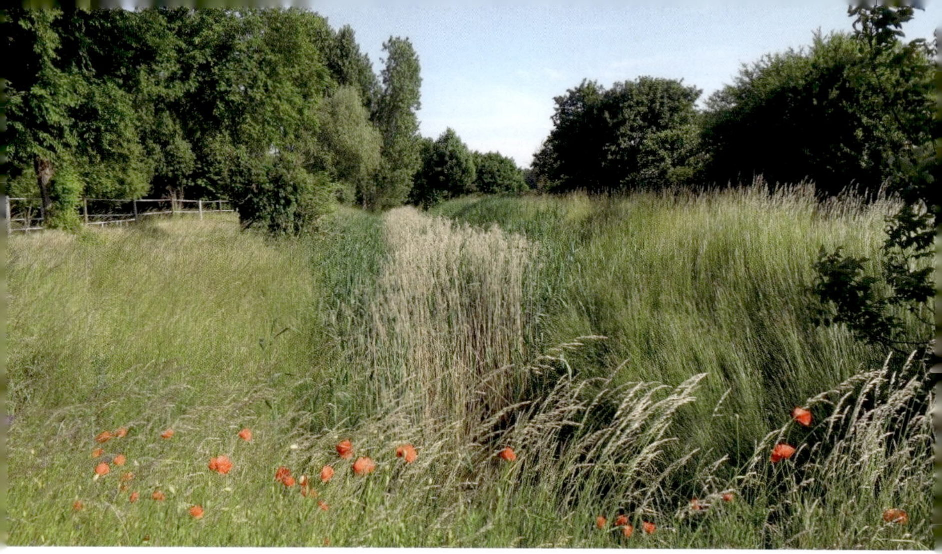

Üppige Wiesen am Pferdeplatz

nur zwei Minuten zur Dorfkirche, deren Tür manchmal offensteht. Der schlichte und charmante Innenraum lässt die Geräusche draußen. Davon abgesehen ist im Dorf auch eine Einkehr möglich.

Jenseits der Heinersdorfer Straße strebt der Weg gleich wieder ins Grün, streift nach einer umzäunten Filteranlage zunächst ein Gehölz und tritt dann auf dem Rotkardinalweg in die beschauliche Welt der Kleingärten ein. Die hiesigen Fließbrücken führen hinüber zur Schäferstiege, zum Pirolgimpelweg und zum Rohrammerweg und sind damit thematisch nicht ganz sortenrein.

Wer eine vierte Brücke zählt, ist zu weit gegangen, zumindest wenn die Tour am S-Bahnhof Blankenburg ausklingen sollte. Der ist über den Rohrammerweg in wenigen Minuten erreicht.

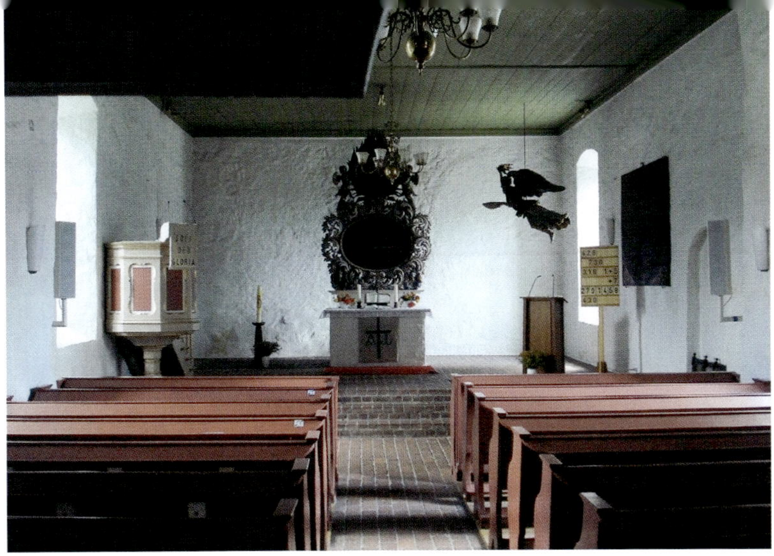

In der Dorfkirche Blankenburg

Kurzcharakteristik: zwei Dorfkerne, verbunden durch einen Wasserlauf, unterwegs eine Teichlandschaft und viel Weite

Anreise: S 75, tagsüber alle 10 Min. (Fahrtdauer ab S Alexanderplatz 30 Min.)

Abreise: S 2/S 26, tagsüber alle 5 Min. (Fahrtdauer bis S Alexanderplatz 25 Min.)

Was gibt es entlang des Weges zu sehen: Weidewiesen am Hechtgraben / Malchower Aue mit Torfstich / Straßendorf Malchow mit Naturschutzstation und Kirchgemäuer / vielseitige Passage entlang des Fließgrabens / optional: Abstecher Dorfkirche und Anger Blankenburg

Gastronomie: Imbisse am S-Bhf. Wartenberg; Storchencafé an der Naturschutzstation Malchow; Feurigs Wirtshaus, Malchow; div. am Anger Blankenburg; Imbiss am S-Bhf. Blankenburg

Spielplätze: nahe S-Bhf. Wartenberg an der Kirche Am Berl, im Gelände der Naturschutzstation Malchow

Vorkommende Wegweisung: HW 16

Abkürzen per ÖPNV: Dorfstraße/Malchow (Bus, bei km 2,8); dazwischen weitere Optionen mit Zuwegen

Öffentliche Toiletten: am S-Bhf. Wartenberg (östlicher Vorplatz)

FÜNF WELTEN ZWISCHEN PANKE UND TEGELER FLIESS

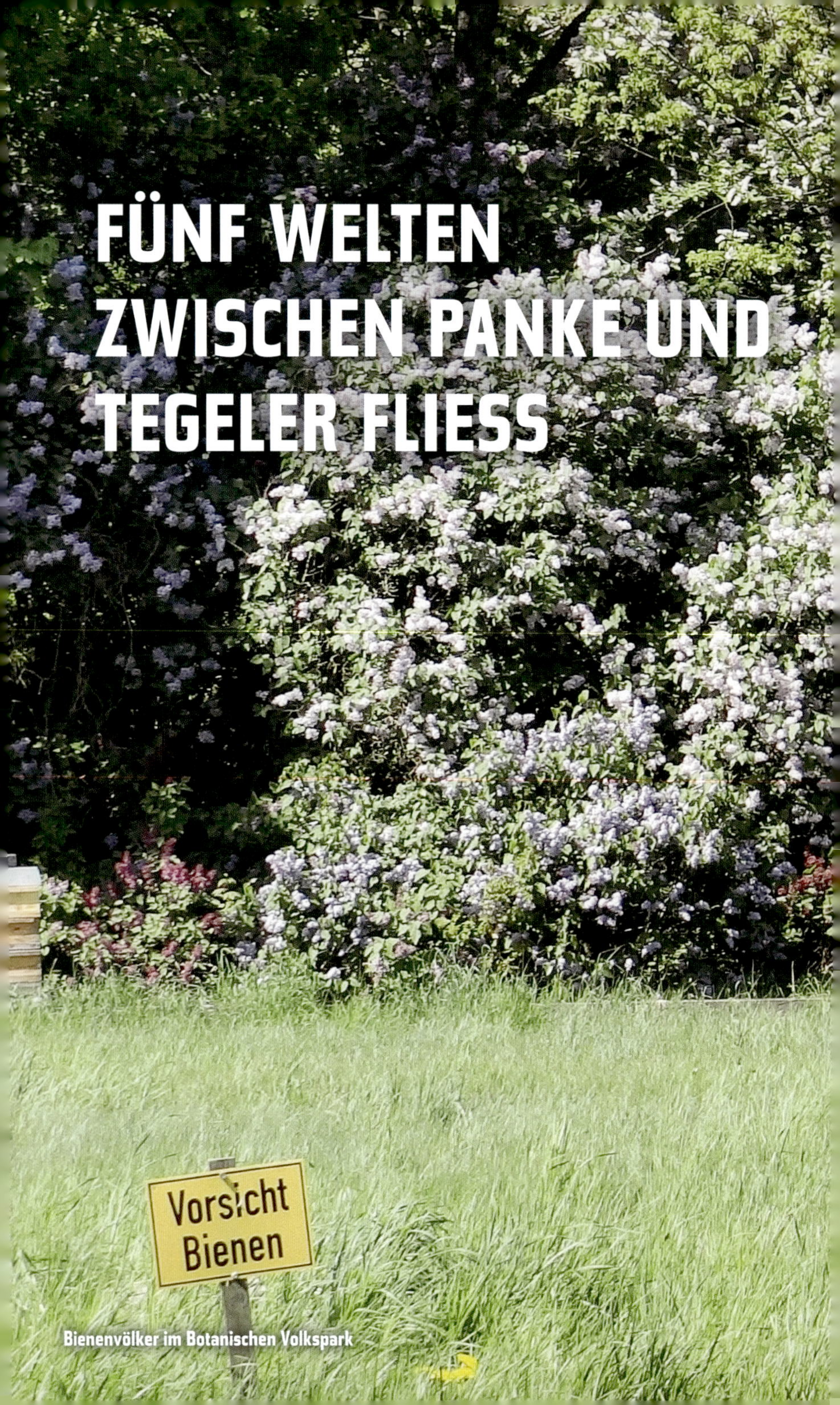

Bienenvölker im Botanischen Volkspark

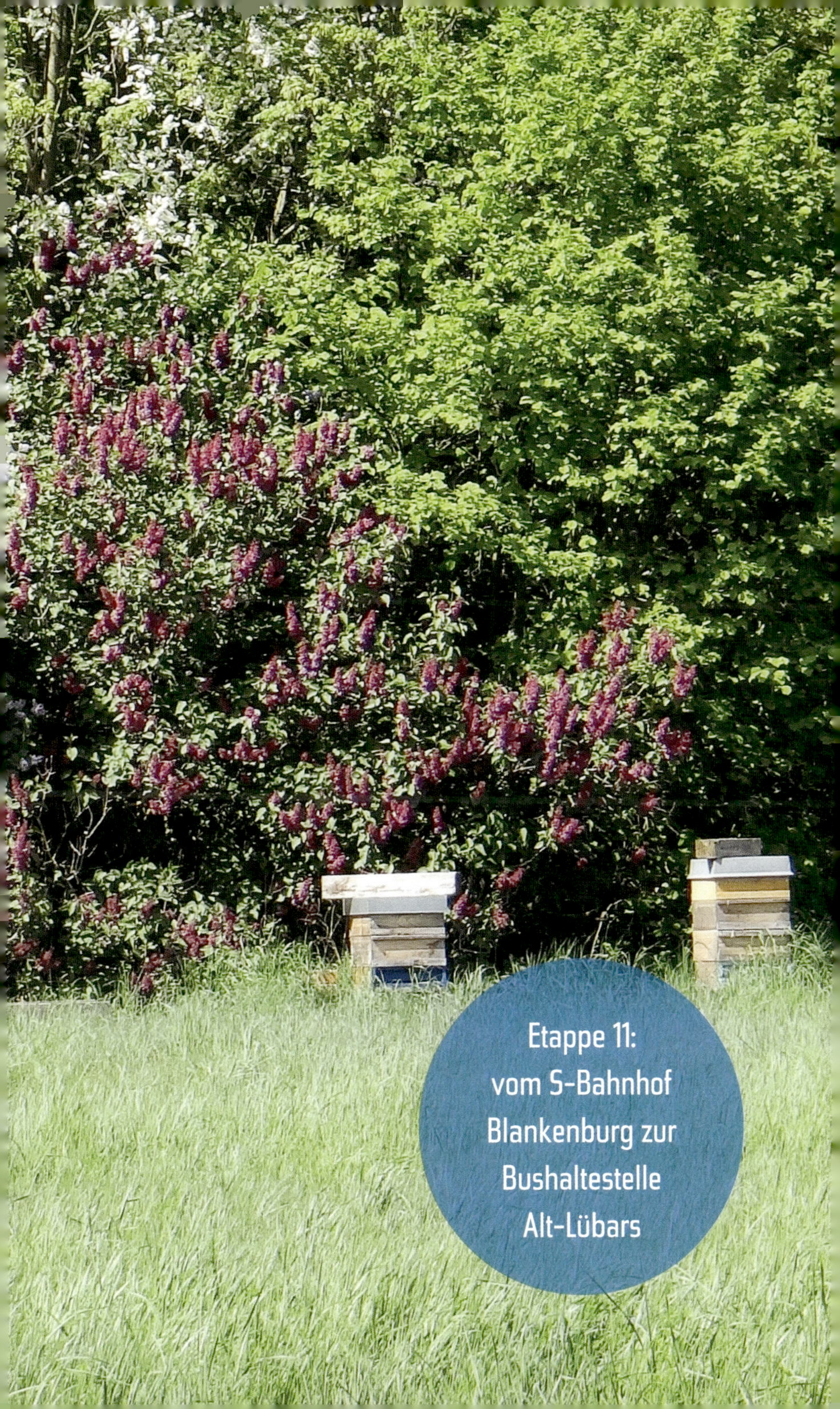

Etappe 11: vom S-Bahnhof Blankenburg zur Bushaltestelle Alt-Lübars

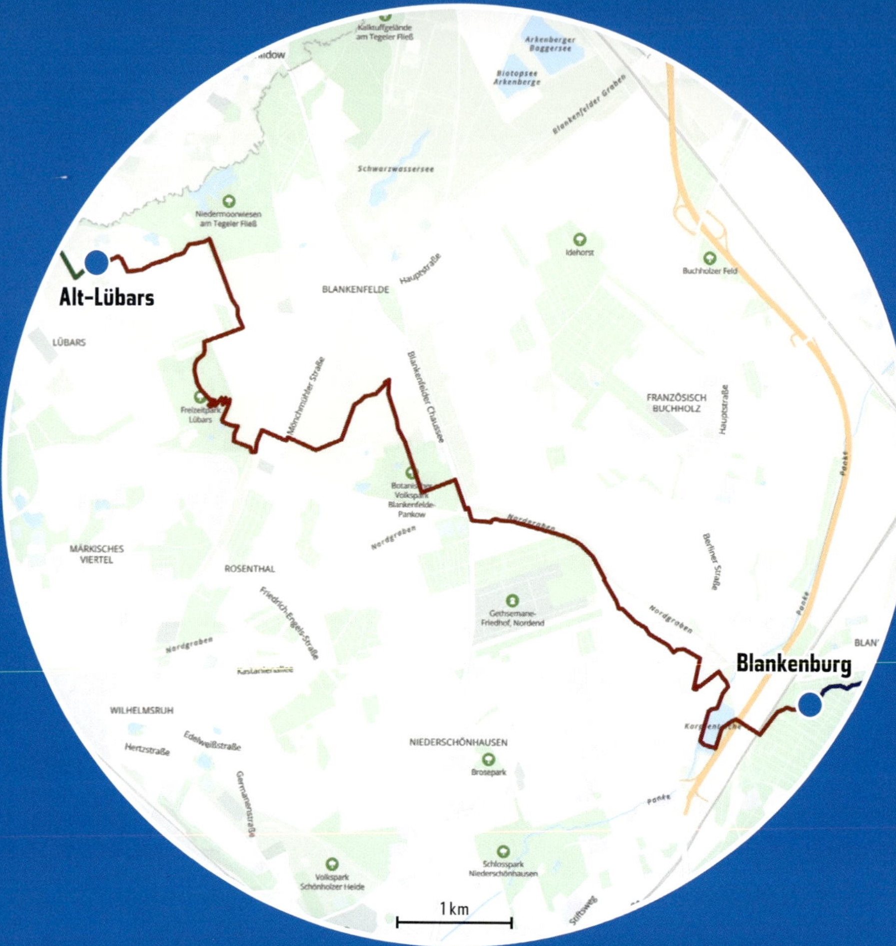

12,1 km; am Beginn 250 m Zuweg vom S-Bhf. Blankenburg

gut begehbare unbefestigte Wege und Pfade; Hartbelag meist in den Ortslagen, in manchen Parkflächen teilweise

ein größerer An-/Abstieg (Lübarser Höhe)

Verlauf: (S-Bhf. Blankenburg) / Wege am Fließgraben / Wege um die Karpfenteiche / Pankeweg / Ortslage Pasewalker Straße / kleine Wege durch die Siedlung / Sellinweg / Zoppoter Weg / Weg am Nordgraben / B 96a / Parkwege im Botanischen Volkspark Blankenfelde / Wiesenwege ehem. Rieselfelder und Zingergrabenniederung / Wald- und Parkwege Lübarser Höhe / Alter Bernauer Heerweg / Pfad im ehem. Grenzstreifen / Feldweg am Tegeler Fließtal / Ortslage Dorf Alt-Lübars

Der Zuweg vom S-Bahnhof Blankenburg ist kurz und direkt, folgt vom dorfseitigen Bahnhofshinterplatz einfach dem Rohrammerweg bis zum Brücklein über den Fließgraben. Wer vorher noch dem Blankenburg Dorfanger einen Besuch abstatten möchte, folgt vom Bahnhof ein paar Meter der Bahnhofstraße und biegt gleich links in den Spazierweg ab, geht dann am Ende des Parks rechts in die Schäferstege und nach 100 Metern links in den Fußweg. Auf dem Anger steht das schöne Dorfkirchlein, rund herum gibt es ein Kaffeehaus und ein Restaurant.

Die Berliner Gürtellinie bleibt auf dem Rotkardinalweg am Fließgraben. Vor einem länglichen Becken stößt von rechts der Ilsenburgsgraben hinzu, sein Uferwald sieht zugleich rumplig und verwunschen aus. Kurz nach dem Becken läuft der Fließgraben unter der breiten Bahntrasse hindurch, das Bauwerk dazu ist flach und darin großzügig dimensioniert. Schon bald ermöglicht der Grünkardinalweg das Unterqueren von Bahntrasse und Autobahn auch im aufrechten Gang. Direkt dahinter ist es geradeaus nur eine Minute zur Wiesenbaude, deren Biergarten idyllisch am Wasser liegt und sich dabei nicht groß vom beständigen Rauschen der nahen Schnellstraße stören lässt.

Großer Karpfenteich

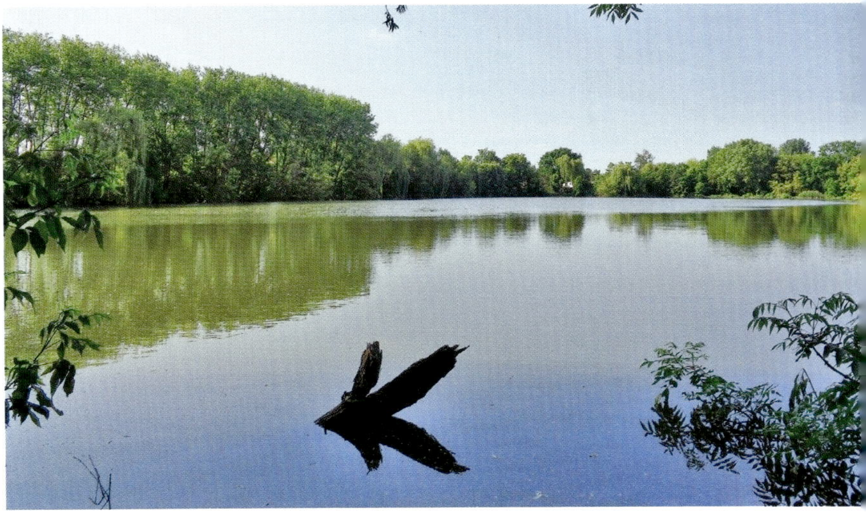

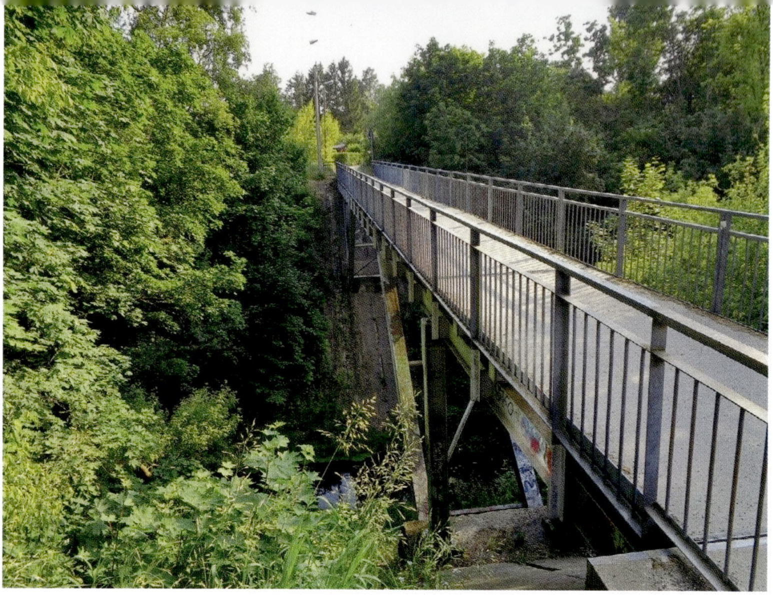

Nordgrabenbrücke

Nach einem letzten Stück entlang des Fließgrabens, der dicht an der Autobahn seiner Mündung in die Panke entgegenstrebt, führt ein Damm zwischen den Teichen hindurch, mit schönen Ausblicken auf den größten von ihnen. Dessen Westufer begleitet der von hohen Baumwipfeln überdachte Pankeradweg, von dem sich weitere Seeblicke öffnen. Wer nicht bei der Wiesenbaude war und das inzwischen bereut, erhält noch eine zweite Chance. Ansonsten gibt es von der breiten Brücke einen schönen Blick auf die eingekuschelte Panke, der sich von hier aus bis nach Buch und noch weiter nach Bernau folgen ließe – doch das ist eine andere Geschichte. Nach kurzem Zickzack über große Straßen schlägt sich die Berliner Gürtellinie noch vor der Straßenbahn-Haltestelle Marienstraße nach links in den breiten Pfad, der nun eine Art Bockspringen von stillen Wohnstraßen und verbindenden Schleichwegen eröffnet. Die Partitur dafür trägt hübsche Namen wie Akkordeonweg, Zitherstraße und Sellinweg und verläuft entlang alter Schuppen, Gartenmauern und durch schattige Baumgassen, vorbei an Toren und steinernen Pfosten. Am Ende des Zoppoter Weges steht man schließlich vor der Hohen Kante am Nordgraben, dessen stilles Wasser tief unten in einer überdimensionierten Scharte ruht. Hier und da treffen sich trotz deren Breite schon die Baumkronen über der Mitte.

Der den Nordgraben begleitende Weg wird gesäumt von dichtem Buschwerk mit eingestreuten Wildrosenbüschen. Vom einzigen Fußgängersteg weit und breit gestattet sich aus respektabler Höhe der direkte Blick aufs Wasser, das hier dank einer kleinen Schnelle sogar zu hören ist. Kurz darauf beginnt ein lauschiger Fußweg parallel zur staubigen Fahrspur, aufs Neue von Büschen umschmiegt und leicht erhöht verlaufend. Als Lehmweg endet er schließlich an der Bundesstraße, die bereits nach wenigen Minuten wieder in den Botanischen Volkspark Blankenfelde verlassen werden kann. Das schöne und vielgestaltige Areal ist ein Ausflugsziel für sich und wäre es wert, die Etappe hier zu pausieren und den Rest des Tages durch die Anlagen zu streifen. Zu denen zählt neben einem Arboretum und dem Damwildgehege auch ein elegantes Gewächshaus sowie die einzigartige Gesteinswand, die hier schon über 100 Jahre steht und mittlerweile Denkmalstatus genießt. Zwischen all dem gibt es herrliche Alleen und sagenhafte Solitärbäume, dazu auch ein größeres Wäldchen mit urigem Teichland.

Vor dem Verlassen des Parks über die Treppe am Nordtor wird ein stiller Wassergraben überquert, bevor man kurz darauf mitten in den ehemaligen Rieselfeldern landet. Die Wiesen sind dicht und üppig, die

Gewächshaus im Botanischen Volkspark

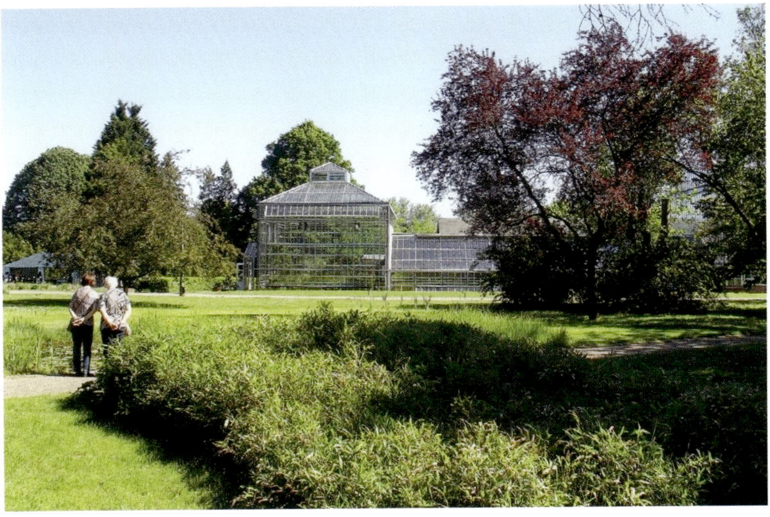

alten Strukturen der Dämme und Becken noch gut erkennbar. Hinter kronigen Obstbäumen ist in naher Ferne das Dorfbild von Blankenfelde zu sehen. Nach dem Abdrehen gen Stadtgrenze sind es dann weit hinten die Hochhäuser des Märkischen Viertels, welche über der wonnigen Landschaft herausschauen, auch der Fernsehturm lässt sich später kurz blicken. Auf einer jungen Allee wird der Zingergraben überquert, voraus erhebt sich die Lübarser Höhe.

Hinter der Trasse der Heidekrautbahn, die möglicherweise ab 2024 wieder in Richtung Basdorf rattert, beginnt im Wald schon bald eine dichte Baumgasse, die angenehm für diffuses Licht sorgt. Kurz nach einem Teich geht der stramme Serpentinen-Aufstieg hinauf zum Gipfelplateau ohne Umschweife zur Sache. Der dortige Blick Richtung Stadtmitte ist manchmal zugewachsen, doch auf Zehenspitzen sollte sich der Fernsehturm auch von hier erspähen lassen. Umso breiter wirkt das Panorama von der westlichen Aussichtskanzel, das über grüne Hänge und Wiesen bis zu den weißen Hochhäusern des Märkischen Viertels reicht.

Von beiden Aussichtspunkten lässt sich gut ein Abstecher zum Fuß des Berges einschieben. Dort liegt die Alte Fasanerie, vormals bekannt als Familienfarm Lübars. Auf dem Familienbauernhof macht allein das

Waldteich im Botanischen Volkspark

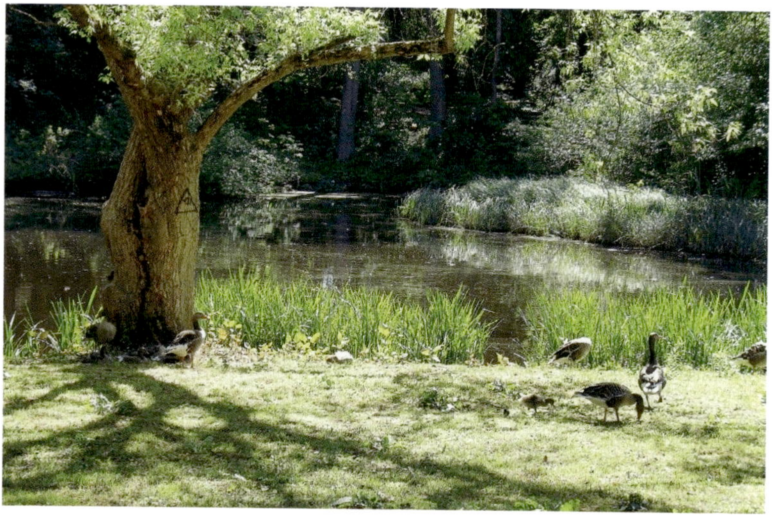

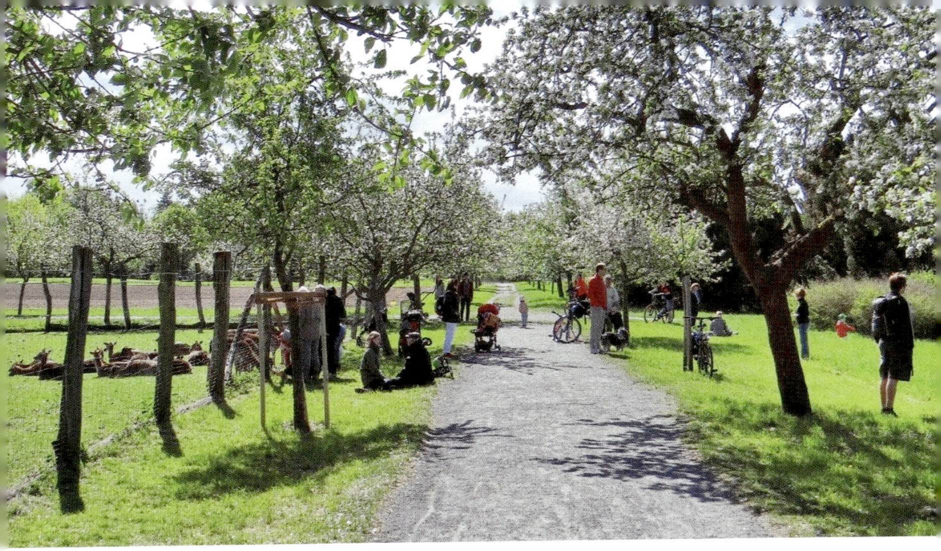

Tiergehege im Botanischen Volkspark

Erkunden des Geländes schon Spaß. Darüber hinaus gibt es Lockangebote für die meisten Altersklassen, neben Backhaus, Imkermuseum und Töpferei auch noch einen Hofladen und ein Café. Wer hinterher nicht nochmal hochkraxeln will, bleibt einfach unten und geht um den Berg herum.

Der reguläre Abstieg von der Lübarser Höhe erfolgt im weiten Bogen nach Norden und trifft unten auf den Alten Bernauer Heerweg. An dessen Ende erstreckt sich rechts eine kaum spürbar abfallende Wiese, wo vor dem diesigen Stadtpanorama oft bunte Drachen den Vordergrund gestalten. Anhand einer Birkenreihe ist gut der Berliner Mauerweg zu erkennen. Noch vorher biegt einer dieser Pfade in den schmalen Waldstreifen ab, wie es sie in der Art öfters gibt an der Berliner Gürtellinie. Junger Wald und mittelalte Birken zeigen in etwa an, wie lange die Mauer nun schon Geschichte ist. Das leichte Gefälle gegen Ende des Pfades kündigt das vorausliegende Tegeler Fließ an, dessen romantisches Tal den folgenden Abschnitt nach Lübars begleitet.

Wer dieses reizvolle Thema noch etwas ausdehnen möchte, kann vorher nach rechts eine gut halbstündige Runde durch die Niedermoorwiesen am Köppchensee drehen, welche auch einen besonders schönen Aussichtspunkt mit Blick auf den verwinkelten See und seinen üppigen Schilfgürtel mitnimmt.

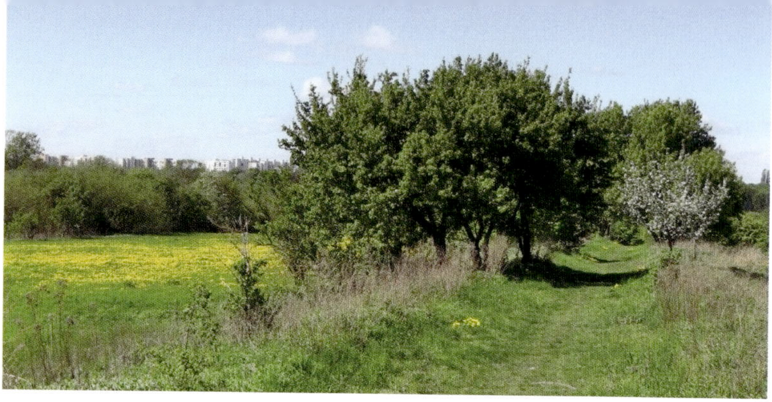

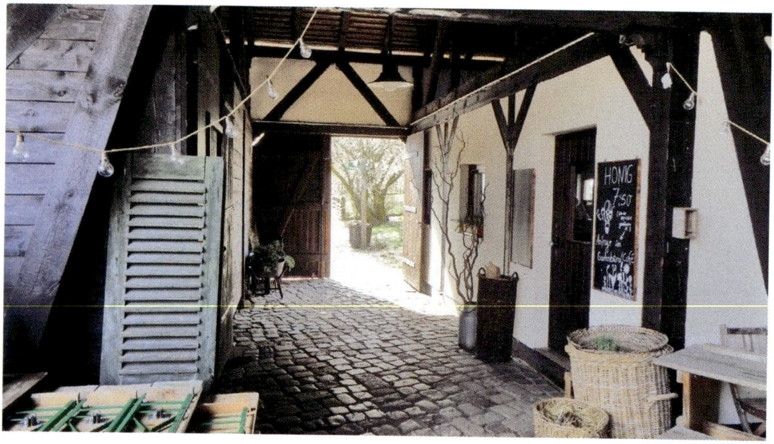

In den ehemaligen Rieselfeldern bei Blankenfelde und in der Alten Fasanerie

Der Weg zieht nun den äußersten Rand des Fließtales nach und kommt bald an der Osterquelle vorbei. Vor und nach der Quelle zweigen nach rechts Wege ab, die ganz offiziell ein Eintauchen ins Feuchtgebiet rund um den Sprintwiesenteich gestatten. Die Quelle selbst ist rührend, tröpfelt zaghaft in ihre wuchtige Fassung und macht kein großes Brimborium darum, dass sie laut Marketing als »letzte freisprudelnde Quelle Berlins« gilt, nunmehr eher »freitröpfelnde«. So oder so strebt das Wasser über den Sprintgraben dem Tegeler Fließ zu und landet über Havel und Elbe bald schon in den Weltmeeren, was letztlich immer eine große Sache ist.

Ein paar Minuten nach der Quelle öffnet sich der Blick aufs tieferliegende Tal und macht spätestens hier mehr Lust darauf, die Wiesen zu erkunden oder zumindest den Sprintwiesenteich von Nahem zu betrachten. Der niemals ganz gerade Weg ins Angerdorf Lübars gibt sich gemütlich und stimmt mit abzweigenden Reitwegen und fernen Geräuschen trappelnder Hufe schon auf die dörflich-landwirtschaftliche Atmosphäre eines der ganz besonderen Berliner Dörfer ein. Vorbei an einem schönen Garten schwenkt die letzte Kurve ein auf den Anger mit der hübschen Dorfkirche. Gleich dahinter endet die Etappe gänzlich ohne Zuweg direkt an der Bushaltestelle – oder wahlweise im Alten Dorfkrug.

Kurzcharakteristik: erst Fischteiche, Wasserläufe und ein Botanischer Volkspark, dann ein grüner Berg und ein idyllischer Talgrund, zwischendurch kleine Siedlungspfade

Anreise: S 2/S 26, tagsüber alle 5 Min. (Fahrtdauer ab S Alexanderplatz 25 Min.)

Abreise: Bus 222, tagsüber alle 20 Min. (Fahrtdauer bis S Alexanderplatz 50 Min.)

Anteil mit Autolärm: ca. 10 Min.

Was gibt es entlang des Weges zu sehen: Karpfenteiche Blankenburg mit Café Wiesenbaude / Weg entlang des Nordgrabens / Botanischer Volkspark Blankenfelde mit Damwildgehege und Geologischer Wand / schöne Wege durch die einstigen Rieselfelder / Zingergrabenniederung mit Heckrinder-Gehege / Freizeitpark Lübars mit Aussichtsgipfel Lübarser Höhe / optional: Gutshof Alte Fasanerie (ehem. Familienfarm) / NSG Niedermoorwiesen am Tegeler Fließ und Osterquelle / altes Dorf Lübars mit Landwirtschaft

Gastronomie: Imbiss am S-Bhf. Blankenburg; Wiesenbaude an den Karpfenteichen; Alter Dorfkrug, Lübars

Spielplätze: bei der Pankebrücke an den Karpfenteichen, großer Spielplatz am Freizeitpark Lübars

Vorkommende Wegweisung: HW 16, HW 5, Reinickendorf/Weg 3, HW 13

Abkürzen per ÖPNV: Pasewalker Straße/Blankenburger Weg (Straßenbahn, bei km 2,1), Botanischer Volkspark (Bus, bei km 4,9); beim Märkischen Viertel weitere Optionen mit längeren Zuwegen

Öffentliche Toiletten: im Botanischen Volkspark Blankenfelde, Dorfanger Alt-Lübars

BACHROMANTIK AM BERLINER NORDRAND

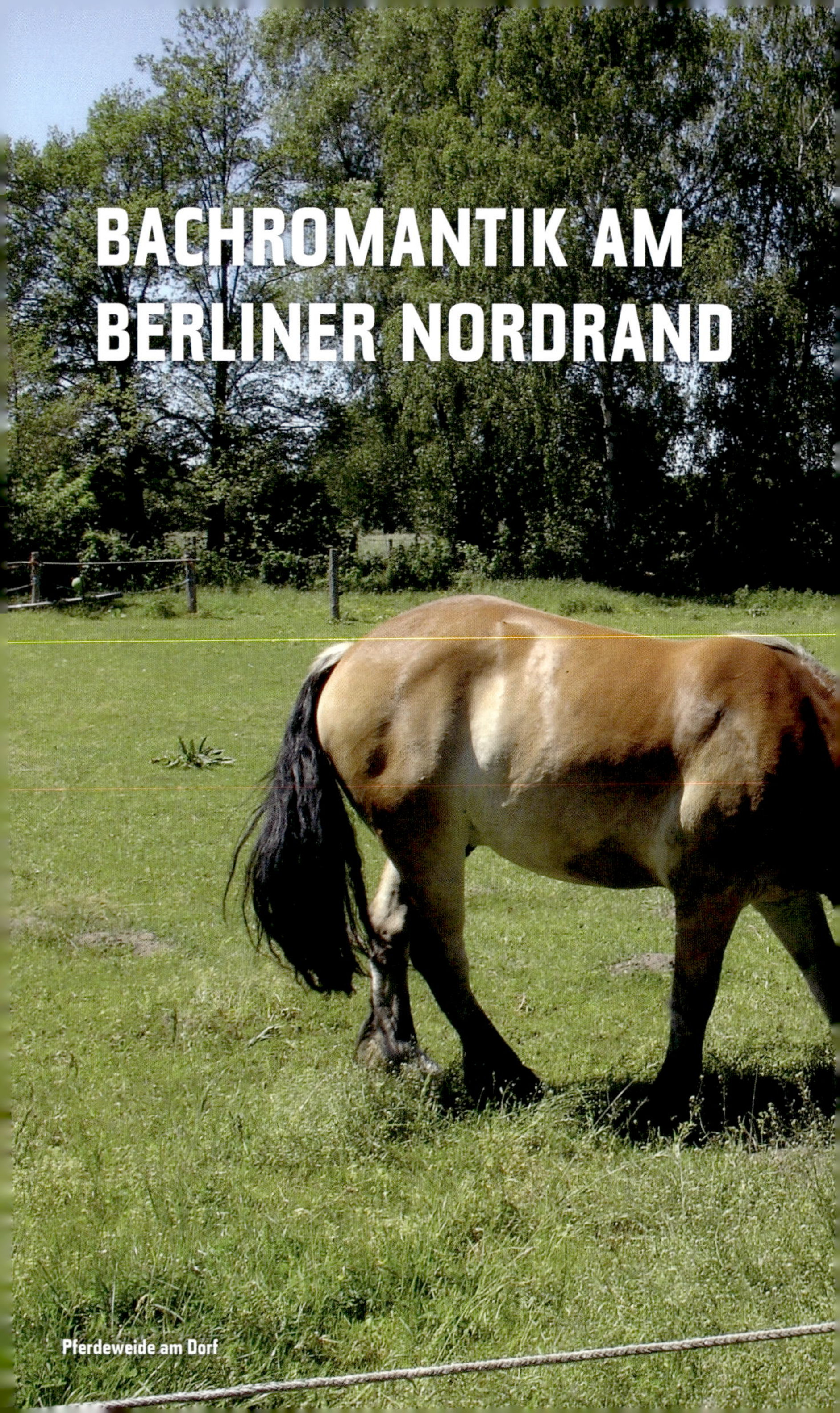

Pferdeweide am Dorf

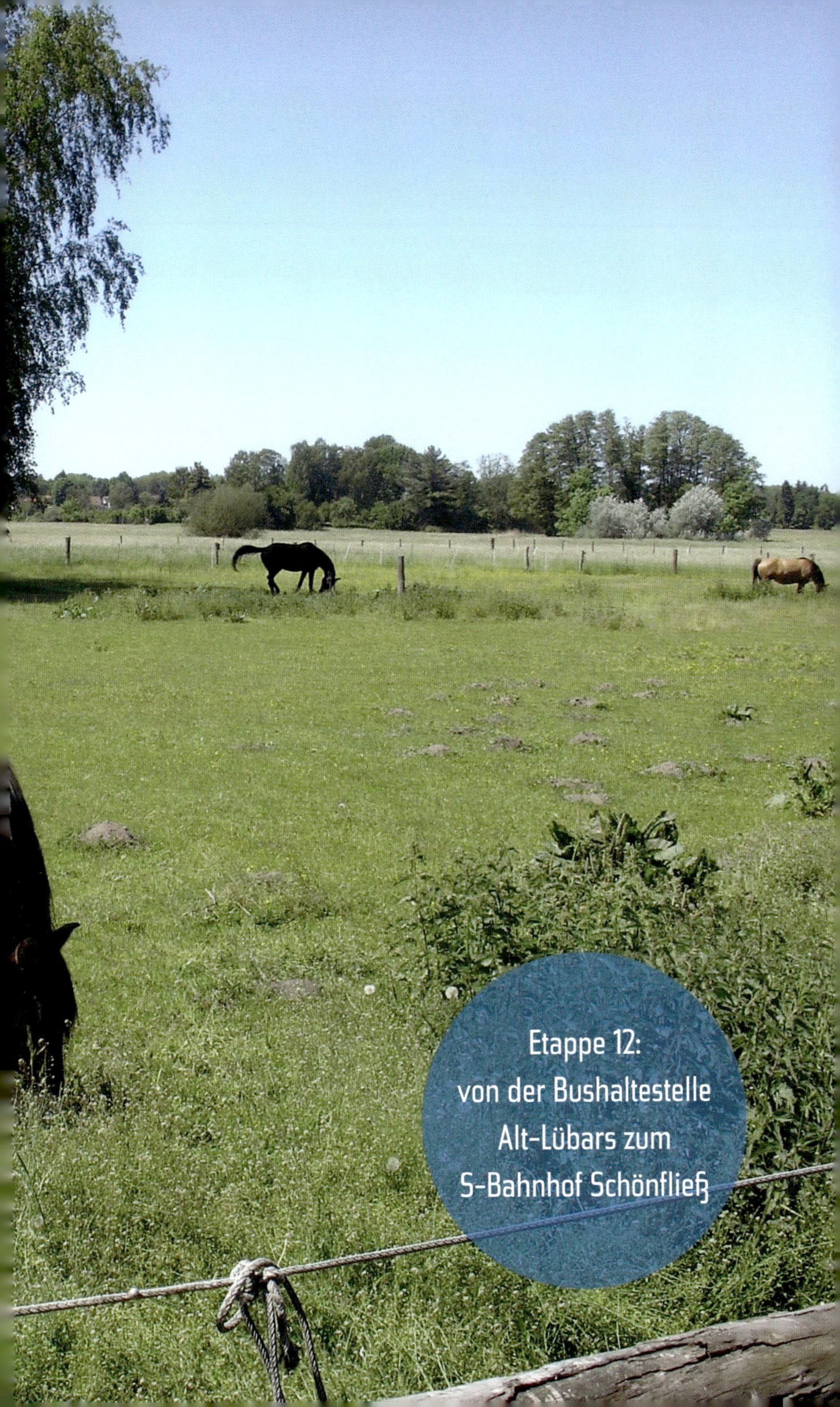

Etappe 12: von der Bushaltestelle Alt-Lübars zum S-Bahnhof Schönfließ

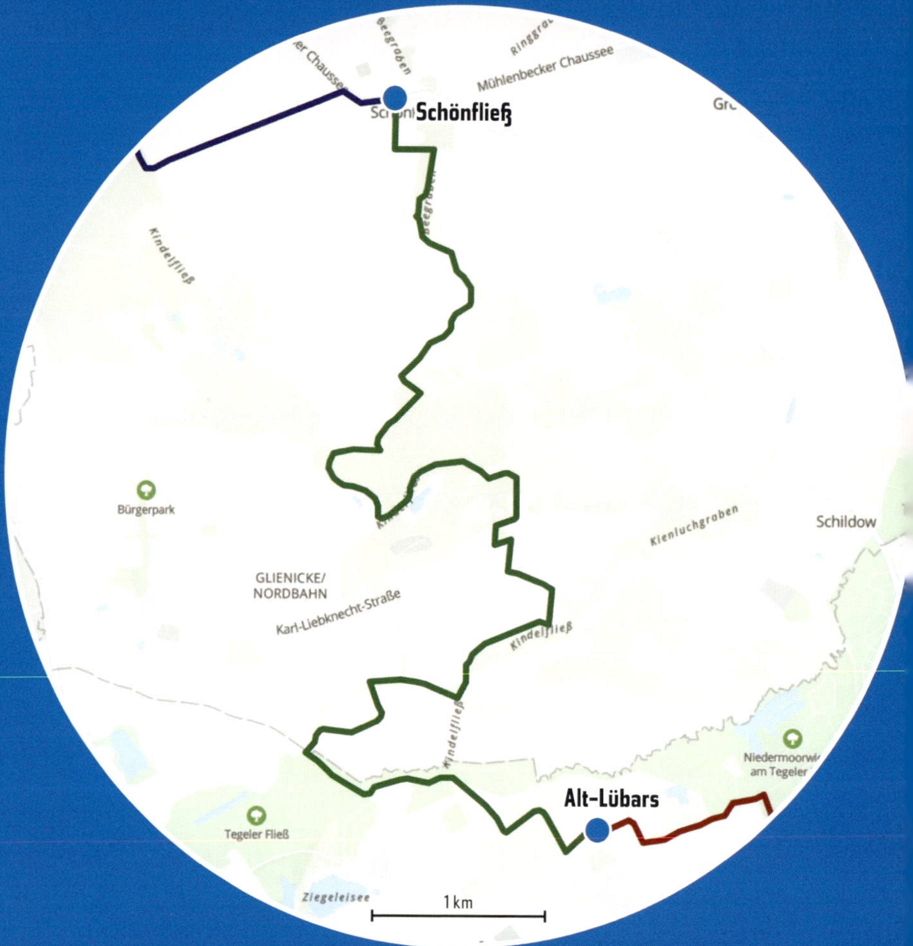

9,6 km; am Ende 1 km Zuweg zum S-Bhf. Schönfließ

gut begehbare unbefestigte Wege und Pfade sowie Plankenwege; nur in den Ortslagen Hartbelag

keine Steigungen

Verlauf: Ortslage Dorf Alt-Lübars / Wege über die Fließwiesen / Planken-, Damm- und Splittwege rund ums Tegeler Fließtal / Ortslage Wiesenweg / Wege am Kindelfließ / Ortslage Elsässer Straße / Wege am Elsbruch / Ufer- und Waldwege am Kindelfließ / Pfad am Beegraben / Waldwege im ehem. Schlosspark / Ortslage Schönfließ / (Pfad übers Feld / S-Bhf. Schönfließ)

Berlin gilt ja der Definition nach als Metropole, zugleich ist die Stadt ein großer, gewachsener Verbund von Dörfern. Diesem Umstand ist es vielleicht mit zu verdanken, dass es überall so viel Grün gibt. Die dörflichen Strukturen im Stadtgebiet lassen sich an Dutzenden von Angern und Dorfkernen noch gut erkennen, oft mit alter Dorfkirche in der Mitte. Besonders ländlich geht es dabei am Rand der Stadt zu. Hier liegt Berlins ältestes Dorf Lübars noch weitgehend für sich, umgeben von Auwiesen, Äckern und Pferdekoppeln anstatt von lückenschließender Bebauung. Neben der Landschaft sorgen auch allerhand Gebäude aus vergangenen Zeiten für echte Dorf-Atmosphäre, laden die Kirche oder das Heimatmuseum zum Besuch oder der Gasthof zur Einkehr ein. Pferdegetrappel ist an der Tagesordnung und der Bus als Bote der Großstadt findet im Anger eine exklusive Wendeschleife. Es würde nicht wundern, wenn der Busfahrer vom Fahrersitz aus Zeitungsbündel auf den Gehsteig werfen würde. Nördlich von Lübars bildet der mäanderfreudige Lauf des Tegeler Fließes mit seinem unzugänglichen Feuchtland die Grenze zwischen Berlin und Brandenburg und war damit ein Abschnitt der Berliner Mauer, der den DDR-Grenzern echtes Kopfzerbrechen bereitete.

Der lange Talhang hinab zum Fließ ist ausgeprägt und setzt das in ferner Sichtweite liegende Märkische Viertel mit seinen weißen Wohntürmen auf besondere Art in Szene. Zugleich schützt die Geländestufe das Dorf in den Wochen im Jahr, wo das kleine Tegeler Fließ seine Auwiesen flächig unter Wasser setzt und Fußgängern unvorhergesehene Kneipp-Gänge überhilft. Die teils nordisch wirkende Passage entlang des Fließes zählt zu den besonderen und berlin-

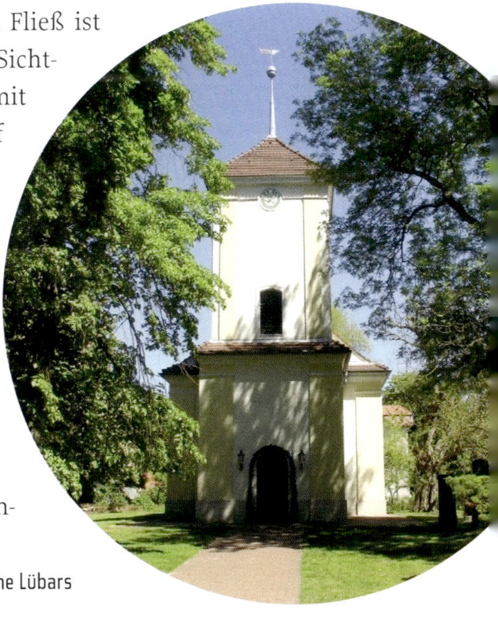

Dorfkirche Lübars

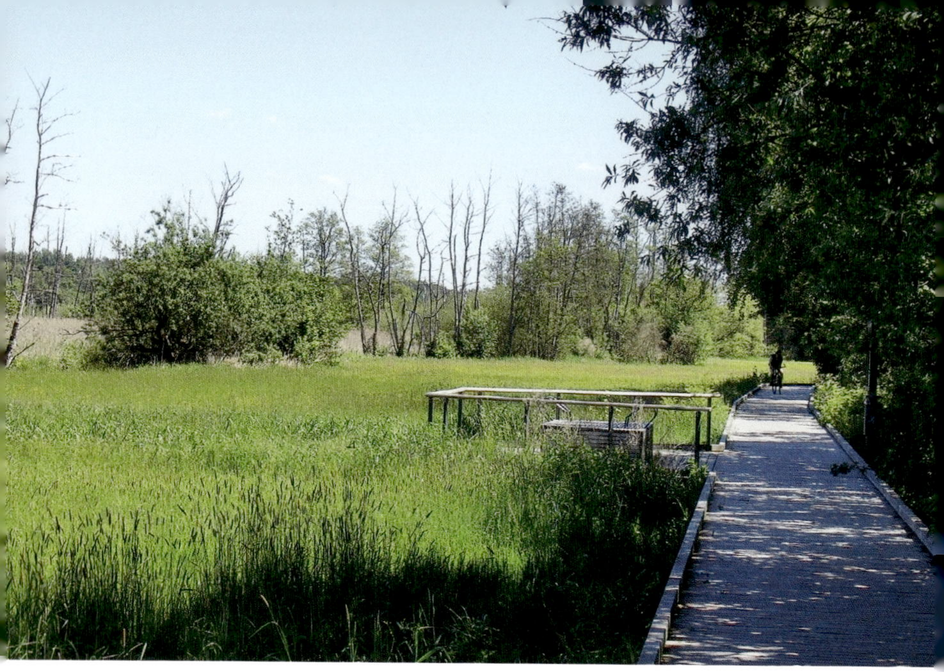

Plankenweg am Fließtal

weit bekannten Spazierwegen der Stadt, nicht zuletzt dank des langen Bohlenweges mit seiner schönen Aussichtsplattform sowie dem hochbeinigen Eichwerder Steg, der wie eine sanfte Achterbahn mitten durch das verwunschene Herz dieses schilfigen Wasserreiches führt. Das Wasser genehmigt sich an dieser Stelle Breite und Undurchdringlichkeit, Schwäne sind fast immer anzutreffen, Wasservögel anderer Art zumindest zu hören.

Am westlichen Ende verlängert sich der Steg in einen Buckeldamm, der zu beiden Seiten von nassem Land umgeben ist. Einige der kräftigen Stämme an seinem Rand ragen erstaunlich schief in den Himmel. Kurz vor den nächsten Häusern wird der insgeheime Wunsch vieler erfüllt, indem weitere Passagen auf Plankenwegen folgen und sich regelrecht durch die dichte Botanik der Eichwerder Moorwiesen winden. Zwischendurch überrascht rund um einen schönen Rastplatz eine flache Düne – mitten im Feuchtland knirscht hier Sand unter den Sohlen. Der letzte der schönen Holzstege verfügt über großzügige Ausweichplattformen und endet schließlich am Rand von Glienicke/Nordbahn, wo jetzt ein schöner Spazierweg rechts der Alten Schildower Straße übernimmt. Am

Weg liegt neben einem Wachsenden Denkmal für die Deutsche Einheit, das aus drei ausgewählten Bäumen besteht, noch eine schöne Aussichtsplattform, bevor mit dem Kindelfließ der nächste Wasserlauf an der Berliner Gürtellinie ins Spiel kommt.

Bald nachdem das Schilfmeer des Tegeler Fließtales mit den Umrissen des Märkischen Viertels im Rückblick verblasst ist, setzt sich der Wiesenweg unterhalb der Gärten als Spazierweg fort und begleitet einen zauberhaften Talgrund, der mit Rastbänken nicht geizt. Auf Höhe eines winzigen Steges folgt dann ein Zickzack durch die Wohnsiedlung, deren Straßennamen thematisch sehr uneinheitlich sind. Letztlich gelangt man über saftige Wiesen zurück zum Kindelfließ, welches dort einen großen östlichen Bogen beendet und breit unter leuchtend grüner Entengrütze ruht. Der Wasserlauf kommt hier regelrecht spreewäldisch daher, der Schritt wird automatisch noch genießerischer. Vom Kindelsee im Hintergrund ist nur wenig zu sehen, allenfalls anhand der Geräuschkulisse aus Flügeln und Schnäbeln zu erahnen.

Vor den nächsten Häusern wendet sich die Berliner Gürtellinie mit dem Kindelfließ nach rechts. Von hier lässt sich ein kurzer Abstecher zur sehenswerten Kapelle auf dem Waldfriedhof Glienicke einschieben.

Schwan auf dem Tegeler Fließ

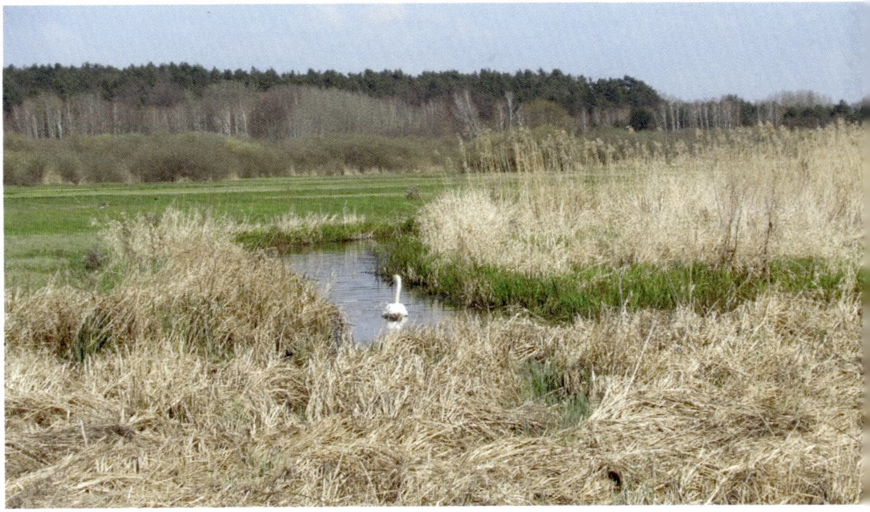

Der Weg dorthin folgt dem Erich-Vehse-Weg, welcher reizvoll unterhalb eines Hanges verläuft.

Im langen Rechtsbogen geht es wieder näher zum Waldrand, bis schließlich der Wald verlassen wird und bald schon mehr und mehr und noch mehr Pferde ins Bild rücken, in allen möglichen Farben, Frisurstilen und Fahrgestellbreiten. Die hochbeinigen Tiere gehören zum Reiterhof, der letztlich für alle Arten von Durchreisenden interessant wird, denn direkt am Rande der sandigen Auslaufflächen hockt äußerst einladend die Koppelschänke. Im Biergarten des feinen und kleinen Ausflugslokals können beim Kaffeeschlürfen die Pferdemäuler schon mal so nahe kommen, dass die warme Atemluft zu spüren ist. Davon abgesehen ist das Hin und Her von Dutzenden Huftieren und dem menschlichem Personal dazwischen fast immer unterhaltsam, sodass eine Pause hier schnell in die Breite gehen kann.

Irgendwann aufzustehen lohnt auf jeden Fall, denn nun folgt eine hinreißend schöne Passage, die leicht oberhalb eines breiten Wiesentales entlangführt. Unten fällt der Blick auf schilfumrandete Bruchwäldchen

Pfad am Kindelfließ in Glienicke

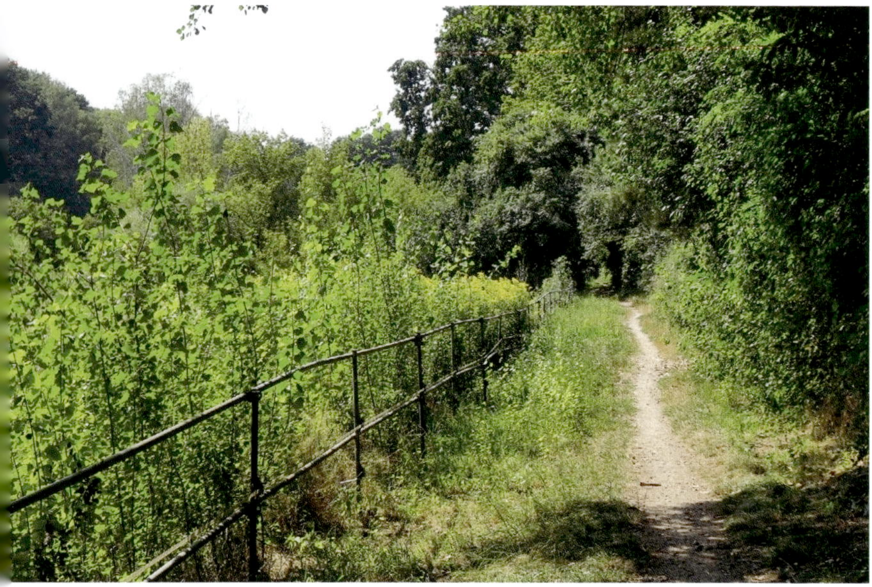

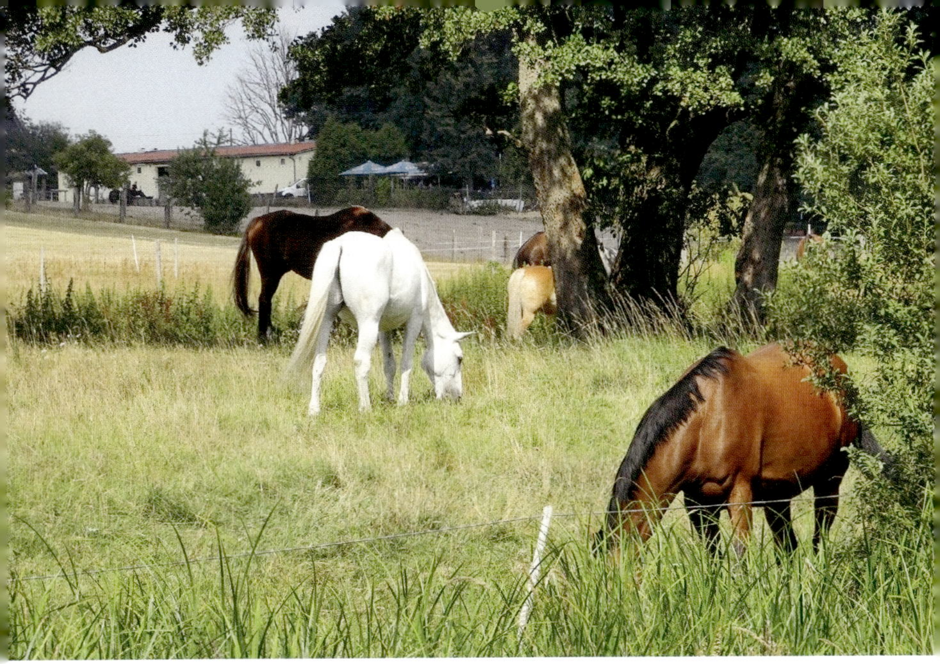

Kurz vorm Reiterhof am Kindelwald

und einzelnstehende Baumschönheiten mit direktem Wasseranschluss, oben windet sich der schmale Weg zwischen den kräftigen Stämmen von Eichen, Linden und Ahornen hindurch und hält Oberkörper und Hüfte in steter Bewegung. Im Frühjahr wogen zur Linken die Felder auf dem flachen Hang, auf der rechten Seite tummeln sich ein paar Monate später die Heurollen auf den grünen Talwiesen, deren Wasserlauf weiter hinten nur zu ahnen ist.

Auf Höhe eines gen Schildow abzweigenden Pfades wird es wieder konkret mit dem Wasser, wenn die Schritte nun entlang des Beegrabens gesetzt werden. Das winzige, doch lebhafte Bächlein ist ebenso schön wie sein Name rätselhaft, am Wegesrand im idyllischen Tal stehen fest verwurzelt jahrhundertealte Eichen und im Frühjahr ist der Boden dicht bedeckt von gelben und weißen Frühblühern. Bald nach den ersten Häusern, denen gegenüber weitere kräftige Eichen stehen, beginnt der Südausläufer des leicht verwilderten Schlossparks von Schönfließ. Wer im Frühjahr gern Buschwindröschen sieht, findet hier einen der berlinnächsten Plätze dazu. Gleich an der Gabelung ist zwischen zwei Wegen zu entscheiden, die beide gleichermaßen zu empfehlen sind und am

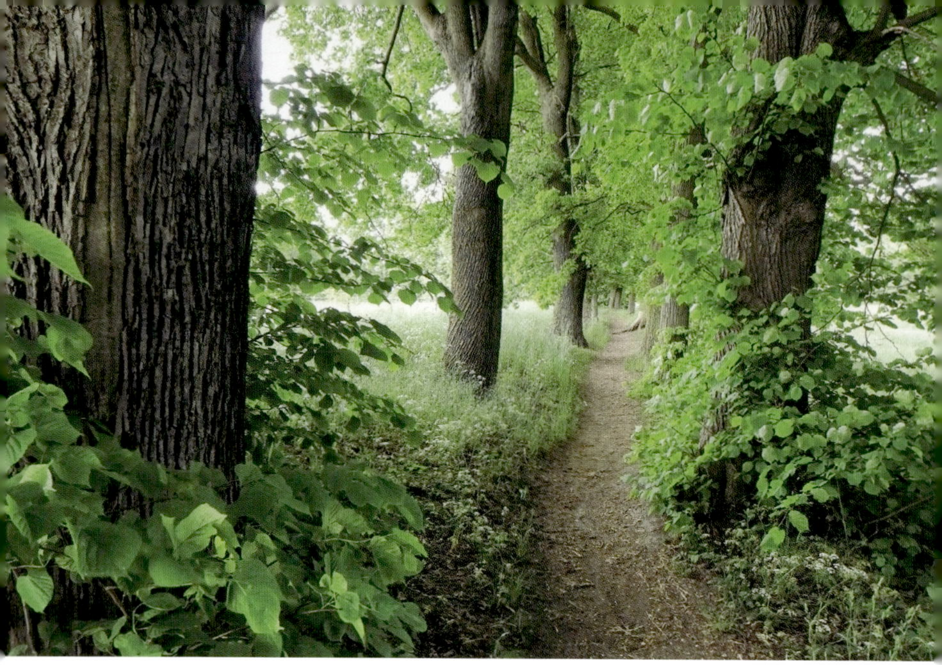

Alleeweg über dem Fließtal

Querweg Im Park enden. Von dort aus ist die Erkundung des nördlichen Schlossparks mit seinen Brücklein durchaus lohnend, auch wenn im überschaubaren Wegenetz mit Sackgassen und somit der Rückkehr zum Ausgangspunkt zu rechnen ist. Im verbliebenen Flügel des einstigen Schlosses haben heute übrigens die Kinder das Sagen. Gleich gegenüber und auch eine Ecke weiter am Ortsausgang findet sich Gastronomie.

Im Herzen von Schönfließ gibt es nun den zweiten Dorfanger dieser Etappe, entsprechend mit der zweiten Kirche, die sich von der Lübarser grundlegend unterscheidet und typisch märkisch auf den guten alten Feldstein setzt. Zum S-Bahnhof sind es von hier aus knapp 20 Minuten. Am nördlichen Dorfrand gibt es einen Rastplatz, wo man kurz rechts geht und dann gleich links in den schnurgeraden Pfad über den Acker abbiegt. Wer mit weißen Lackschuhen unterwegs ist, sollte nach nassen Tagen besser den Umweg über die Landstraße nehmen, ansonsten spricht nichts gegen den herrlichen Trampelpfad und Direktzubringer. So oder so verlangt dieser Weg insofern mentale Stärke, als dass jede nahende Bahn schon lange vorher zu sehen ist und der innere Wettbewerb in Echtzeit entscheiden muss, ob ein Beeilen lohnt.

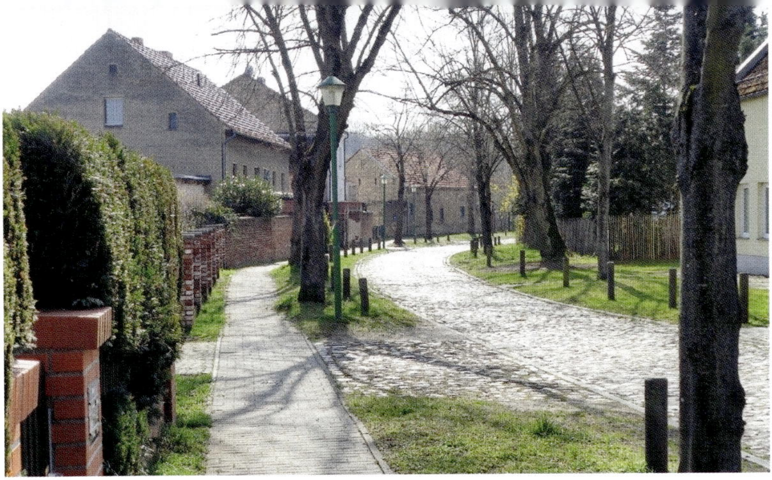

Dorfstraße Schönfließ

Kurzcharakteristik: idyllische Wege, fast durchgängig entlang von Wasserzügen, zwischendurch eine Siedlung, etwas Wald und zuletzt ein Dorfkern

Anreise: Bus 222, tagsüber alle 20 Min. (Fahrtdauer ab S Alexanderplatz 50 Min.)

Abreise: S 8, tagsüber alle 20 Min. (Fahrtdauer bis S Alexanderplatz 35 Min.)

Anteil mit Autolärm: nur punktuell

Was gibt es entlang des Weges zu sehen: wildromantisches Tal im LSG Tegeler Fließ mit langen Plankenstegen / Wachsendes Denkmal für die Deutsche Einheit / Wege am Kindelfließ / NSG Kindelsee-Springluch / Gasthaus Koppelschänke am Reiterhof / uriger Kindelweg am Beegraben mit alten Linden / verwilderter Schlosspark Schönfließ und Dorf Schönfließ mit Kirche

Gastronomie: Alter Dorfkrug, Lübars; Koppelschänke südlich von Schönfließ; div. in Schönfließ

Spielplätze: Fichte-Spielplatz in Glienicke/Nordbahn, auf dem Dorfanger Schönfließ

Vorkommende Wegweisung: HW 13, Tegeler Fließtalweg, Kindelfließweg, markierter Weg am Beegraben

Abkürzen per ÖPNV: Elsässer Straße/Glienicke Nordbahn mit 150 m Zuweg (Bus, bei km 4,8)

Öffentliche Toiletten: Dorfanger Alt-Lübars

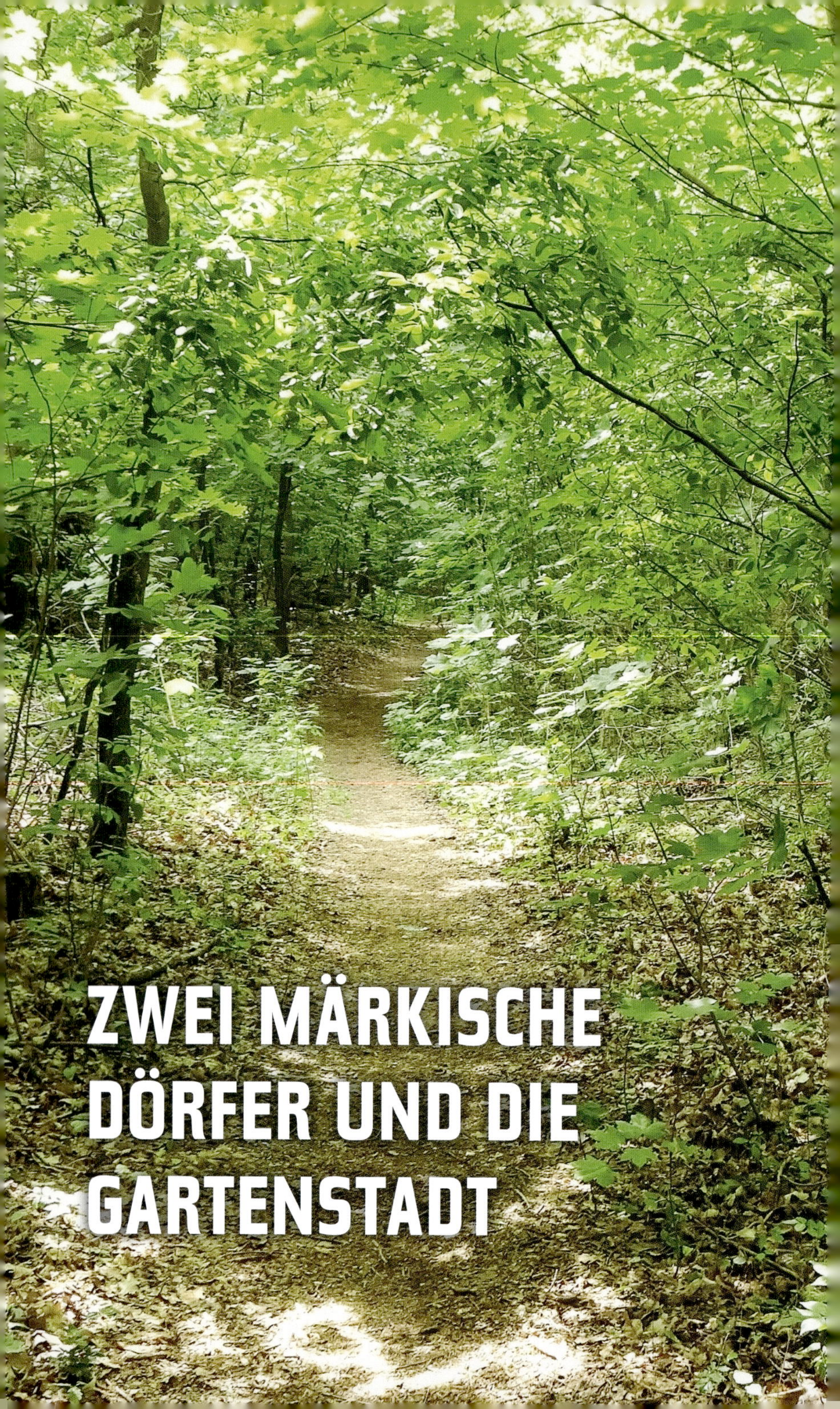

ZWEI MÄRKISCHE DÖRFER UND DIE GARTENSTADT

Etappe 13: vom S-Bahnhof Schönfließ zum S-Bahnhof Heiligensee

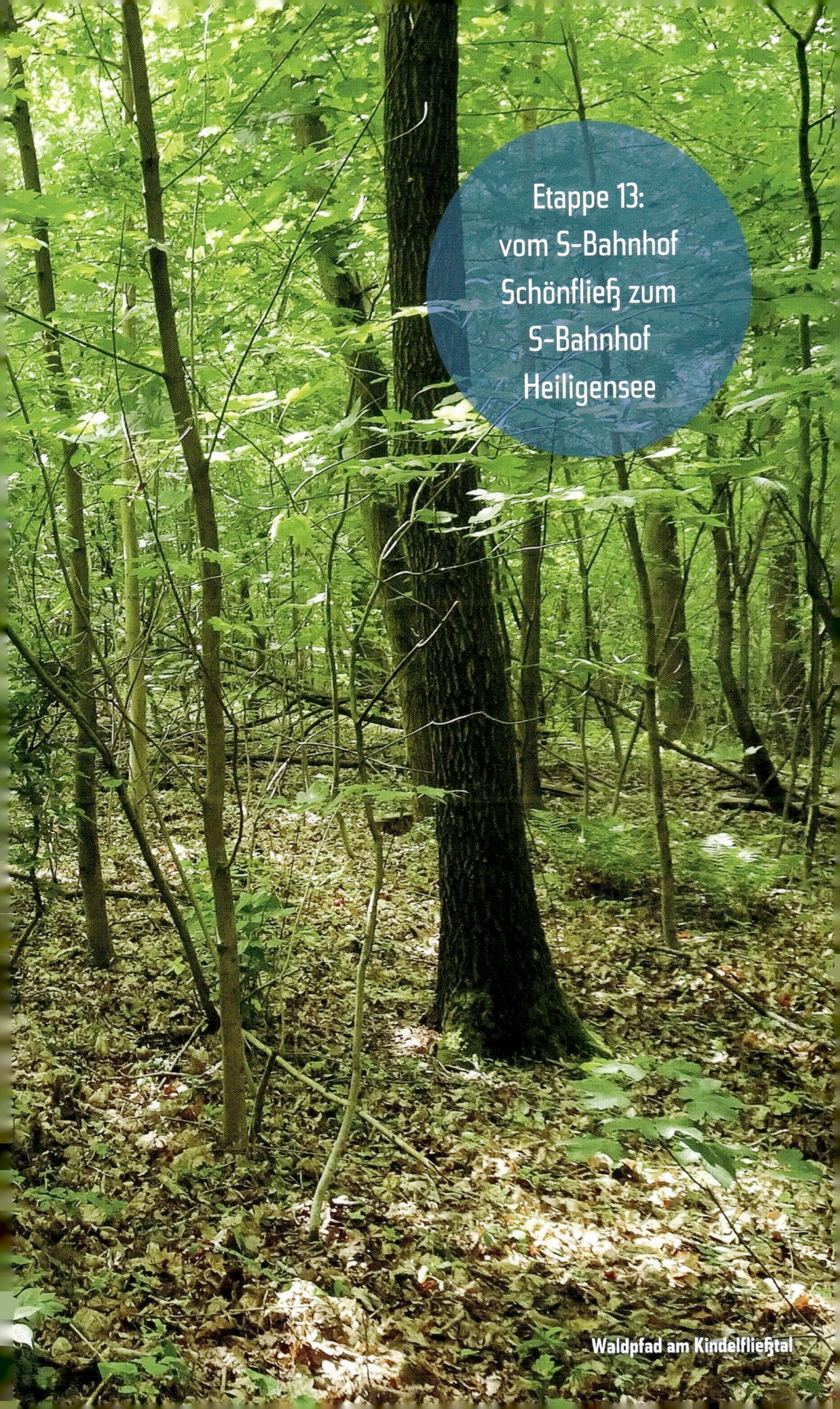

Waldpfad am Kindelfließtal

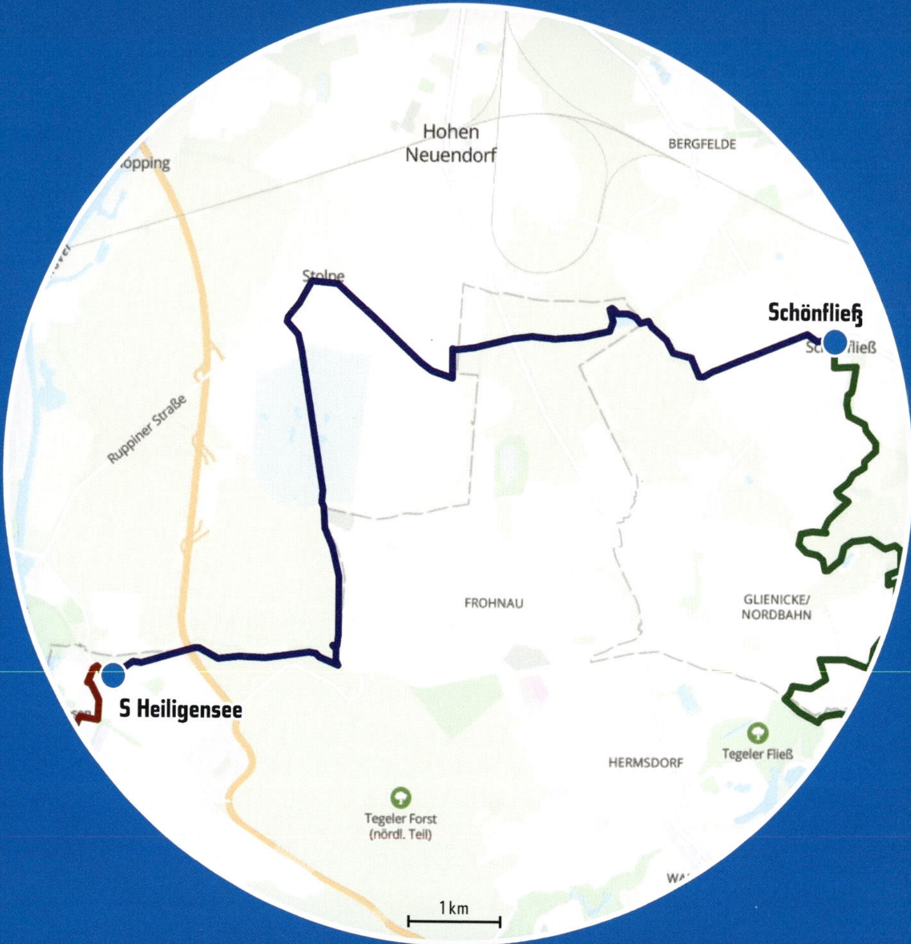

13,3 km; am Beginn 1 km Zuweg vom S-Bhf. Schönfließ

gut begehbare unbefestigte Wege und Pfade; nur in den Ortslagen Hartbelag

keine Steigungen

Verlauf: (S-Bhf. Schönfließ / Pfad übers Feld) / Ortslage Schönfließ / Feldweg zum Waldrand / Pfade am Kindelfließ / Waldwege zwischen Hubertussee und Invalidensiedlung / B 96 / Wohnlage Invalidensiedlung / Feldweg nach Stolpe / Ortslage Dorf Stolpe / Feldweg durch die Golfplätze / Wiesen-/Waldstreifen an der Stadtgrenze bei Frohnau / Waldwege an der Stadtgrenze / Brücke über die A 111 / Waldpfade bei Heiligensee / S-Bhf. Heiligensee

Der Bahnhof Schönfließ liegt so dermaßen im Nichts wie kaum ein anderer Bahnhof der Berliner S-Bahn. Acker nach Norden, Acker nach Süden, dazwischen eine stattliche Bahntrasse mit vier bis fünf Gleisen, wobei kurioserweise die S-Bahn zwischen Schönfließ und dem benachbarten Mühlenbeck-Mönchmühle mit einem Gleis auskommen muss. Was dann wieder gut zu dieser Lage mitten auf dem Acker passt und fast ein wenig romantisch ist. Zu Fuß zur Dorfmitte ist es vom Bahnhof eine gute Viertelstunde. Die erste Hälfte davon bestreitet ein äußerst hilfreicher Pfad, der per Luftlinie quer übers Feld zum drittnördlichsten Haus von Schönfließ führt und gut fünf Minuten Mehrweg erspart. Nach starkem Regen kann der rutschige Grund diese Ersparnis womöglich aufzehren.

Im Dorf wird es dann schnell gemütlich. Zuletzt führt eine gekrümmte Pflasterstraße um den Anger zur Kirche und jenseits der Ampel trifft man auf die Berliner Gürtellinie. Vom Ortsrand verläuft links der Landstraße ein winziger Pfad und trifft schon bald auf einen grasigen Fahrweg, der schnurgerade dem leicht versunkenen Wald der Bieselheide zustrebt. Ein Blick nach links lässt diesig verschwommen die

Hubertussee

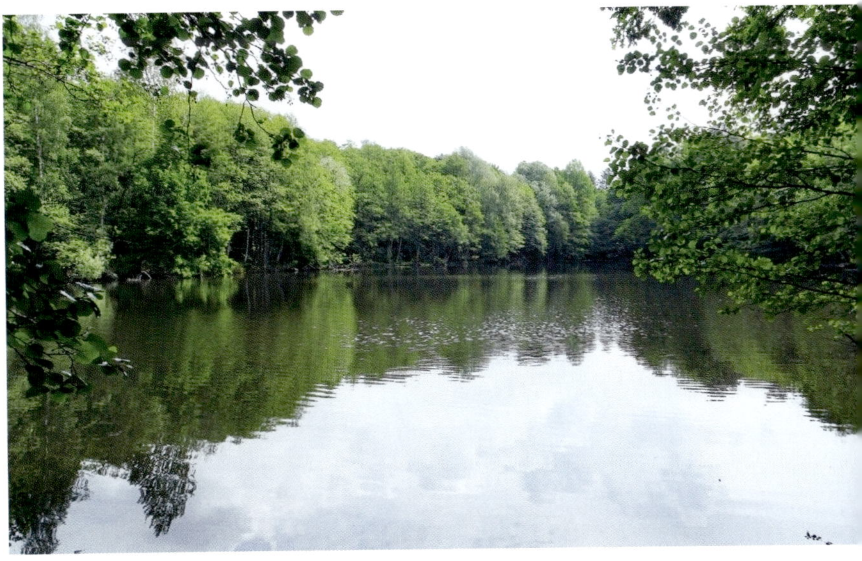

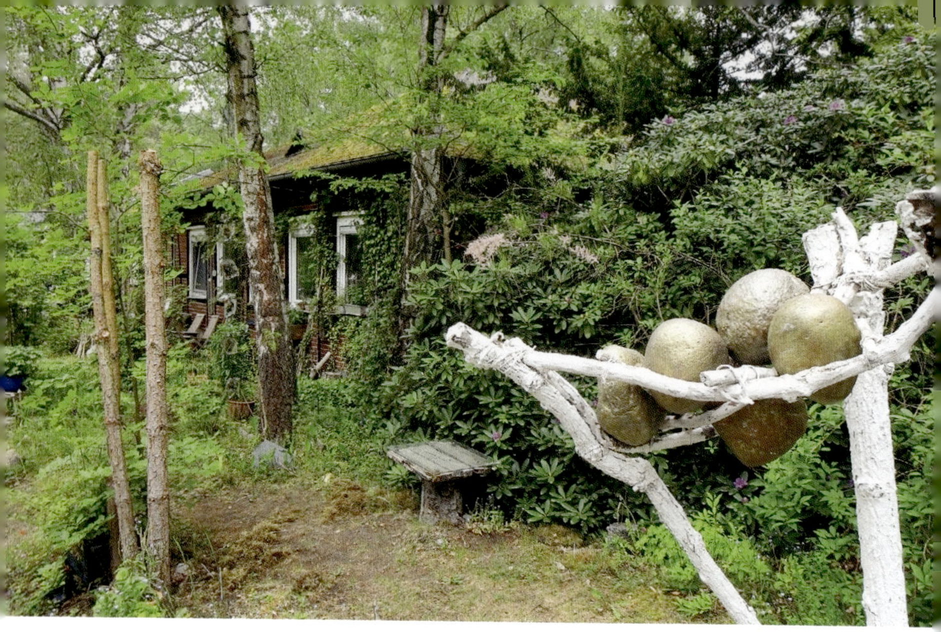

Künstlersiedlung Frohnau

fernen Kanten des Märkischen Viertels aus dem Grün wachsen, etwas unwirklich. Wer ein wenig Wegegewirr nicht scheut, steigt am Waldrand zur nächsttieferen Ebene ab, alternativ gibt es auch einen eindeutigen Weg am Waldsaum. Bei der tieferen Variante windet sich die schmale Spur im leichten Auf und Ab, berührt einzelne Baumriesen und auch drei Quellsale, deren Wasser trödelig zum feuchten Grund des Kindelfließes strebt. Der Ursprung des Fließes mit dem niedlichen Namen liegt nicht weit von hier im Herthamoor, von dort tritt es mit verwirrenden Hakenschlägen seinen Weg zum Tegeler Fließ an und schafft an jeder Stelle schöne Landschaft. Hier in der Bieselheide öffnet sich der Talgrund bald zu einem gefälligen Landschaftsbild mit saftigem Wiesengrün und vereinzelten Kronenbäumen, erinnert dabei in seiner Idylle an einen Landschaftspark.

Am Ende eines knorrigen Brückleins ist man in Berlin und kann je nach Lust und Laune geradeaus dem Südufer folgen oder den Hubertussee auf schönen Pfaden nördlich umrunden. Der nördliche Weg zieht die verwinkelte Uferlinie des Sees nach, viele Bäume sind alt und Mobiliar sowie Baumbestand lassen einen einstigen Park vermuten. Nachdem der See zurückbleibt, passiert die kleine Waldstraße bald eine bunte Sammlung unbunter Briefkästen, die zum Künstlerhof Frohnau gehören. Hinter der Toreinfahrt beginnt eine unregelmäßige Reihe verträumter Häuschen und Ziegelbaracken, wo Kunst und Kunsthandwerk zu Hause sind. In der asiatisch angehauchten Blockhütte, dem markantesten der Gebäude, sind kleine Ausstellungen zu sehen. Die Kolonie ist klein und äußerst lauschig, das Gelände teils wild und ein Blick in die Hintergärten verheißt, dass sich hier gut kreativ sein lässt. Im spröden Gegensatz steht der moderne Kastenbau ganz am Ende, der vermutlich bezahlbare Ateliers beherbergt.

Nach dem Queren der weithin hörbaren Oranienburger Chaussee folgt hinter der S-Bahn-Trasse ein weiteres bemerkenswertes Gebäudeensemble, das ein kurzes Abweichen wert ist. In länglicher Anordnung stehen klar geformte Backstein-Häuser, die ein wenig an die beschaulichen Wasserschlösser des Münsterlandes erinnern. Sandsteinportale gibt es und kleine Auffahrten, geräumige Balkone und zum Bahndamm hin auch kleine Gärten. Im Inneren der Anlage erstreckt sich eine grüne Senke, an deren südlichem Ende ein Gasthaus liegt.

Wieder in Brandenburg beginnt nach einem kurzen Stück auf dem Asphaltband des Mauerweges ein hübscher Pfad, der als Zernsdorfer Weg zwischen den Feldern nach Stolpe stromert. Sein schnurgerader Verlauf ist kaum zu spüren, da die Wegspur immer mal wieder zwischen kleinen Bäumen hindurchtaucht oder im

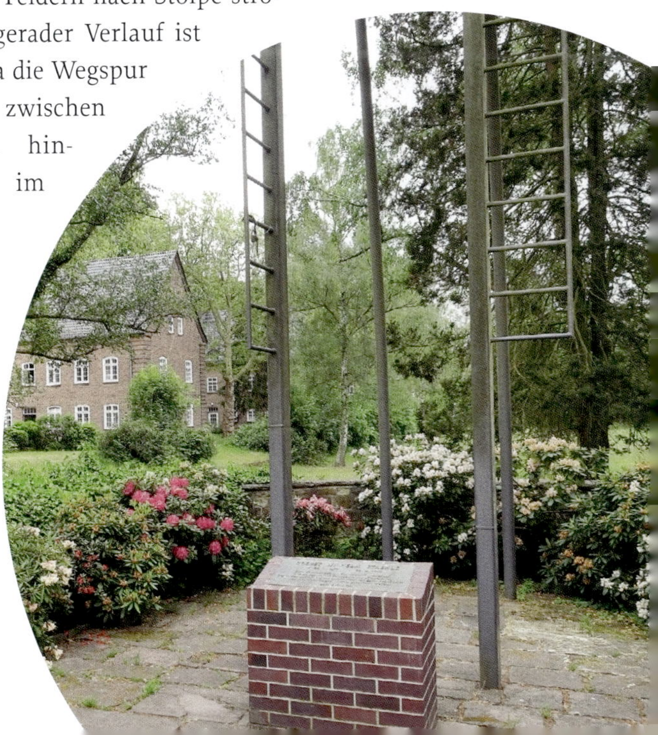

Invalidensiedlung

winzigen Schwenk einen Rosenbusch umschifft. Hinter der Landstraße geht es, nun schon in Stolpe, auf einer Pflasterstraße entlang schiefer Mauern zum Eck mit den Wanderkarten. Hier steht auch die kleine Dorfkirche, die zu den ältesten der Mark Brandenburg zählt. Der leicht barock wirkende, gelb verputzte Turm am schlichten Feldsteinschiff dürfte als weiteres Alleinstellungsmerkmal gelten. Zwei Häuser weiter steht am Gasthof Zur krummen Linde der namensgebende Baum direkt im Biergarten, sein Stamm hat in der Tat die Form einer riesigen Morchel. Von der gemütlichen Dorfstraße leitet eine sachliche Wohnsiedlung über zur Welt eines Golfplatzes. Mitten hindurch führt abermals schnurgerade ein schöner Feldweg, der meist so dicht von Buschwerk umrahmt ist, dass die feingetunte Landschaft drum herum kaum ins Auge fällt.

Kurz vor der Stadtgrenze kreuzt wieder der Mauerweg. Ab hier bewegt sich ein Pfad zwanglos zwischen dessen Asphaltband und der Stadtgrenze, läuft damit mitten auf dem ehemaligen Grenzstreifen. Der erste Querpfad verlängert sich am Waldfriedhof in die Hainbuchenstraße. Nach kurzem Abstecher kann nahe des Eingangs eine eigentümliche Holzkapelle bestaunt werden, deren Bauart sich unter anderem an nor-

In der Dorfkirche Stolpe

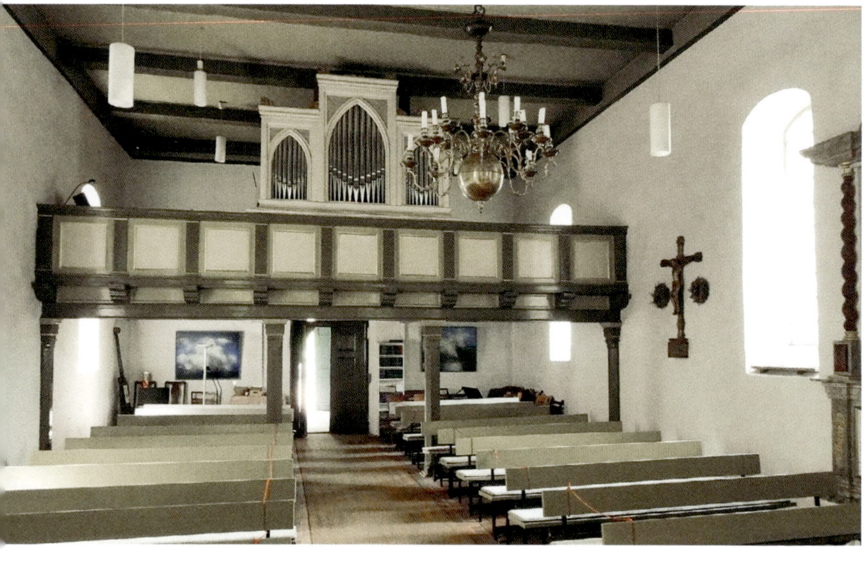

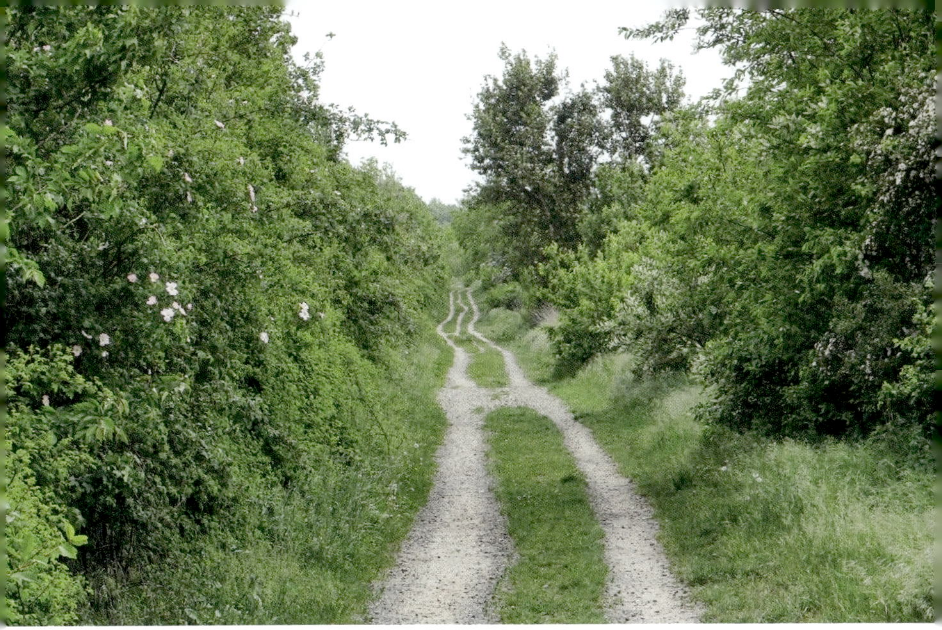

Buschgasse nach Frohnau

dischen Stabholzkirchen orientiert, angereichert mit heimatlichen und barocken Akzenten. Das kunstvolle Balkenwerk wird scheinbar allein durch Holzdübel zusammengehalten. Wer ohnehin zum Frohnauer S-Bahnhof will und nicht in Eile ist, sollte den direktesten Weg abwählen und sich ein wenig treiben lassen. In der Folge kann man in den geschwungenen Straßen der weitläufigen Siedlung das aufgegangene Konzept einer Gartenstadt im Detail betrachten, was durchaus unterhaltsam ist. Den Sahnetupfer obendrauf liefern zuletzt die beiden Vorplätze des Bahnhofs Frohnau, die ein klares Gefühl von Kurort wecken.

Die Berliner Gürtellinie bleibt bis fast zum Etappenende dicht an der Stadtgrenze. Der kleine Pfad quert mal Wiesenstücke, mal heranwachsenden Wald, dann läuft er über eine sandige Lichtung oder blumenreiche Trockenrasen. Hier tragen die jungen Bäume dunkelgrüne Nadeln, dort hellgrünes Laub. Selbst ein offenes Dünenstück kommt vor, gefolgt von einem lichten Stammlabyrinth mit dem Boden voller Kienäppel. Immer wieder gibt es Pfadschnipsel hinüber nach Frohnau, die sich in der Siedlung als Lichtungsweg, Bifröstweg oder Helweg fortsetzen. Früher oder später führen sie alle zum Sigismundkorso, dieser wiederum zum Bahnhof und also zu den beiden schönen Plätzen.

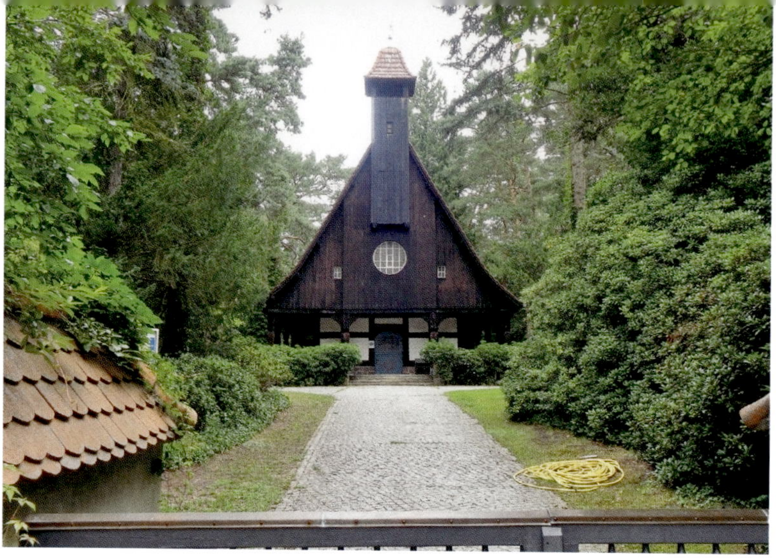

Kapelle auf dem Friedhof Frohnau

Am Knick bei den letzten Häusern bleibt der Grenzstreifen zurück, ab hier geht es auf einem reizvollen Pfad durch älteren Wald. Das Relief ist nun leicht bewegt, was dem genießenden Auge stets entgegenkommt, der Boden wird dicht von hohem Kraut und jüngstem Baumnachwuchs bedeckt.

Sobald die tiefergelegte Autobahn hörbar wird, läuft der Weg zum Pfad ein. Unten an der schnellen Piste wird nordwärts Brandenburg begrüßt, in der anderen Richtung Berlin. Fast genau unter der Brücke sitzt, dem Regen ausgesetzt und dennoch kaum wettergegerbt, ein dicker Bär. Er muss mittlerweile über 40 sein und ist von den vier Berliner Autobahn-Bären der einzige, der sitzen darf. Ein zweiter Bär aus demselben Wurf sitzt übrigens am holsteinischen Ostseestrand auf seinem Sockel. Dort kündet er von der Verbundenheit zwischen Grömitz und Berlin, die mit einem benachbarten Kloster Cismar zu tun hat.

Kurz nach dem Ende der Brücke zweigt vom breiten Radweg links ein Waldpfad ab, der bald in ein regelrechtes Pfadgewirr eintaucht. An einer Kreuzung mit besonders vielen Abzweigen sollte man sich leicht links und bei nächster Gelegenheit noch einmal links halten, um bald schon hinter dem Gasthaus am S-Bahnhof Heiligensee herauszukommen. Im Bahnhofsdurchgang sorgt eine Ente dauerhaft für positive Schwingungen.

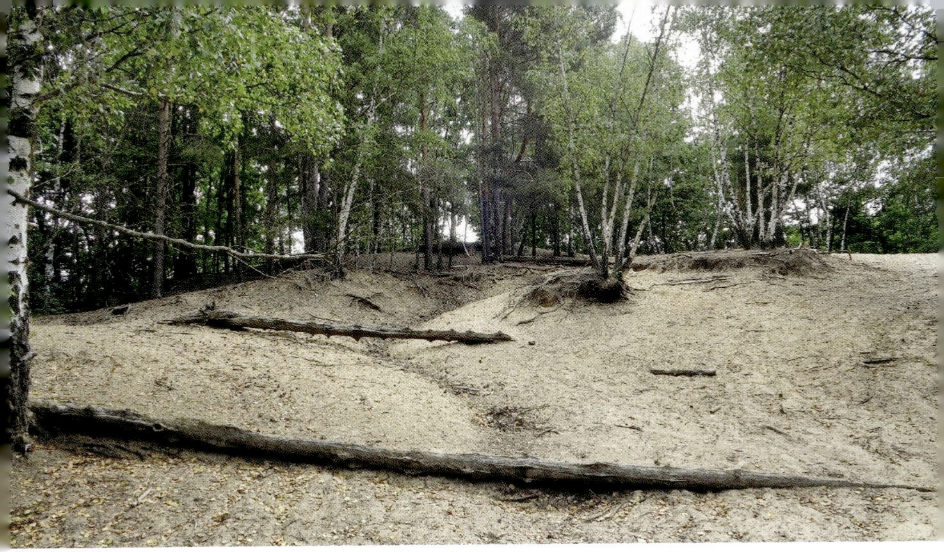

Sandhang am ehemaligen Grenzstreifen

Kurzcharakteristik: Feld- und Waldwege, oftmals schattig, dazu ein See, besondere Siedlungen und zwei Dörfer

Anreise: S 8, tagsüber alle 20 Min. (Fahrtdauer ab S Alexanderplatz 35 Min.)

Abreise: S 25, tagsüber alle 20 Min. (Fahrtdauer bis S Alexanderplatz 40 Min.)

Anteil mit Autolärm: nur punktuell

Was gibt es entlang des Weges zu sehen: Grünzug am Kindelfließ mit kleinen Quellsalen / Hubertussee / Künstlerhof Frohnau / Invalidensiedlung / Dorf Stolpe mit Kirche und Gasthäusern / Pfad auf dem ehemaligen Mauerstreifen mit Sand und Trockenrasen / schöne Waldpassage im Tegeler Forst

Gastronomie: div. in Schönfließ; Landhaus Hubertus, Invalidensiedlung; Zur Krummen Linde, Le My und Almrausch, Stolpe; div. am S-Bhf. Heiligensee

Spielplätze: auf dem Dorfanger Schönfließ, in der Invalidensiedlung

Vorkommende Wegweisung: Reinickendorfer Wege 1 und 5, Berliner Mauerweg nebenher

Abkürzen per ÖPNV: Invalidensiedlung (Bus, bei km 4,4), Dorfstraße/Stolpe (Bus, bei km 7,1); Maximiliankorso/Sigismundkorso in Frohnau mit 500 m Zuweg (Bus, bei km 10)

Öffentliche Toiletten: auf dem Friedhof Frohnau (200 m Zuweg)

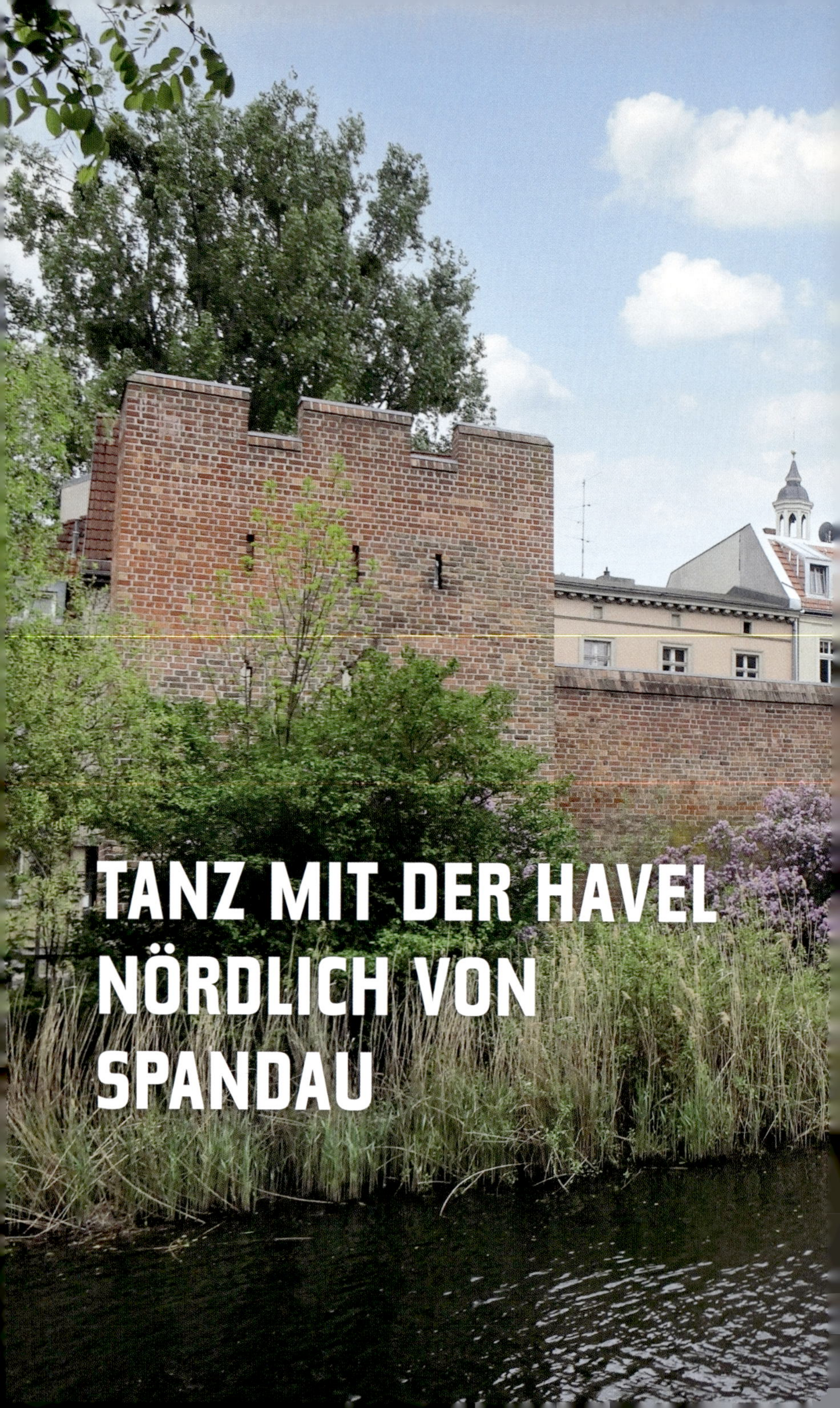

TANZ MIT DER HAVEL NÖRDLICH VON SPANDAU

Etappe 14: vom S-Bahnhof Heiligensee zum S-Bahnhof Spandau

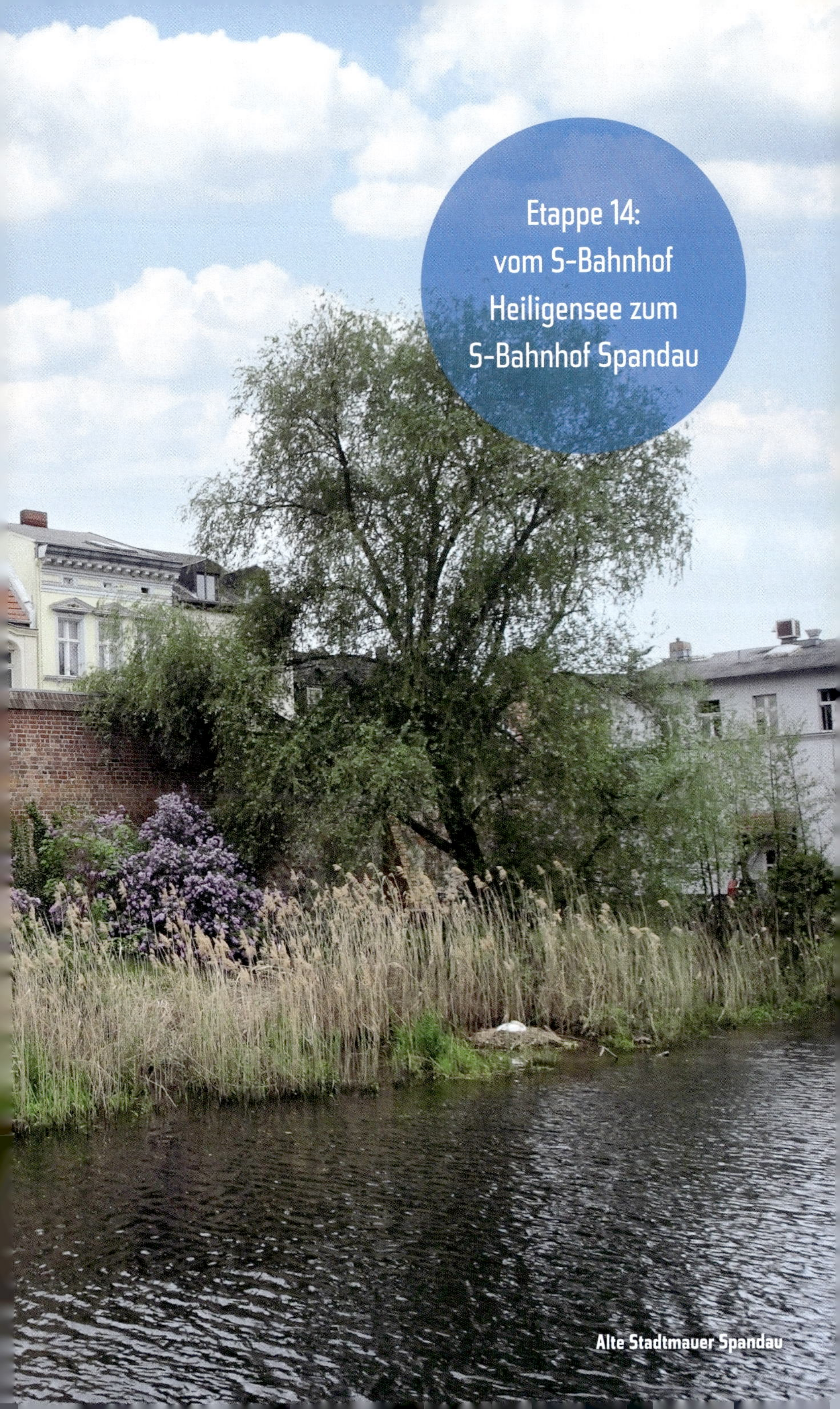

Alte Stadtmauer Spandau

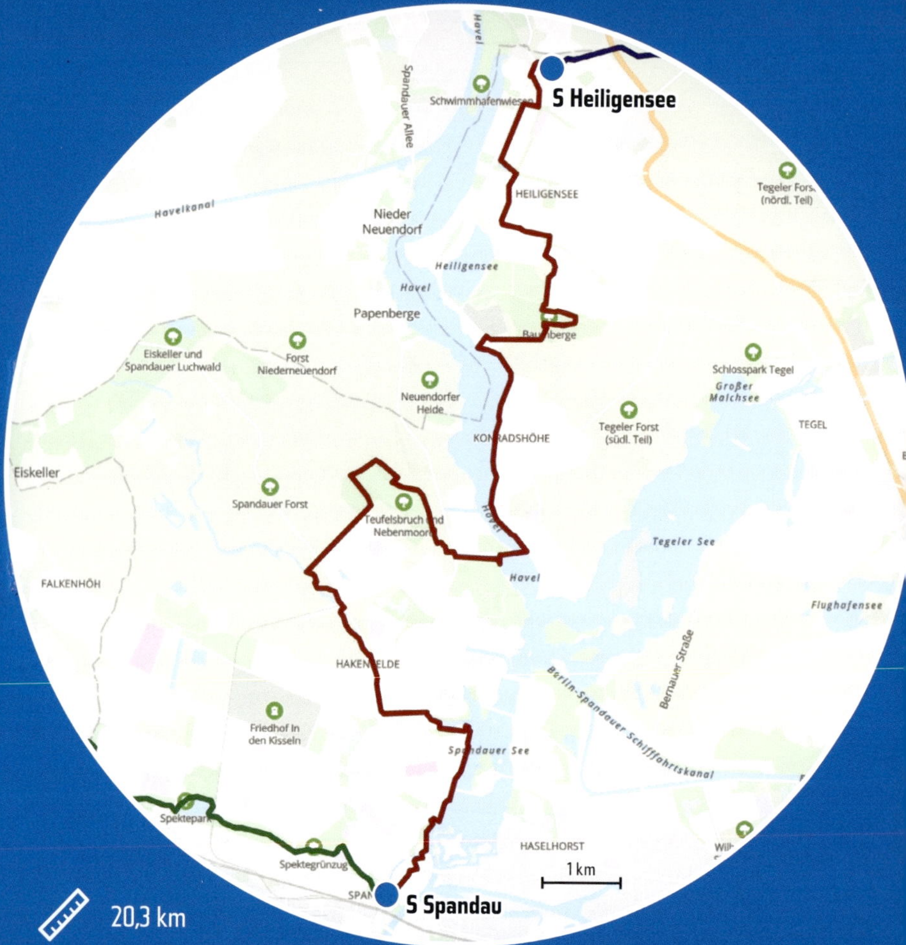

20,3 km

gut begehbare unbefestigte Wege und Pfade; Hartbelag in den Ortslagen teilweise, im Bereich Spandau größtenteils

keine Steigungen

Verlauf: S-Bhf. Heiligensee / Ortslage Heiligensee / Wege an Erlengraben und Wiesengraben / Wiesenweg am Bumpfuhl / Sandwege in den Baumbergen / Waldwege / Ortslage Rallenweg / Uferweg an der Havel / Sandhauser Straße / Uferweg/-promenade an der Havel / Autofähre zum Aalemannufer / Weg am Aalemannkanal / Waldwege und -pfade rund um das Teufelsbruch / Waldweg am Johannesstift / Waldwege bei den Tiergehegen / Schönwalder Allee / Waldwege an der Kuhlake / Ortslage Hakenfelde / Hohenzollernring / Uferwege an der Havelschanze / Ufer- und Parkwege an der Havel / Ortslage Altstadt Spandau / U-Bhf. Spandau / S-Bhf. Spandau

Der S-Bahnhof Heiligensee übernimmt, unterstützt vom Nachbarbahnhof Schulzendorf, ein bisschen die Kiezfunktion für die ausgedehnten Wohnlagen drumherum – hier gibt es das Wichtigste für den täglichen Bedarf und etwas Gastronomie. Unweit des Bahnhofs tritt die Berliner Gürtellinie einen innigen Tanz mit der Havel an, die nicht immer zu sehen ist, doch über die nächsten drei Etappen entscheidend die Landschaft gestaltet.

Schon beim dritten Abbiegen geht es ins Grüne, hier in Gestalt des Erlengrabens. Links und rechts wächst dichtes Grün und ein paar Mal führen Brücklein über den kleinen Graben, an dessen Boden manchmal etwas Wasser spiegelt. Nach einem Schwenk beim umschilften Erlengrabenteich geht es am Eschengraben weiter, und wie sich vermuten lässt, sind andernorts im Grabensystem noch weitere Baumnamen vertreten. Nach einem schattigen Durchlass öffnet sich hinter der Schulzendorfer Straße weites Wiesenland mit freilaufenden Pferden und verschlägt einen gedanklich ins Umland. Der breite Weg bleibt dem Wiesengraben auch nach seinem Richtungswechsel treu, verlockt an einer Zaunlücke zum zeitweiligen Uferwechsel, welcher einen Abstecher zum Eiscafé vereinfachen würde.

Am Havelufer

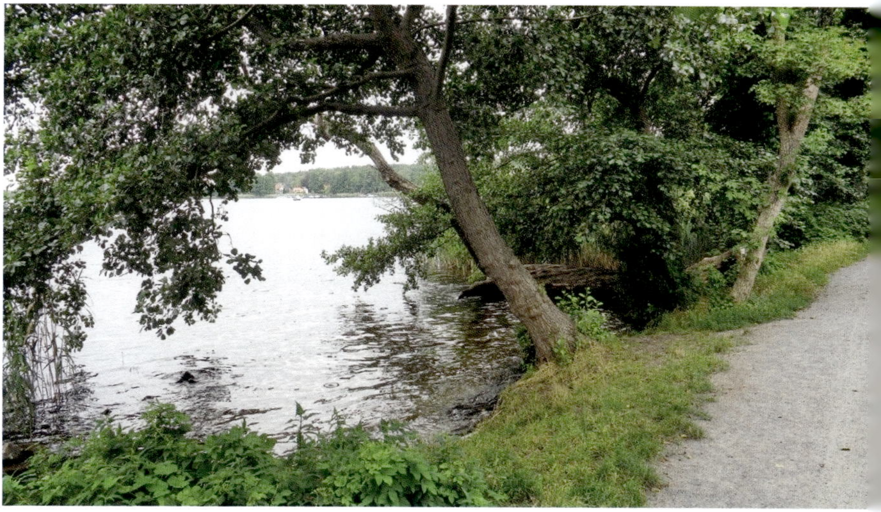

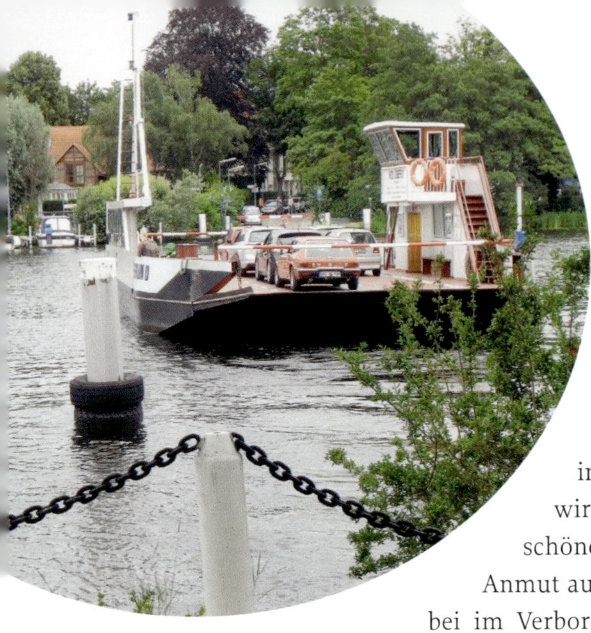

Havelfähre

Nach dem Überqueren der Heiligenseestraße folgt gleich die nächste Wiesenweite, an deren Rand der Bumpfuhl im großen Bogen umrundet wird. Das Gewässer mit dem schönen Namen, der kaum mit Anmut auszusprechen ist, bleibt dabei im Verborgenen. Ein Durchschlupf schafft den Übergang zu den Baumbergen, die sich trotz kurzer Anstiege als wenig bergig, dafür als hübsch sandig herausstellen. Die Dünenlandschaft bildet eine eigene kleine Welt, in deren Mitte ein verwegenes Rudel von Kronenkiefern siedelt.

Nach dem letzten Abstieg verläuft der Weg im Wald nun umso flacher. Am Rand der Anglersiedlung geht es durch ein umranktes Portal mit Bänken endlich zum Ufer der breiten Havel, die hier ein langes Seeband ausbildet und dem Auge kaum Grenzen setzt. Die Art der Uferkante, die in Bademonaten von Kopfweiden beschattet wird, legt einen Sprung ins Wasser nahe. Offizieller und mit Sand zwischen den Zehen geht das nach einem zauberhaften Stückchen Uferweg am kleinen Strand Sandhausen, noch zwei Klassen höher im Freibad Heiligensee, das zwei Busstationen entfernt am Binnenwasser des Heiligensees liegt.

Die Berliner Gürtellinie begleitet jetzt lange die Havel, nutzt direkt die Uferpromenade. Die Wasserkante ist mal urig verwunschen, mal rein schilfig, dann wieder geradlinig, klar und ohne Sichtbegrenzung. Manche Bäume sind von Efeu umrankt, andere verharren in athletischer Pose. Nur vereinzelt finden sich noch kleine Strände oder sonstige Stellen zum Reingehen. Am Wegrand stehen hier enorme Lindenstämme und dort stierende Seidenreiher, die nicht immer echt sein müssen. Hin und wieder gibt es auch eine eingekuschelte Bank.

Nach ein paar flachen Stufen nimmt die Stegdichte nach und nach zu. Am Gegenufer fällt eine elegante Fahrradbrücke in den Blick, die den Teufelsseekanal überspannt. Schon bald nach dem kleinen Dampferanleger mit den Kopfweiden ist die flache, symmetrische Gestalt der Fähre zu sehen, die als einzige in Berlin privat betrieben wird. Auch wenn sie gerade naht, ist das kein Grund zur Eile, denn die nächste Überfahrt folgt schon bald. Am anderen Ufer überspannt eine weitere Fahrradbrücke nun den Aalemannkanal, dessen Uferwiese mit ihren alten Bäumen fast Parkcharakter hat. Gegenüber liegen Boote vertäut, dahinter zeichnen Conny und Kalle verantwortlich für die Stillung leiblicher Bedürfnisse. Der breite Kanal wird gegen Ende noch romantisch und platziert Seerosenteppiche vor dem Rückblick zur blauen Brücke.

Jenseits der Niederneuendorfer Allee endet ein herrlich schlängelnder Waldpfad nach seinem zweiten Kapitel an einer Bahntrasse, die noch vor wenigen Jahrzehnten der Versorgung eines Wärmekraftwerks diente, heute kaum noch wahrzunehmen ist. Da sind hölzerne Schwellen im Schotterbett übriggeblieben, dort ragen Schienen aus dem Erdreich und etwas später zeugt nur noch die Waldschneise davon, dass hier einmal Geradliniges verkehrte. Der Gedanke an ein nahes Kraftwerk er-

Parkweg am Aalemannkanal

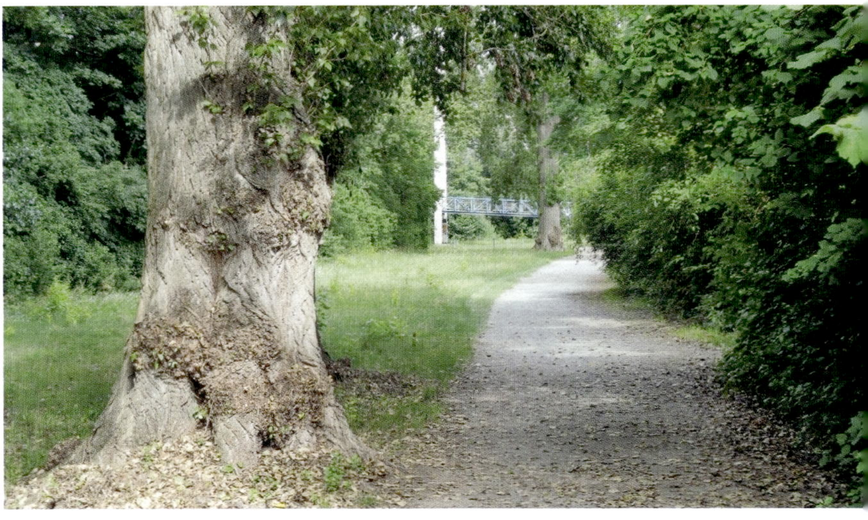

scheint fast absurd, wenn links die in sich versunkene Welt des Teufelsbruchs auftaucht. Das ist immerhin so groß, dass für seine Umrundung ein Stündchen zu veranschlagen wäre. Im Außengürtel ragen zahllose Stämme in den Himmel, nach innen hin übernehmen Grasinseln und Schilf. Zwischen gefallenen Stämmen brüten Schwäne in bester Lage.

Der herrliche Dammweg, der schnurgerade mitten durch das Bruch führt, erweist sich nach zwei Minuten als Sackgasse. Gegenüber ist sein südliches Pendant zu sehen, dazwischen klafft eine Lücke, die zu groß zum Überspringen ist. Doch bis zu dieser Lücke lässt sich tief in diese besondere Landschaft eintauchen, steht man quasi mitten im Wasserreich und kann das Werden und Vergehen exklusiv beobachten. Zur Hälfte umrundet die Berliner Gürtellinie das Teufelsbruch, strebt danach entlang eines langen Eisenzaunes in Richtung Kuhlake. Gleich nach dem Überqueren der gepflasterten Landstraße stelzen links durchs Bild die ersten Gehörnten, welche eines der vier weitläufigen Gehege des kleinen Wildparks bewohnen. Den eleganten Mufflons folgen die ewig hungrigen Wildschweine, am anderen Ufer der Kuhlake dann die stolzen Hirsche, die sich wiederum gern im Hintergrund halten. Dieses Stück Land-

Aussichtsturm am Hirschgehege

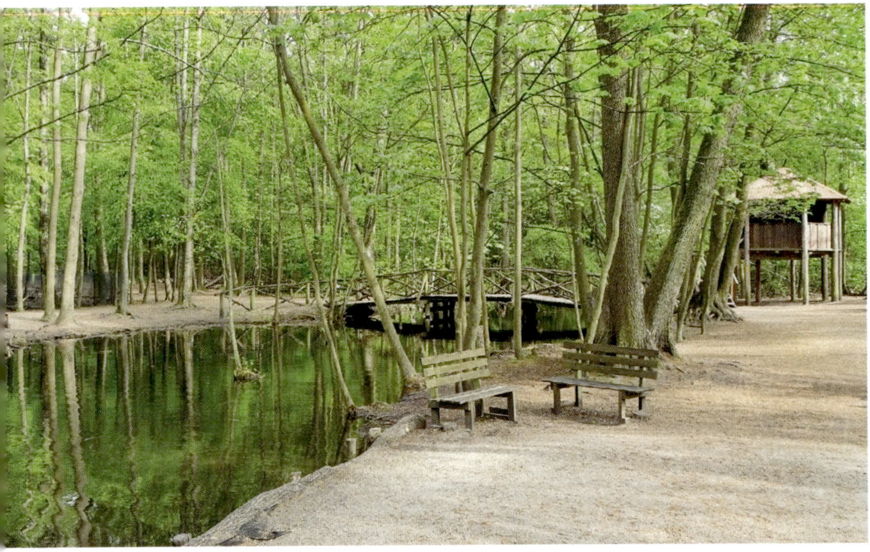

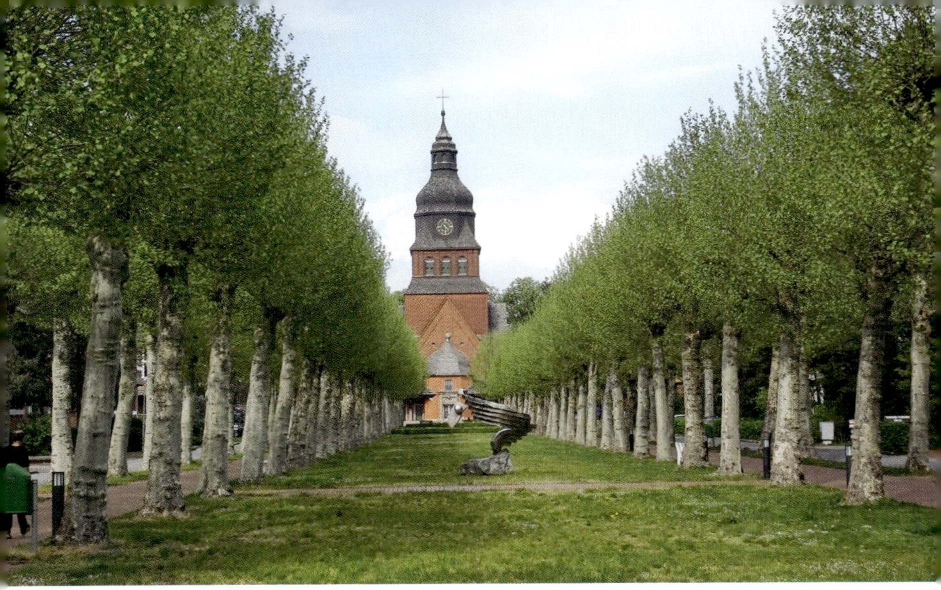

Stiftskirche im Johannesstift

schaft ist entzückend, denn neben den Tieren ist der buchtige Wasserzug mit seinen Brücklein, dem Aussichtstürmchen und den schönen Uferkanten der eigentliche Hauptdarsteller. Dank der beiden Brücken könnte man dreimal im Kreis gehen und würde bei jedem Durchgang wieder Neues entdecken.

Beim Portal zum Johannesstift mit seiner anmutigen Allee stößt man nochmals auf die Spur der Gleise, die hier noch konkret in Nutzung sind. Gleich dahinter setzt sich die Kuhlake im Waldschatten fort, verwunschen, flach und langgestreckt. Sogar eine kleine Insel gibt es. Nach dem Wechsel der Straßenseite folgt nun ein Grünstreifen, der so auch vor der Stadtmauer irgendeines Ackerbürgerstädtchens liegen könnte und am kleinen Klinkepark endet. Der Hohenzollernring schafft die Verbindung zum Nordhafen Spandau, wo die Stadt kurz bunt und lärmig sein darf. Von dort hält die Havelschanze direkt auf den Fluss zu und der letzte Schritt zum breiten Wasserpanorama ist durchaus erhebend. Einprägsam im Bild sind die Insel Kleiner Wall vor der Spandauer-See-Brücke im Norden und natürlich die dreibogige Eiswerderbrücke im Süden. Eine Kastanie spannt ihre Krone von der Uferlinie bis zu den Balkonen der Häuser, kurz darauf wird der Uferkai unterhalb nobler Wohnlagen von langen Frachtschiffen und Hausbooten belagert.

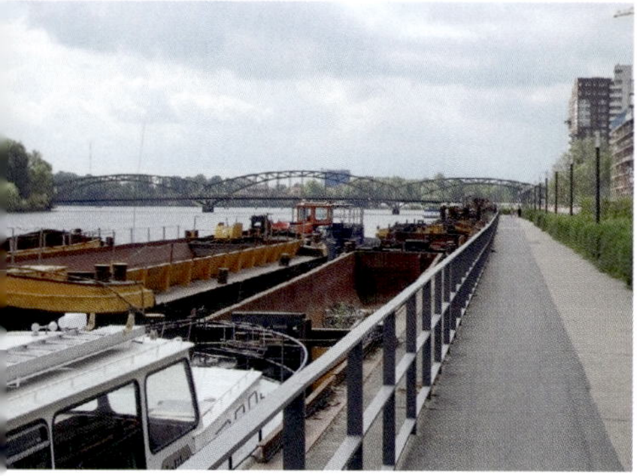

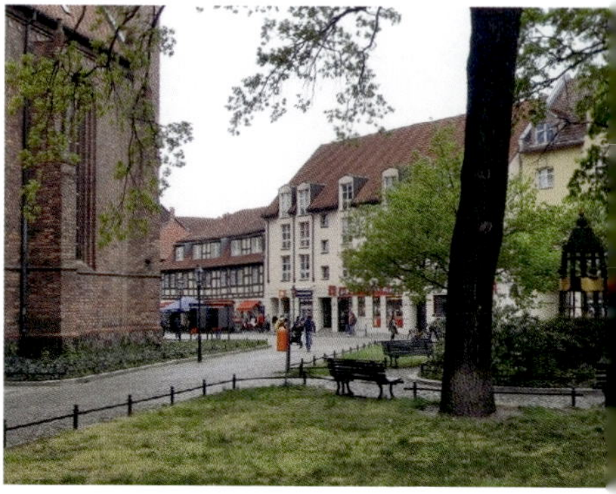

Kurz vor Eiswerder und Altstadt Spandau an der Nikolaikirche

Die Havel umfließt die Insel Eiswerder, ein Stück weiter umgibt ihr Wasser sowohl die mittelalterliche Spandauer Zitadelle als auch deren Außenwall, und das bereits seit mehr als 400 Jahren. Der Uferweg gestaltet sich währenddessen abwechslungsreich, lässt mal an Industrie denken oder an Historie oder Moderne, ganz kurz sogar an Kopenhagen und ganz zuletzt an einen Kurpark. Gleich darauf folgt jenseits des Mühlengrabens in Gestalt der Stadtmauer das zweite Stückchen Mittelalter, welches in Spandau präsent und direkt sichtbar ist. Das ist so kurz und halbwegs gut versteckt, dass Besucher aus Berlin oder noch entferntere Touristen manchmal eine Weile suchen müssen, bis sie den Mauer-Schnipsel finden. Zugleich schafft es eine direkte Gemeinsamkeit mit jenem Berlin, wo es sich zwischen Klosterkirche und Parochialkirche ja ganz ähnlich verhält. Eine weitere Analogie zwischen Spandau und Berlin folgt in der Altstadt in Gestalt der Nikolaikirche – hier wie dort das älteste Gebäude der jeweiligen Stadt.

Die Altstadt selbst ist nicht allein durch ihre Insellage besonders. Wer die Uferpromenade entlangspaziert oder durch die Gassen bummelt und früher oder später auf dem Marktplatz oder der breiten Fußgängerzone landet, könnte sich zwischen der imposanten Kirche und dem wuchtigen Rathaus gut und gern in einem charmanten westdeutschen Kleinstädtchen wähnen. Der Bahnhof mit der längsten Bahnsteighalle, die es in ganz Deutschland gibt, ist dann nur zwei Ampelquerungen vom Altstadt-Rand entfernt.

Kurzcharakteristik: bunte Mischung aus Haveluferwegen, Wald und Siedlungslagen, dazu eine Fährpassage, ein Tiergehege und eine richtige Altstadt

Anreise: S 25, tagsüber alle 20 Min. (Fahrtdauer ab S Alexanderplatz 40 Min.)

Abreise: S 3, tagsüber alle 20 Min., dazu stündlich mehrere Regionalzugverbindungen (Fahrtdauer bis S Alexanderplatz 35/25 Min.)

Anteil mit Autolärm: ca. 10 Min.

Was gibt es entlang des Weges zu sehen: Spazierweg am Erlengraben / Grünzug am Wiesengraben / NSG Baumberge mit Dünen-Landschaft / Havelstrand Sandhausen / promenadenartiger Havel-Uferweg / Havelfähre / Fußgängerbrücke und Parkweg Aalemannkanal / NSG Teufelsbruch / Kuhlake mit Wildgehegen und Beobachtungsplattform / historisches Ensemble Johannesstift mit Kirche und Café / Uferweg an der Havel mit Blick auf Eiswerder, Zitadelle und Schleuse / Wröhmännerpark mit Wasserbecken / alte Stadtmauer sowie Altstadt Spandau mit Nikolaikirche

Gastronomie: div. am S-Bhf. Heiligensee; Café Feldblick am Wiesengraben; mit Zuweg: Restaurant Seebad, Alt-Heiligensee; div. an der Havelfähre; Heidis Landgasthaus am Johannesstift; div. in der Ortslage Spandau

Spielplätze: am Erlengrabenteich, am Wiesengraben, Waldspielplatz kurz vor dem Strand Sandhausen, an der Fähre (Aalemannufer), im Johannesstift neben der Kirche, im Stadtpark Höhe Cautiusstraße, am Nordhafen Spandau, mehrfach am Havelufer

Bademöglichkeiten: Freibad Heiligensee (mit 600 m Zuweg), Strand Sandhausen (Konradshöhe) sowie weitere kleine Badestellen an der Havel

Vorkommende Wegweisung: Reinickendorfer Wege 5, 4, 7, 2, HW 16, HW 12, HW 1

Abkürzen per ÖPNV: Rallenweg/Heiligensee (Bus, bei km 6,1), Aalemannufer/Hakenfelde (Bus, bei km 10,3), Johannesstift/Hakenfelde (Bus, 14,7 km), Havelschanze/Spandau mit 200 m Zuweg (Bus, bei km 16,9); dazwischen weitere Optionen mit Zuwegen

Öffentliche Toiletten: am Strand Sandhausen (Heiligensee), im Wröhmännerpark Spandau, in der Altstadt Spandau, am Bhf. Spandau

GRÜNE ZÜGE, AUSSICHTSHÖHEN UND EINE GARTENSTADT

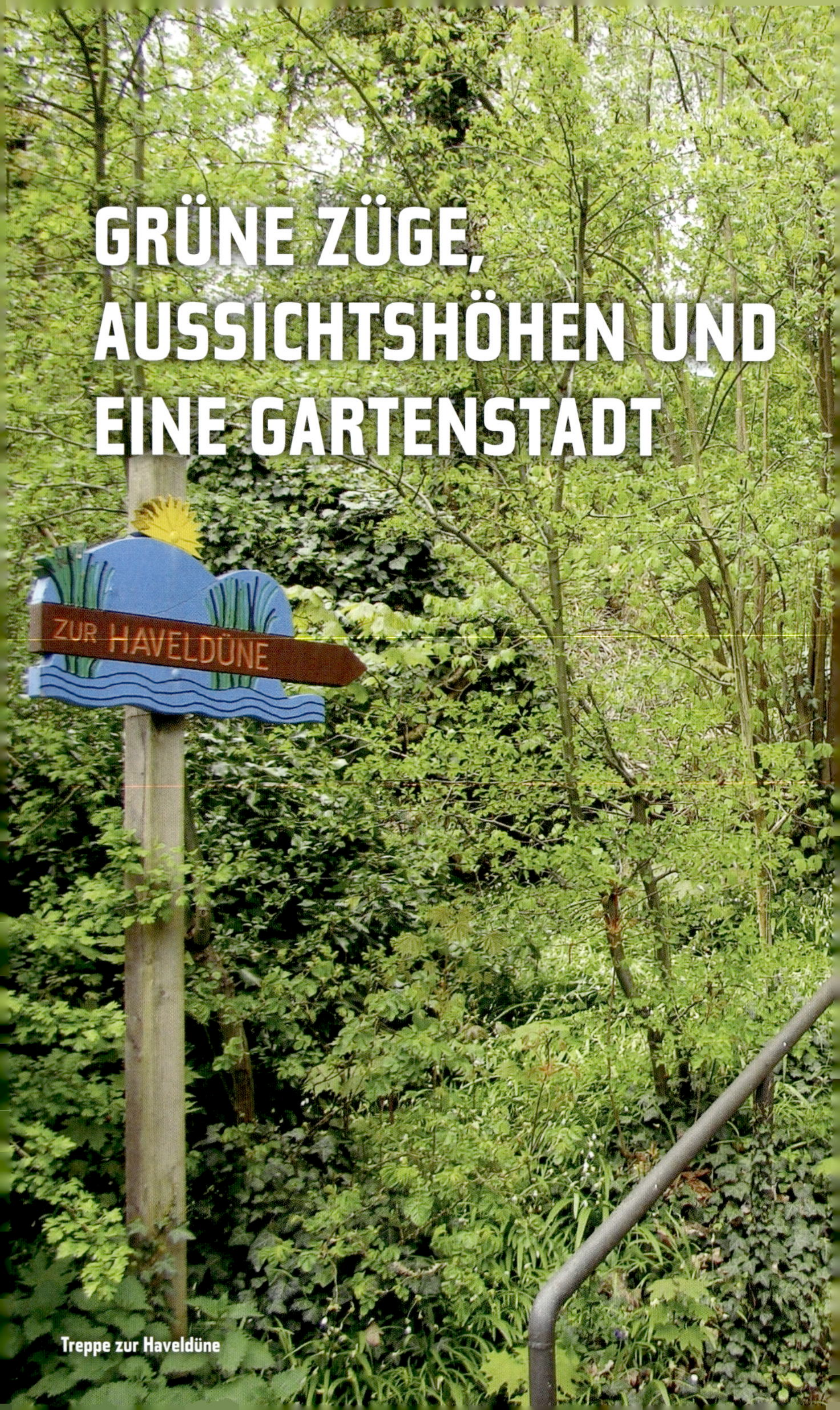

Treppe zur Haveldüne

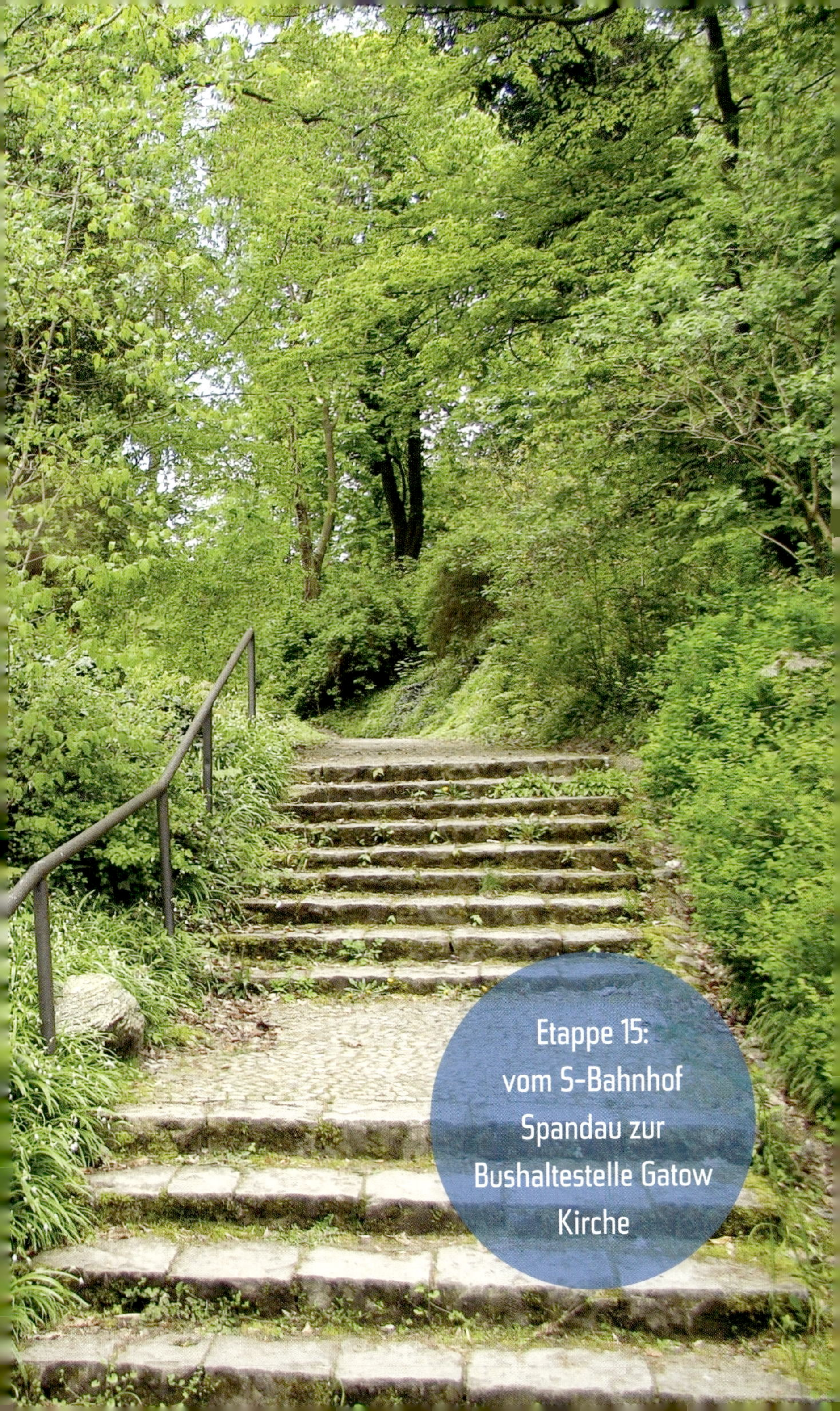

Etappe 15:
vom S-Bahnhof
Spandau zur
Bushaltestelle Gatow
Kirche

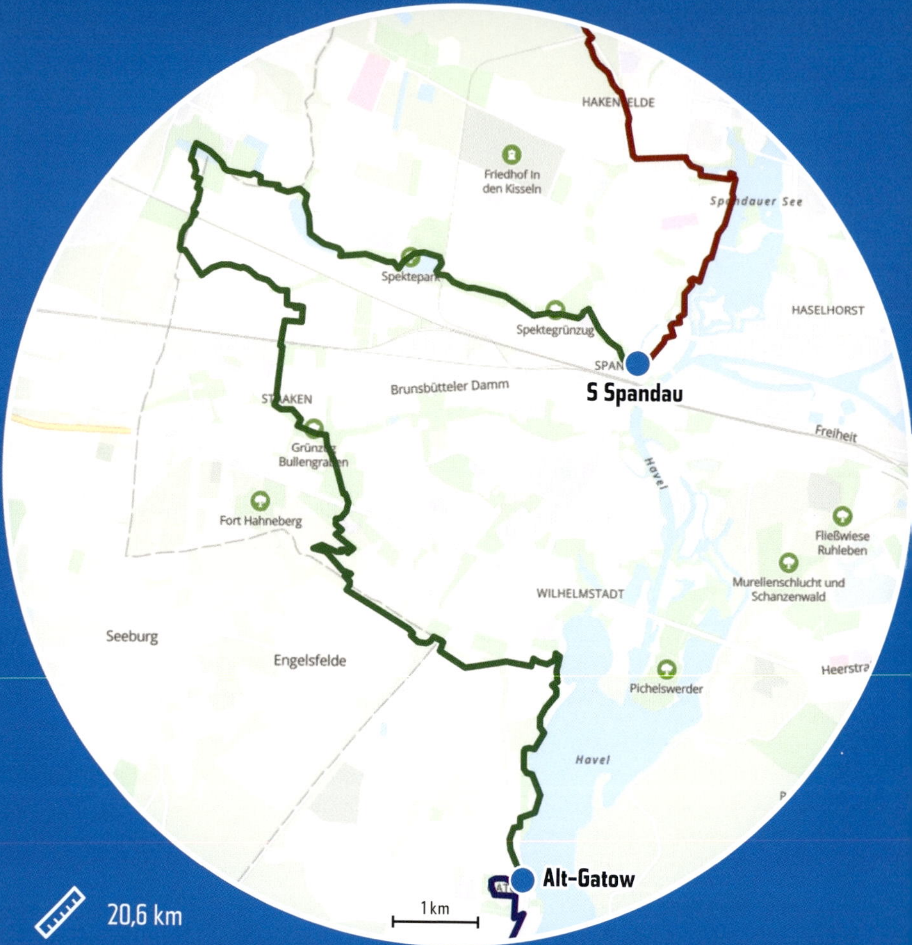

20,6 km

gut begehbare unbefestigte Wege und Pfade; Hartbelag in den Ortslagen und mehrfach auch in den Parkflächen

ein größerer An-/Abstieg (Hahneberg), ein paar kleinere rund um die Haveldüne

Verlauf: S-Bhf. Spandau / Parkwege im Münsingerpark, im Spektegrünzug, am Spektesee und an der Spektelake / Wald- und Parkwege an der Stadtgrenze / Wohnlage Siedlung Seegefeld-Ost / Bhf. Albrechtshof / Wiesenpfade / Wohnlage Fachinger Straße / Grünstreifen am Ferbitzer Weg / Ortslage Gartenstadt Staaken / Nennhauser Damm / Ortslage Staaken / Parkwege am Bullengraben / Brücke über die Heerstraße / Wege und Treppen am Hahneberg / Waldpfade im ehem. Grenzstreifen / Potsdamer Chaussee / Feldwege über die ehem. Rieselfelder / Wohnlage um die Haveldüne / Parkwege auf der Weinmeisterhöhe / Uferweg an der Havel / Ortslage Alt-Gatow

Die gläserne Überdachung des Spandauer Bahnhofs ist so lang, dass sogar der längste aktuell verfügbare ICE komplett darunter verschwinden kann. Ein vergleichbares Dach gibt es sonst nirgends im Land. Wer also mit so einem Zug anreist, am hinteren Ende aussteigt und zur Bahnhofshalle will, hat sich beim Hinaustreten auf den Bahnhofsvorplatz schon mal warmgelaufen. Noch einmal so weit und noch ein bisschen ist der Marktplatz auf der Altstadtinsel entfernt, sodass es darauf nun auch nicht mehr ankommen sollte und ein Abstecher in die Spandauer Altstadt naheliegt.

Wer hingegen nach der Bahnfahrt lieber gleich in Bewegung kommen möchte, biegt links des farbenfrohen, ovalen Glaspavillons direkt in den Münsinger Park ein, wo sich langarmige Kastanienkronen bestaunen lassen. Der kleine Park bildet den Auftakt zum Spektegrünzug, einer langgezogenen, durchaus vielfältigen Abfolge von Parkstreifen mit geschwungenen Wegverläufen, in denen es schöne Spielplätze, weite Wiesen und kleine Feuchtgebiete gibt. Sogar ein winziger Aussichtsgip-

Kletterfelsen am Spektesee

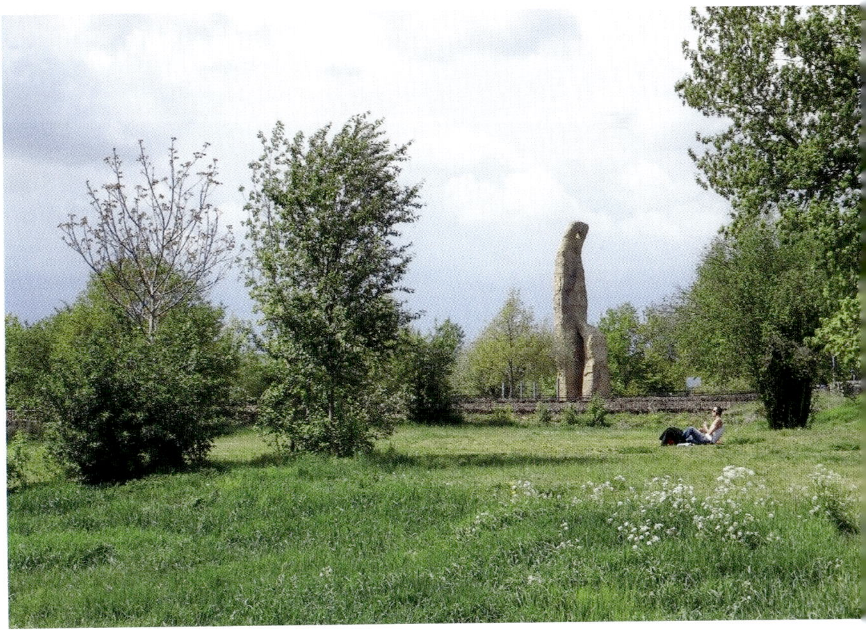

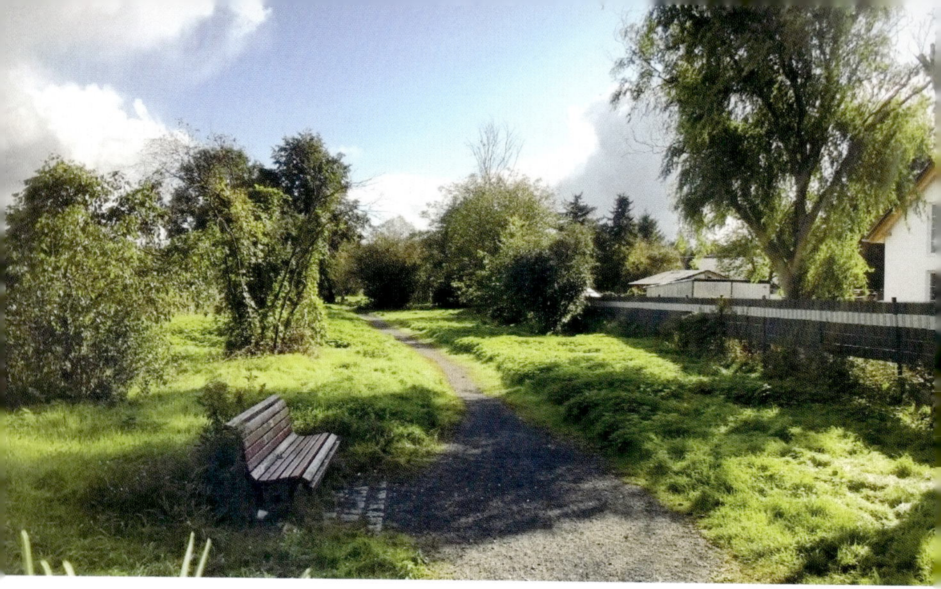

Grünzug am Ferbitzer Weg

fel, der zu Winterzeiten im flachen Park den Rodelberg gibt, lässt sich auf einer bequemen Treppe ersteigen. Vereinzelte Bäume aller Art und Größe stehen lose verteilt, täuschen über die nahen Häuser hinweg und verleihen dem Grüngürtel zu jeder Zeit etwas Anmut.

Irgendwann kommt voraus eine stehende, verholzte Riesengurke mit Ohrloch in Sicht. Der vom Alpenverein aufgestellte Kletterfelsen ist stattliche 18 Meter hoch und bildet damit ein ebenbürtiges Pendant zum Wuhletalwächter am östlichen Stadtrand. Noch vorher quert das umzäunte Gleis der Güterbahn, die schon in der vorherigen Etappe Erwähnung fand. Von einer hohen Kante bietet sich eine gewisse Aussicht auf den Großen Spektesee, an dessen Ufer der Kletterturm steht. Oberhalb des großen Badestrandes steht ein Kiosk, der in der Badesaison seine Luke öffnet. Beim Umrunden des Sees locken Pfade hinauf in den Spektepark.

Unter der Spektebrücke ist neben den Säulen und der Böschung sogar das Bachbett gepflastert, wobei die Pflastersteine von der Korngröße bis Bierkastenformat reichen. Dahinter öffnet sich eine breite, grüne Gasse mit jeweils einem stillen und einem knirschenden Weg. Der Parkcharakter erhält sich auch hier, hinzu kommt noch etwas Relief und da und dort verbinden Brückchen die beiden Ufer. Aus dem Bachlauf wird bald schon die Spektelake, die hinter ihrer Taille noch etwas breiter wird. Die urige Holzbrücke über den See ist in die Jahre gekommen und soll in der nächsten Zeit ersetzt werden. Die nächste Holzbrücke quert das nun wieder bachschmale Wasser durch dichtes Schilf, umrundet ein eingesenktes Spielfeld und folgt nach etwas Wald einem hauchzarten Schlängelpfad durch struppiges Wiesenland.

Auf breiteren Wegen finden sich nach einem Blick übers Wasser Spuren der Vergangenheit am Rand des Geschichtsparks Falkensee, der die Erinnerung an eine Außenstelle des Konzentrationslagers Sachsenhausen am Leben hält. Der Park kann jederzeit durchstreift werden. Wenig später verläuft die Berliner Gürtellinie ein kurzes Stück direkt entlang der Stadtgrenze, quetscht sich dann zwischen zwei Pfühlen hindurch ins hufeisenförmige Wohngebiet um die Glienicker Straße. Ein Wiesenpfad hinter den Häusern endet vor dem Bahnhof Albrechtshof, der so dermaßen knapp gerade noch im B-Tarif-Bereich liegt wie sonst nur der U-Bahnhof Hönow. Hinter der Bahntrasse lädt weites Trockenrasenland zum Ausschwärmen ein, bevor die Fachinger Straße die Verbindung zum nächsten schmalen Grünstreifen schafft. Der Pfadeinschlupf ist leicht verwegen und fordert in den ersten Minuten etwas Kopfgewackel ein, die Spur setzt sich aber verlässlich fort, nimmt mehr und mehr Gestalt an. Im Zweifelsfall lassen sich die ersten 300 Meter über den Ferbitzer Weg umgehen.

Ein Steinquader im Park weist auf die Siemens-Siedlung Staaken hin, die gleich darauf konkret Gestalt annimmt. Die Gartenstadt mit ihren Siedlungshäusern, Durchgängen und Gärtchen ist ein ganz besonderes Stück Berlin und lohnt eine kleine Er-

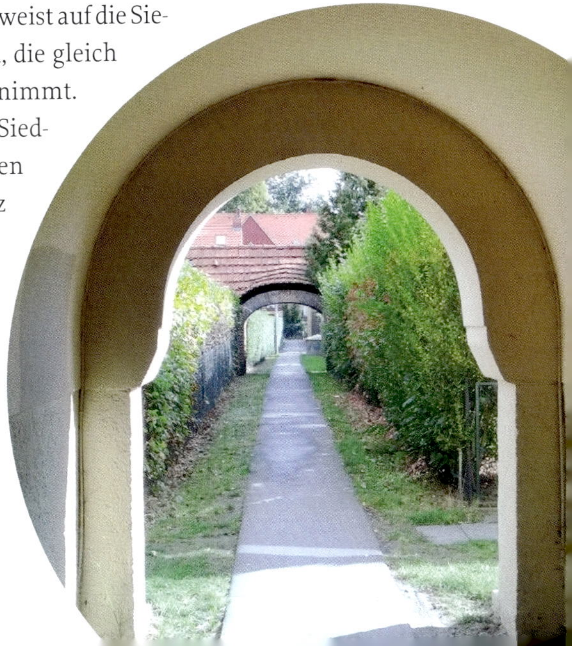

Gartenstadt Staaken

kundung, welche auch die zugehörige Kirche berührt. Nach dem Überqueren der schnurgeraden Bahntrasse beim Bahnhof Staaken wird auf gerader Linie das alte Staaken erreicht, wo verschiedene Wege in den Grünzug am Bullengraben einschwenken. Im gestalteten Parkstreifen gibt es neben langen, jungen Alleen und zeitweiligen Schafen ein Gras- und Schilfland, das blickfangend von einem langen Steg durchquert wird. Hinter dem schilfumrahmten Stieglakebecken beginnt entlang des Amaliengrabens allmählich der Zustieg zum nächsten Berliner Gipfel, zum Warmmachen dient die Fußgängerüberführung der Heerstraße. Nach ein paar Minuten auf glattem Pflaster geht es direkt zur Sache. Eine steile, teils abenteuerliche Stiege stuft und kraxelt in mehreren Episoden hinauf zum höchsten Punkt. Das Gipfelplateau des neuen Hahnebergs, den es gerade mal 50 Jahre gibt, zählt zu den schönsten im Stadtgebiet. Die Bildkompositionen, die sich hier ergeben, sind zum Teil mitreißend. Im Brandenburgischen ist eine ferne Höhe zu sehen, in Richtung Stadt lässt sich der Teufelsberg mit einigen seiner Horchmurmeln ausmachen. Gleich unterhalb des Plateaus steht eine kleine, durchaus aktive Sternwarte.

Am Gipfel des Hahnebergs

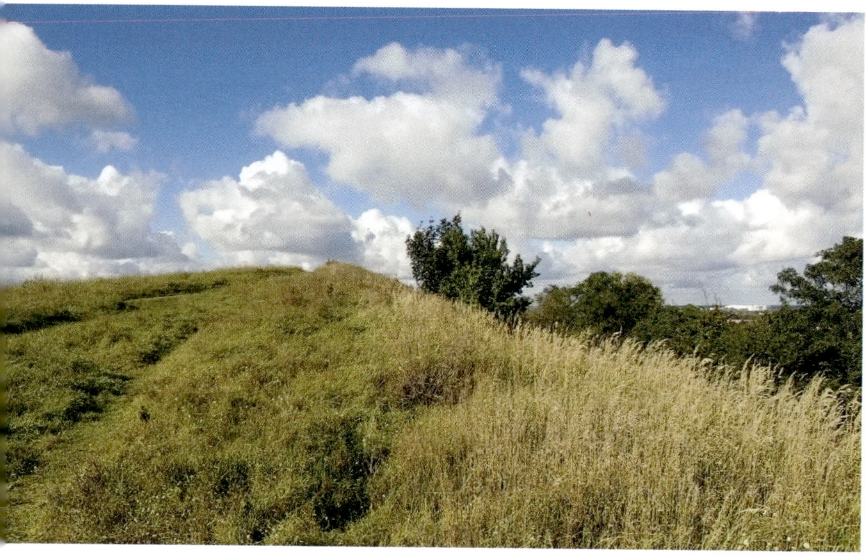

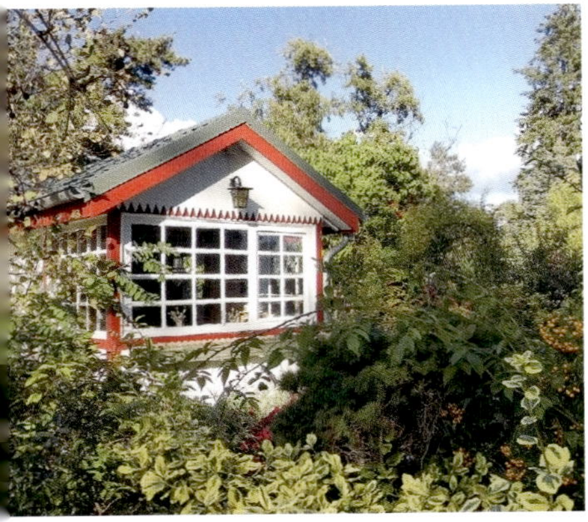

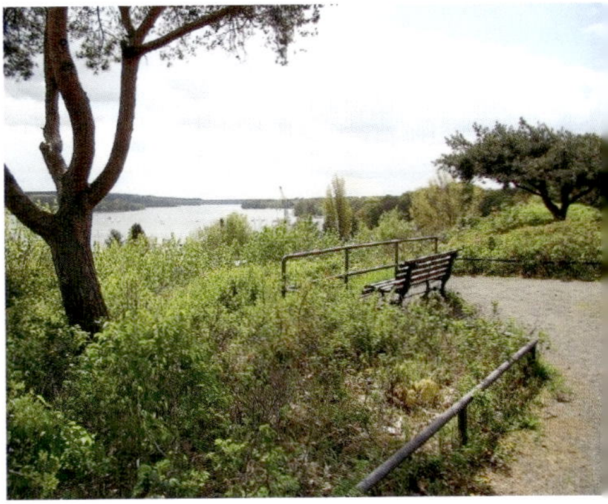

Wochenendgärten an der Havel und auf der Weinmeisterhöhe

Nach dem gediegenen Abstieg, für den verschiedene Varianten wählbar sind, verläuft die Berliner Gürtellinie wieder durch einen dieser ehemaligen Grenzstreifen, die ihr so sehr liegen. Mit Blick auf die märkischen Felder und ihre Alleewege windet sich die Wegspur mal pfadschmal und mal breiter zwischen Birken, Büschen und jungem Gebäum hindurch und lässt Wörter wie Postenweg oder Schießbefehl ganz weit weg erscheinen. Nach 100 Metern direkt auf der Stadtgrenze setzt sich der Weg auf Ruhe ausstrahlenden Alleen fort, die sich quer durch die einstigen Rieselfelder ziehen und dem schweifenden Auge viel Auslauf zubilligen.

Jenseits der Gatower Straße klettert eine steile Treppe in einem Rutsch hinauf ins Wohngebiet, kurz darauf führen flache, lange Stufen hinab auf die halbe Höhe des Keltererweges. Im Park am Küfersteig setzt sich der Abstieg in gleicher Weise fort, sodass am Ende die Havelbucht der Scharfen Lanke, mit ihr der Blick auf zahllose Bootsstege und überhaupt eine gänzlich andere Welt erreicht ist. Vom Flussniveau geht es dem Schild »Zur Haveldüne« folgend gleich wieder hinauf zur Weinmeisterhöhe, einem der schönsten Berliner Aussichts-Balkone mit Blick auf Havelwasser. Fast mediterran wirkt die Szenerie, wozu einige ausdrucksvolle Kiefern hier oben sowie das weiße Schwirren unzähliger Segel hinter vier turmhohen Pappeln da unten maßgeblich beitragen. Die schönste der Aussichtsbänke verlangt daher nach einer längeren Pause.

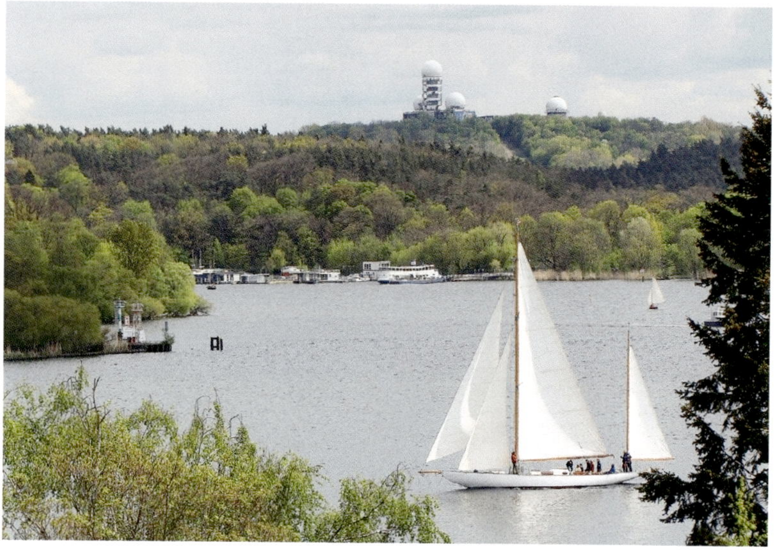

Blick von der Weinmeisterhöhe

Am Ufer gegenüber liegt das Restaurantschiff Alte Liebe tief unterhalb der Teufelsbergkulisse, das hiesige Ufer wird von zahllosen Bootsstegen belagert.

Gleich nach dem letzten Abstieg für heute endet die Straße und verlängert sich in die Asphaltspur des Havel-Radwegs. Nach wenigen Metern zweigt eine Promenade direkt zum Ufer ab, die nach einem einstigen Spandauer Bürgermeister benannt ist und in ihrem zweiten Teil die Liegewiese Plessches Gelände flankiert. Dieses nun dürfte auf den Mediziner Plesch zurückgehen, der in der Villa Lemm in den 1930er Jahren einmal Albert Einstein beherbergte, welcher wiederum hier im Revier gern seine kleine Segeljolle über die Havel scheuchte. Die Mauer um das weitläufige Gelände der Villa Lemm, dessen Gesamtensemble vom Wasser aus ein Augenschmaus sein muss, wird von mehreren Pavillons geziert. Hier wird das Havelufer nun verlassen und die Ortsmitte von Gatow abgeschritten. Einige Gastronomie und einen schönen Hofladen gibt es dort, zudem eine schöne Dorfkirche, die im besten Sinne nach Dorf aussieht. Dass Gatow noch einiges mehr zu bieten hat, wird die folgende Etappe zeigen.

Kurzcharakteristik: ein langer Grünzug, ein Aussichtsberg und schönstes Havelufer, dazwischen eine besondere Siedlung, normale Ortslagen und weite Felder

Anreise: S 3, tagsüber alle 20 Min., dazu stündlich mehrere Regionalzugverbindungen (Fahrtdauer ab S Alexanderplatz 35/25 Min.)

Abreise: Bus X 34, tagsüber alle 10 Min. (Fahrtdauer bis S Alexanderplatz 50 Min.)

Anteil mit Autolärm: ca. 20 Min.

Was gibt es entlang des Weges zu sehen: Spektegrünzug mit Aussichtshügel, Teichen und Stegen / Großer Spektesee mit Strand und DAV-Kletterfelsen / Grünzug an der Spektelake / Geschichtspark Falkensee / Historische Siedlung Gartenstadt Staaken / Grünzug Bullengraben mit langem Steg / Hahneberg mit Aussichtsplateau und Sternwarte / ehemaliger Mauerstreifen mit Birkenwald-Pfaden / schöne Wege durch die einstigen Rieselfelder (LSG) / Weinmeisterhöhe mit Grunewaldblick / Uferweg nahe der Havel

Gastronomie: div. in der Ortslage Spandau; Imbiss am Spektesee; mit Zuweg: Der Österreicher, Staaken; mit Zuweg: La nuova Lumaca, Heerstraße; mit Zuweg: Arcinos, Wilhelmstraße; div. nahe der Havel; div. im Ortsgebiet Gatow

Spielplätze: im Münsingerpark, mehrfach im Spektegrünzug, kurz vor Albrechtshof in der Siedlung, vor und in der Gartenstadt Staaken, kurz vor der Heerstraße am Cosmarweg, auf der Weinmeisterhöhe

Bademöglichkeiten: Strand am Großen Spektesee, einige geeignete Stellen an der Havel (Gatow)

Vorkommende Wegweisung: HW 1, HW 2

Abkürzen per ÖPNV: Spektebrücke (Bus, bei km 3,5), Albrechtshof (Regionalbahn, bei km 7,4), Staaken (Regionalbahn, bei km 10,3), Reimerweg (Bus, bei km 12,6), Karolinenhöhe mit 100 m Zuweg (Bus, bei km 15,9); dazwischen weitere Optionen mit Zuwegen

Öffentliche Toiletten: am Bhf. Spandau, am Großen Spektesee (Nähe Straße Am Kiesteich), südlich der Weinmeisterhöhe (Straße Scharfe Lanke)

WINDMÜHLENBERG, HAVELUFER UND DIE FAHRT ÜBERN SEE

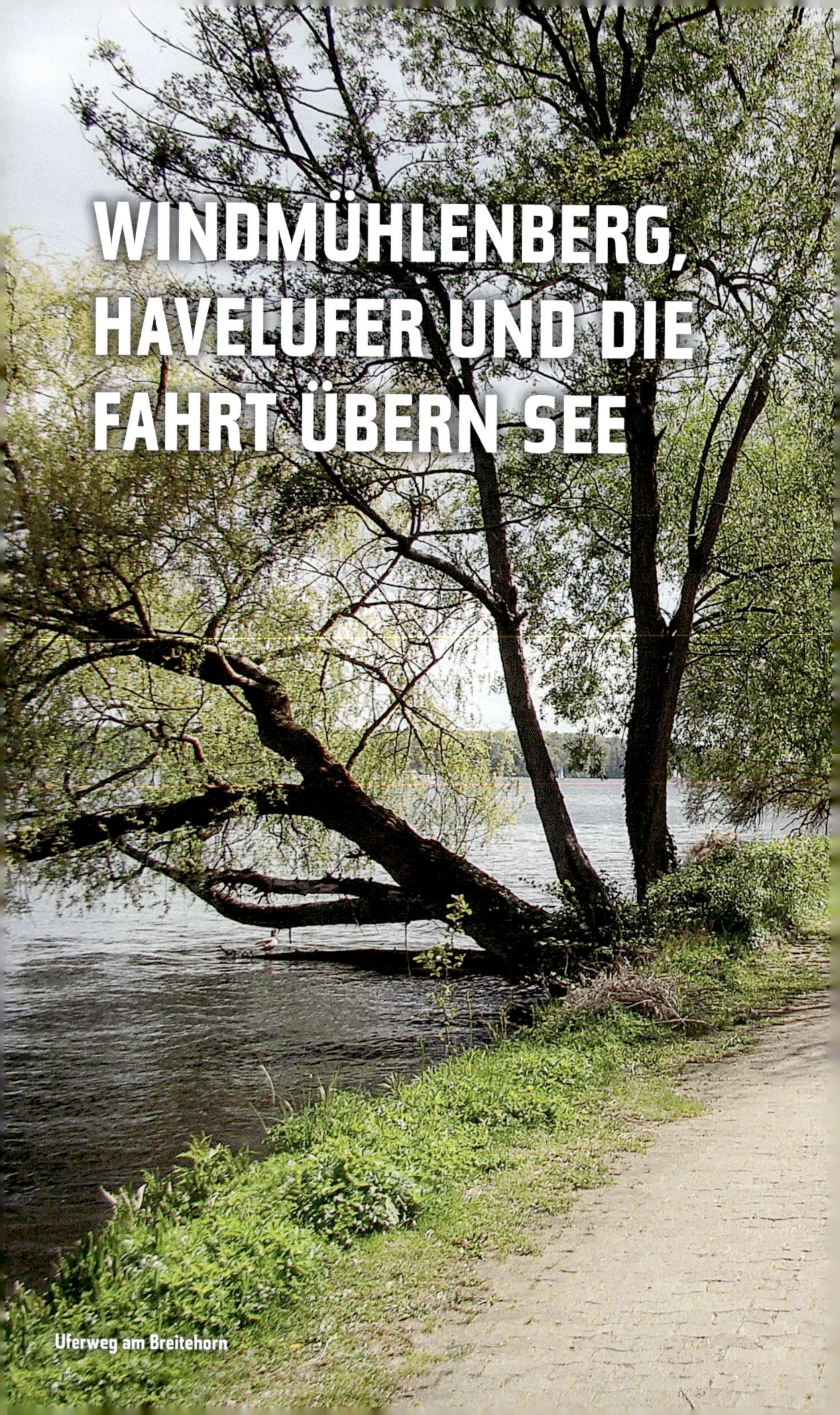

Uferweg am Breitehorn

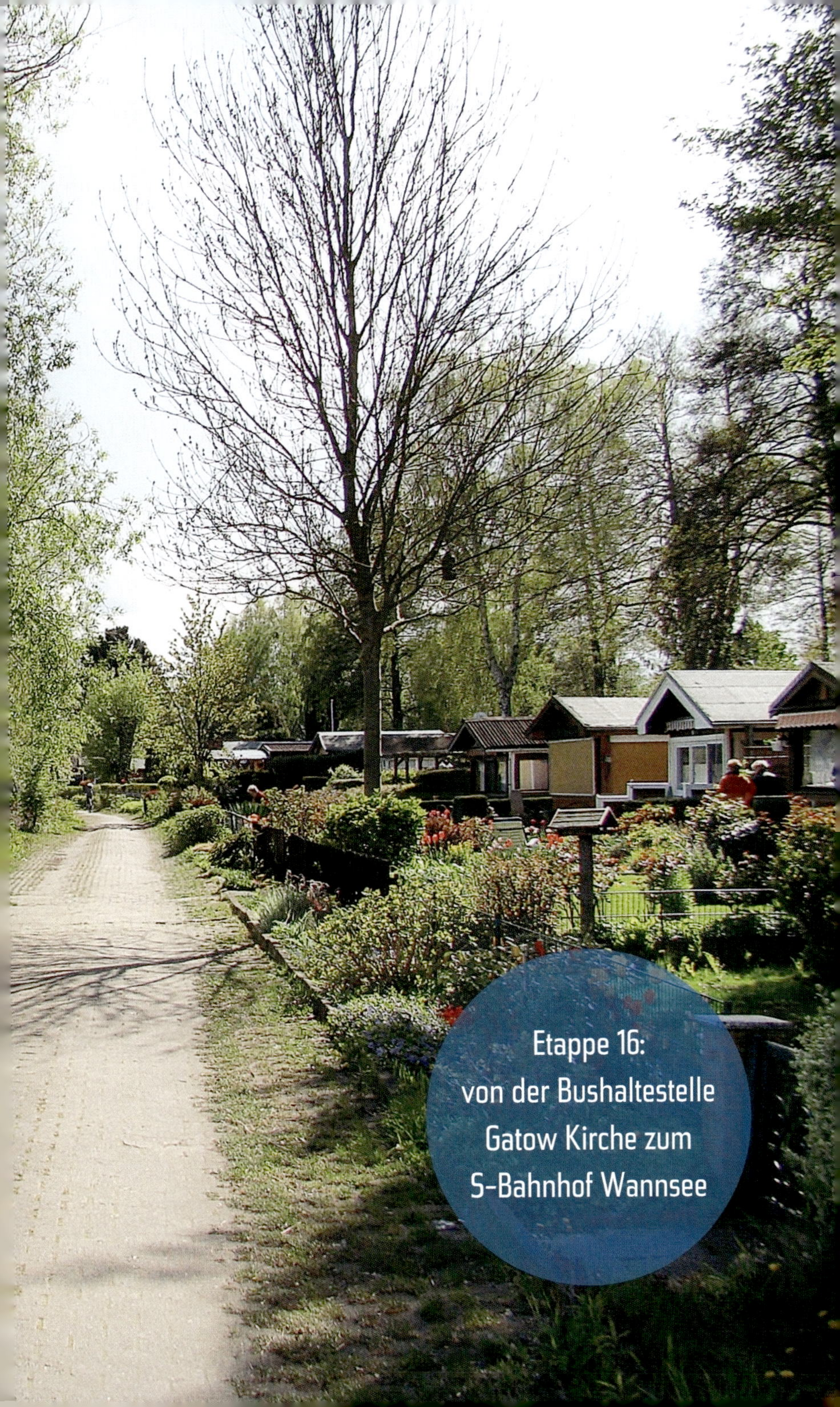

Etappe 16: von der Bushaltestelle Gatow Kirche zum S-Bahnhof Wannsee

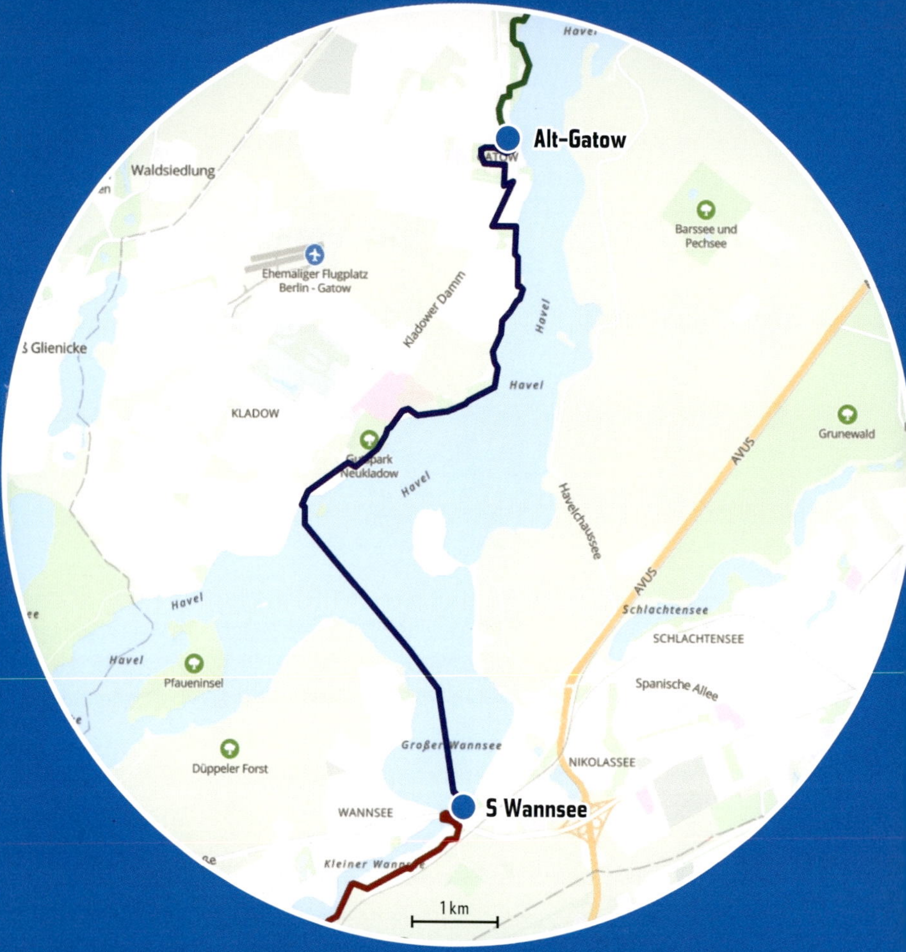

6,8 km + Fährpassage; am Ende 200 m Zuweg zum S-Bhf. Wannsee

gut begehbare unbefestigte Wege und Pfade; Hartbelag in den Ortslagen und öfter auch zwischendurch

ein kleinerer An-/Abstieg (Mühlenberg)

Verlauf: Ortslage Alt-Gatow / Sand- und Wiesenwege am Mühlenberg / Kladower Damm / Uferwege an der Havel / Parkwege im Gutspark Neukladow / Ortslage Dorf Kladow / Fähre über den Wannsee / (S-Bhf. Wannsee)

Dass Gatow an der Havel liegt, lässt sich unweit der Dorfmitte am besten an der Kleinen Badewiese überprüfen. Ehe man es von der Dorfkirche dorthin geschafft hat, gibt es jedoch auf kleinstem Raum so einiges zu entdecken. Das mittelalterliche Gatower Kirchlein liegt eingeschmiegt in einen Friedhof, der wie maßgeschneidert scheint. Sein Hinterausgang führt zu einem kleinen Wiesenplatz, an dessen Ende ein Pfad hinauf zum Windmühlenberg beginnt. Die sandige Erhebung wird ausnahmslos von Straßen mit wohlklingenden Namen umrahmt – Am Kinderdorf und Weiter Blick, Buchwaldzeile und Am Berghang. Begleitet von knorrigen Holzgeländern wird es immer krümeliger unterm Fuß, bis man direkt auf Sand läuft und am liebsten die Schuhe ausziehen möchte. Oben auf dem weiten Gipfelplateau übernimmt struppiger Trockenrasen, im Sommer mit bunter Vielfalt und entsprechendem Gesumme im Schlepptau. Die Wege auf dem Berg halten es wie die Straßen und heißen Feensteig und Erlkönigsteig. Nahe der höchsten Stelle stehen einige markante Bäume jeweils für sich, insbesondere in der Eiche lässt es sich ganz hervorragend herumklettern. Am Beginn des Abstiegs, der tatsächlich als solcher wahrzunehmen ist

Dorfkirche Gatow

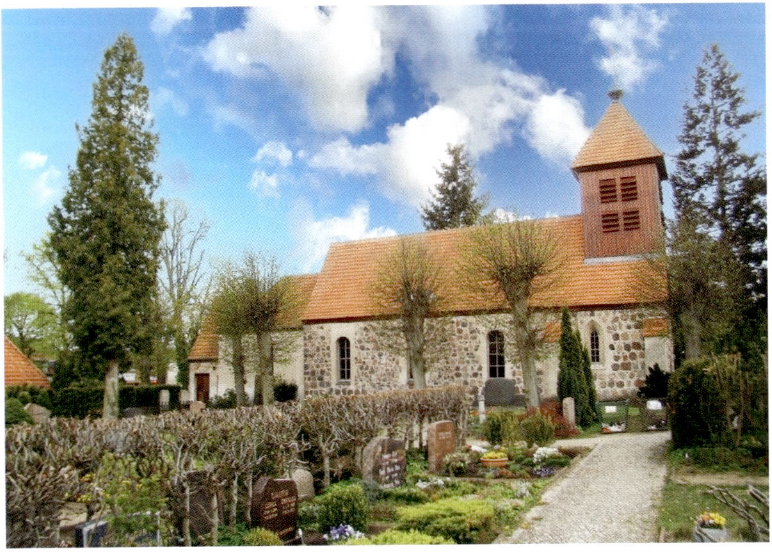

und entlang einer schönen Allee beginnt, erscheint trotz des Bergnamens recht unerwartet eine Windmühle im Bild, im besten Zustand und mit Namen Regine. Die schöne Holzkonstruktion ist erstaunlicherweise weder alt noch von hier, sondern wurde aus der Prignitz hierher übersiedelt. Nichtsdestotrotz füllt sie ihren Platz hervorragend aus und den Namen des Berges mit konkretem Inhalt.

Ein paar Minuten abseits, schon halb auf den Feldern, liegt der Vierfelderhof, ehemals »Bauer Bathe«, der fast so etwas wie eine Institution unter den Berliner Bauernhöfen ist und nicht zuletzt dank der vielen Tiere für Familien mit Kindern ein gern besuchtes Ziel war. Auch ein Café und ein Hofladen gehörten dazu. Derzeit wird nach neuen Betreibern gesucht, die sich hoffentlich finden werden.

Der Abstieg vom Windmühlenberg endet direkt am Gutshof Gatow, einem hübschen Hofensemble aus zwei länglichen Gebäuden. In der alten Remise wird im Sommer ein Café betrieben. Nicht einfach ist die Entscheidung, ob man mit seiner Tasse in der Hand unterm offenen Dachstuhl und zwischen dicken Holzbalken die Augen schweifen lässt oder draußen auf dem gepflasterten Innenhof unter freiem Himmel schlürfen möchte. Eine ähnliche und ähnlich schwere Entscheidung steht auch in Hannes Café an, das nur eine Pforte weiter liegt und dem müßiggehenden Blick anstatt des verwinkelten Hofensembles die Weite eines ganzen Gemüseackers anbietet. Neben der Kuchenthematik gibt es im Café mit

Windmühle auf dem Mühlenberg und Hannes Café

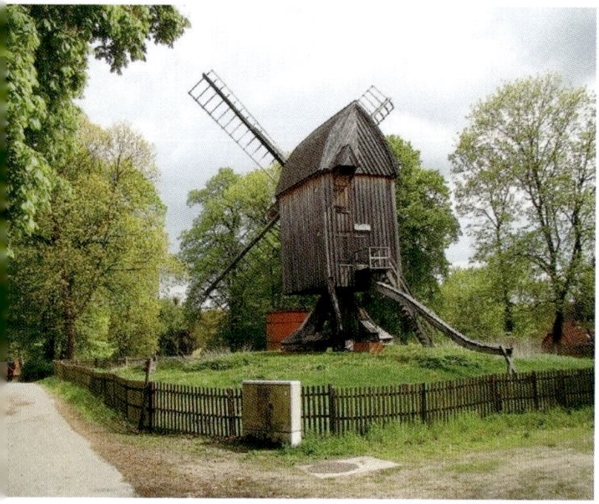

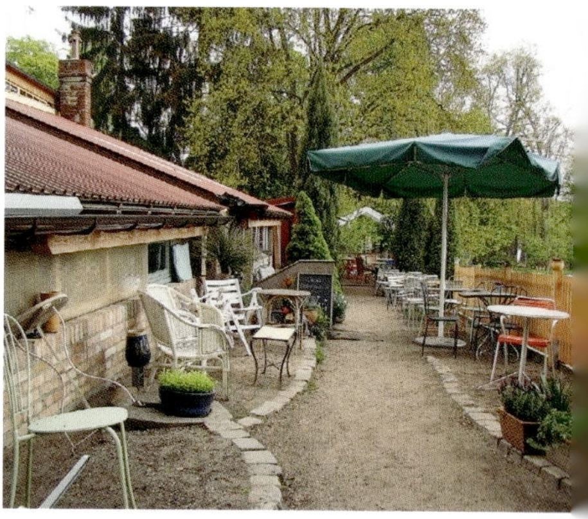

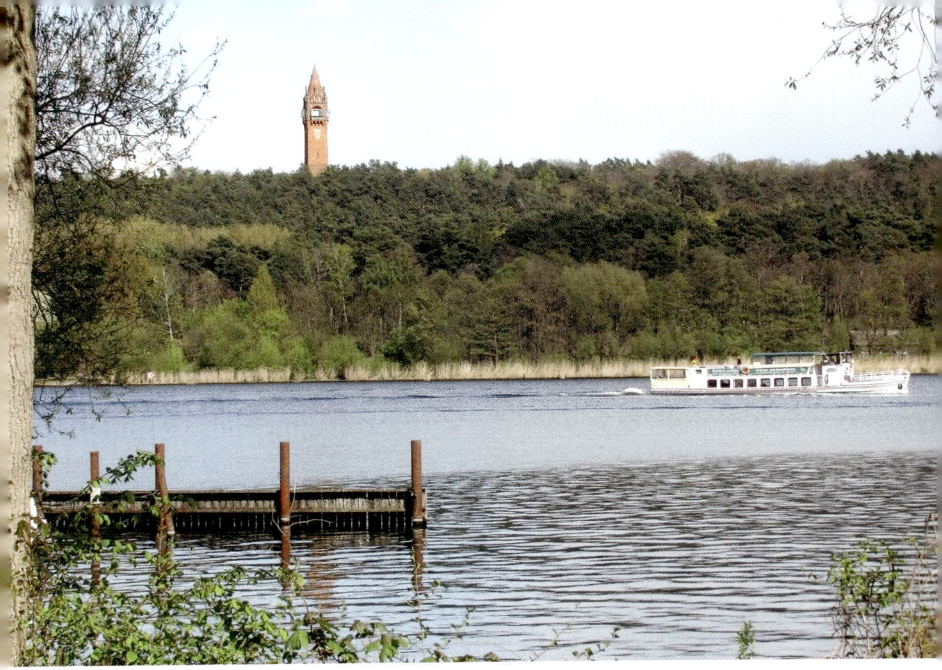

Havel und Grunewaldturm am Breitehorn

seinem sommerkühlen Souterrain auch köstliche und sättigende Suppen. Kaminöfen für kühlere Tage stehen übrigens an beiden Orten bereit und warten auf ihre Zeit.

Nach dem halben Umrunden der Scholle, auf der unter anderem Knollen, Wurzeln und allerlei Salat heranwachsen, liegt endlich der Abstecher zum Havelstrand voraus. An der Kleinen Badewiese steht nun die nächste Entscheidung zwischen Sprung ins Wasser, Gartenlokal und Spielplatz oder einfach einer sinnvollen Reihenfolge von all dem an. Nach einem kurzen Alleestück an der Hauptstraße liegen weitere Äcker samt einer Obstbaumallee voraus, die unter derselben Obhut stehen wie die von eben, Codewort Speisegut. Alles, was hier und im Umkreis geerntet wurde, gibt es übrigens drei Ecken weiter im Hofladen neben der Kirche zu kaufen.

Noch vor den Äckern biegt die Berliner Gürtellinie ab und strebt auf direktem Weg zum Ufer der Havel, die jetzt für die nächsten Stunden hinreißend schöne Uferwege bereitstellt. Nach dem Ende der Landwirtschaftsflächen tingelt der Weg hin und her zwischen dem Uferweg und dem oberen Weg. Nach und nach prägt sich zugleich das Steilufer über

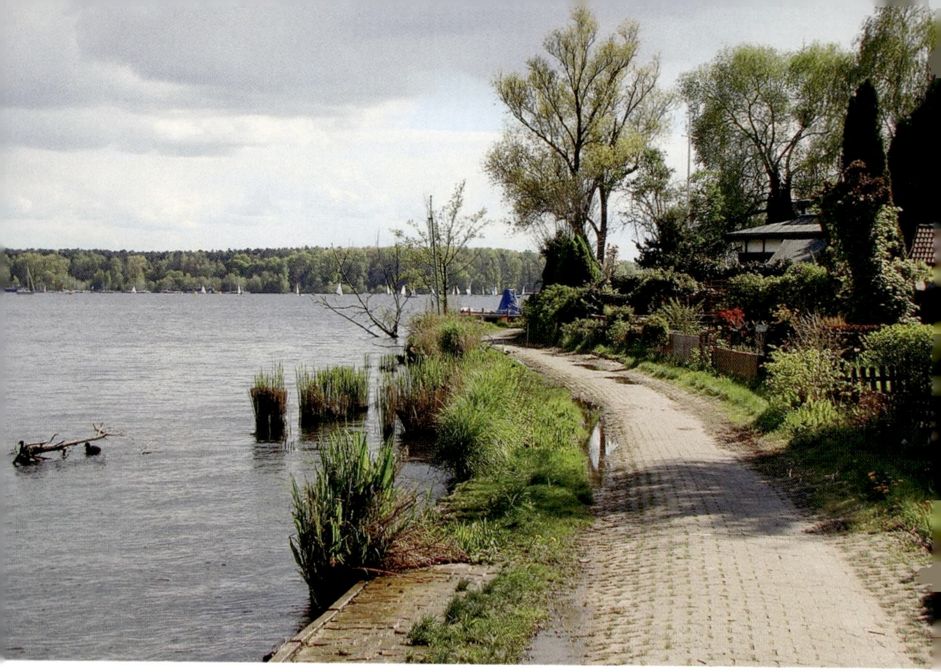

Uferweg am Breitehorn

dem Fluss aus und verhilft einigen Grundstücken zu schönster Lage. Heranwachsende Obstbäume begleiten den Weg am Abschnitt um das Breitehorn. Immer wieder zeigt sich am Gegenufer der Grunewaldturm, manchmal untermalt von einem weißen Ausflugsdampfer, und wer am ersten größeren Strand die Fußspitzen fast bis in die anbrandenden Wellen stellt, kann an klaren Tagen die Umrisse der Spandauer Altstadt samt der Türme von Rathaus und Nikolaikirche sehen. Vom schattigen Weg führen mehrfach kleine Pfade hinauf ins Wohngebiet, links bieten sich neben weiteren Badestellen immer wieder neue Havelszenerien, die maßgeblich von den unzähligen weißen Punkten der fernen Segler gestaltet werden. Wer an der richtigen Stelle gut hinguckt, erkennt drüben unterm Grunewald die klitzekleine Insel Lindwerder – wohl die einzige Insel Berlins, zu der zwei Fähren übersetzen.

Nach einer weiteren Badestelle beginnt ein Stück am Ufer, das nicht ganz von dieser Welt ist und aufs Neue die Vielgestaltigkeit Berlins vor Augen führt. Der platt gepflasterte Weg geht fast ins Havelwasser über, wird bei wachem Wind schon gern mal nassgeschwappt und könnte so auch am Ufer irgendeiner mittelfernen Insel entlang verlaufen. Stellenweise hält der Wegrand, gleich einem Uferkai, der Havel seine Bordsteinkante hin, während sich da und dort kleine Grasinseln oder ins Wasser ragende Bäume in einer zarten Kategorie des Küstenschutzes versuchen. Gleich rechts des Weges stehen mit exzellentem Seeblick bunte Gartenlauben und nehmen gern das Risiko in Kauf, von Zeit zu Zeit kräftig nassgespritzt zu werden. Oft ist die Uferlinie völlig offen und frei von Bootsstegen, manchmal spenden Baumreihen ihren Schatten. Die Segel sind jetzt schon wesentlich näher gerückt, in unverminderter Zahl. Regelmäßig zu sehen in diesem Revier ist ein größerer und äußerst eleganter Segler mit schlankem, weißem Rumpf, der höchstwahrscheinlich auf den Namen Giselle, Luv oder sogar Nulpe hört. Letzteres wäre im berlinerischen Sinne ein schönes Zeichen von Humor.

Auf dem Weg nach Kladow übernimmt noch einmal die üppige Natur zwischen Hang und Uferkante. Drüben kommt die große Insel Schwanenwerder in Sicht, die dank kleiner Brücke ohne Fähre auskommt, im historischen Sinne einiges erlebt hat und davon abgesehen nicht mit der Pfaueninsel zu verwechseln ist. Hinter der Insel öffnet

Obstwiese unterhalb vom Gutshaus Neukladow

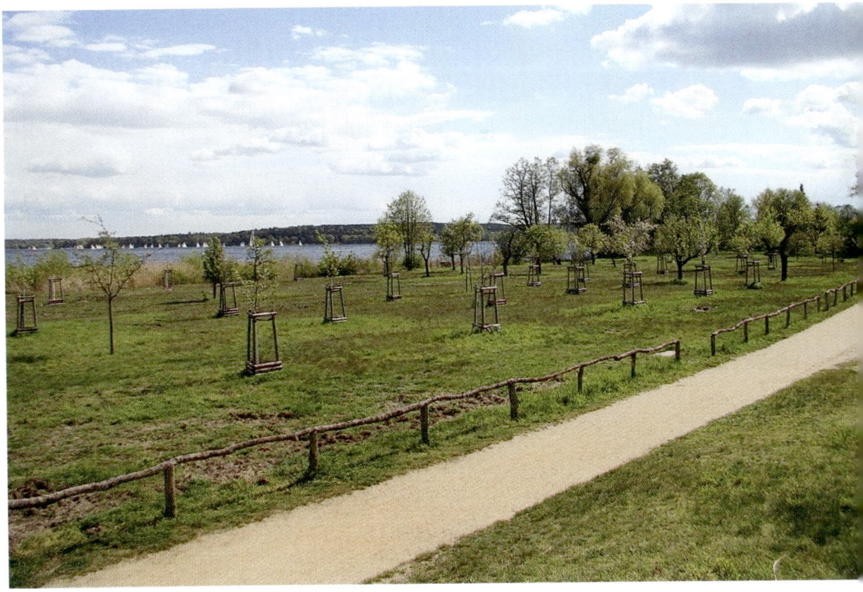

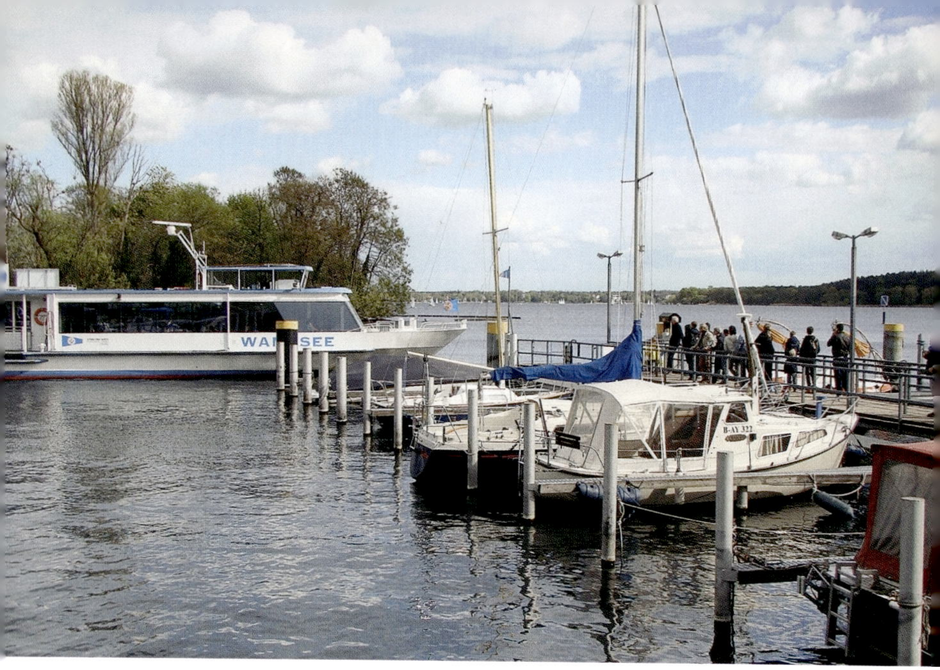

Wannseefähre in Kladow

sich die breite Einfahrt in den Wannsee. Nach den Stegen des Britischen Yacht-Clubs landet man direkt im Gutspark Neukladow. Wieder einmal sind Entscheidungen gefragt, denn der Weg am breiten Wiesengrund und der ansteigende Pfad über den laubbestandenen Parkhügel sind gleichermaßen verlockend. Spätestens beim Gutshaus Neukladow lohnt es, die Höhe zu erklimmen, denn der Blick von den langen Stufen über die Uferwiesen hinüber zum Wannsee ist einfach zu schön. Am Ende des anmutigen Spazierweges entlang der Streuobstwiese fordert ein Rundbogen von Hochgewachsenen eine kleine Verneigung ein, ehe der weite Park verlassen wird. Schnurgerade verläuft danach eine alte Allee mit niedlichem Namen zum Hafenausläufer von Alt-Kladow. Rechts davon erstreckt sich eine trockene Rasenkuhle voller Pfade, auf denen man der belebten Ortsmitte von Kladow zustreben kann.

Das ist natürlich auch vom Hafen aus möglich, der ganz klar zu den schönsten der Stadt zählt und nahezu alles bietet, was man sich von einem Hafen erhofft. So gesehen ist es ein Geschenk, falls die stündlich ablegende Fähre gerade weg ist. Denn zum einen ist die gemütliche Dorfmitte zwischen Kirche und Kirchhof den Abstecher wert, zum anderen gibt es am Kladower Hafen die schönsten Möglichkeiten, um gepflegt Zeit totzuschlagen, auf den großen Stufen zu fläzen oder das Kommen und Gehen der Vögel auf der Insel Imchen zu beobachten. Falls man vor lauter Leute gucken dann gar nicht merkt, dass die ja alle von der Fähre kamen, welche gerade schon wieder die Leinen löst, kann man dieses Spiel bis halb neun weiterbetreiben – zumindest im Sommer.

Kurzcharakteristik: kurze Havelufertour, gerahmt zwischen zwei Dörfer, mit einem Dünenberg zum Auftakt, zwei Fährhäfen zum Abschluss und einem großen See dazwischen

Anreise: Bus X 34, tagsüber alle 10 Min. (Fahrtdauer ab S Alexanderplatz 50 Min.)

Abreise: S 7, tagsüber alle 10 Min., dazu stündlich mehrere Regionalzugverbindungen (Fahrtdauer bis S Alexanderplatz 30/25 Min.)

Anteil mit Autolärm: ca. 10 Min.

Was gibt es entlang des Weges zu sehen: Dorf Gatow mit Kirche und Gutshof / NSG Windmühlenberg Gatow mit Bockwindmühle / schöner Weg am Havelufer / Gutspark Neukladow mit Villa Luise / Alt-Kladow mit Dorfkirche und schönem Hafen / Wannseefähre / Ronnebypromenade am Hafen Wannsee und Biergarten Loretta

Gastronomie: div. im Ortsgebiet Gatow; div. entlang der Havel; Gutshaus Neukladow im Gutspark; div. am Hafen und im Dorf Kladow; Biergarten Loretta am Bhf. Wannsee

Spielplätze: an der Kleinen Badewiese Gatow, mehrere beim Hafen Kladow am Sibeliusweg

Bademöglichkeiten: kleine Badewiese mit 250 m Zuweg (Gatow), ein Strand sowie weitere geeignete Stellen entlang des Havelufers

Vorkommende Wegweisung: HW 2

Abkürzen per ÖPNV: Am Graben/Gatow (Bus, bei km 1,8)

Öffentliche Toiletten: an der Kleinen Badewiese Gatow (mit 250 m Zuweg), am Haveluferweg auf Höhe des Vivantes-Krankenhauses, am Hafen Alt-Kladow

SECHS HAVELSEEN UND EIN SCHLOSSPARK DER EXTRAKLASSE

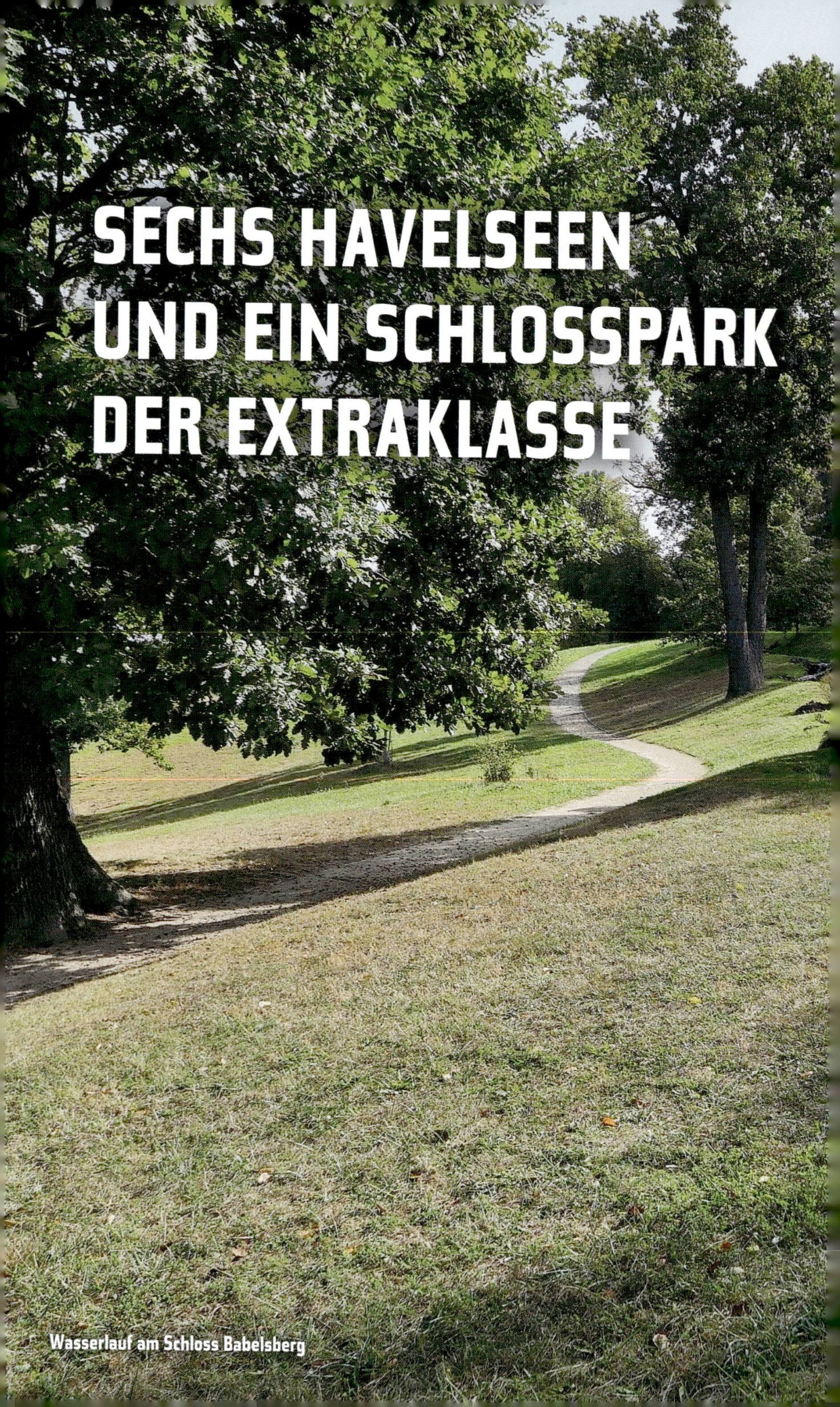

Wasserlauf am Schloss Babelsberg

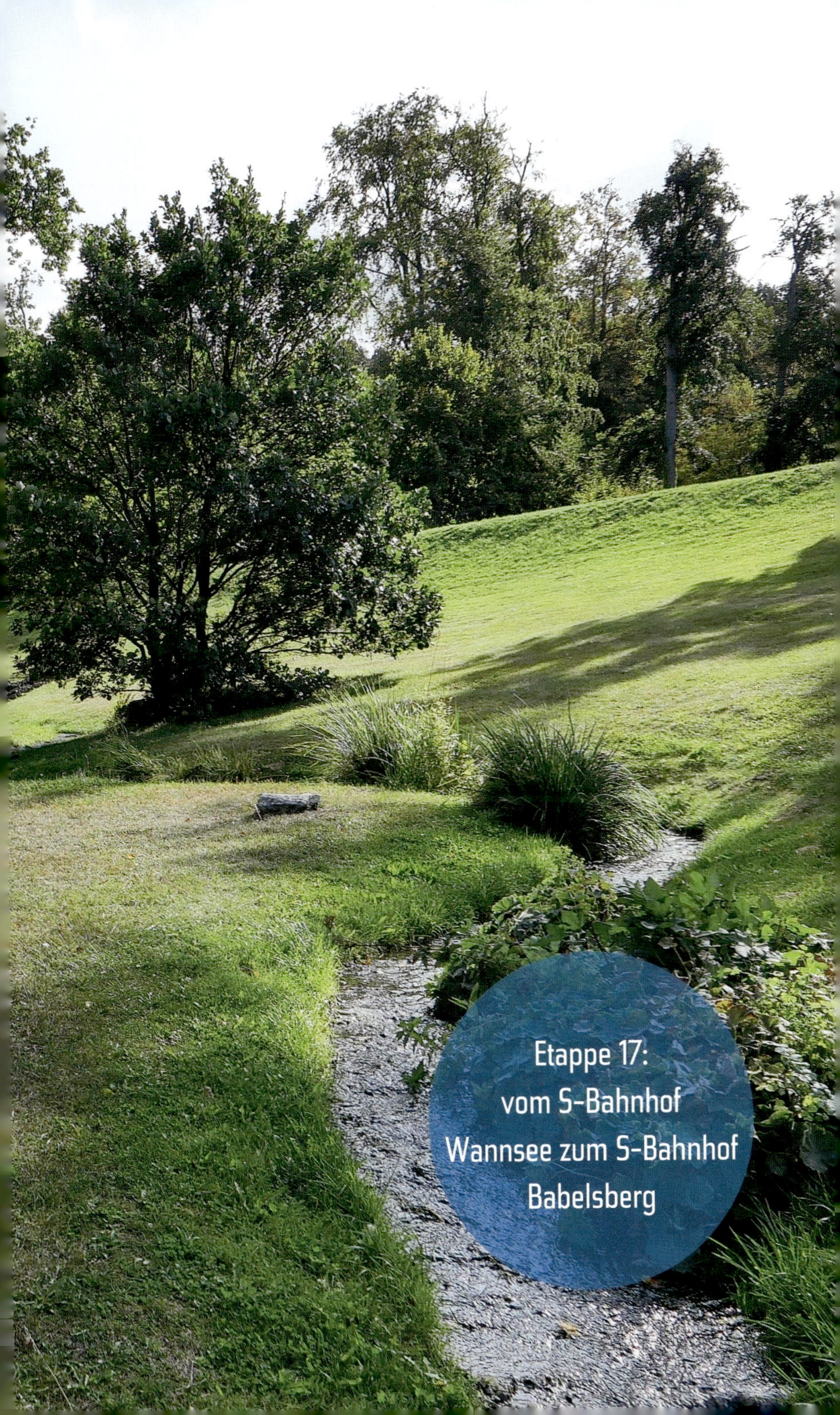
Etappe 17:
vom S-Bahnhof
Wannsee zum S-Bahnhof
Babelsberg

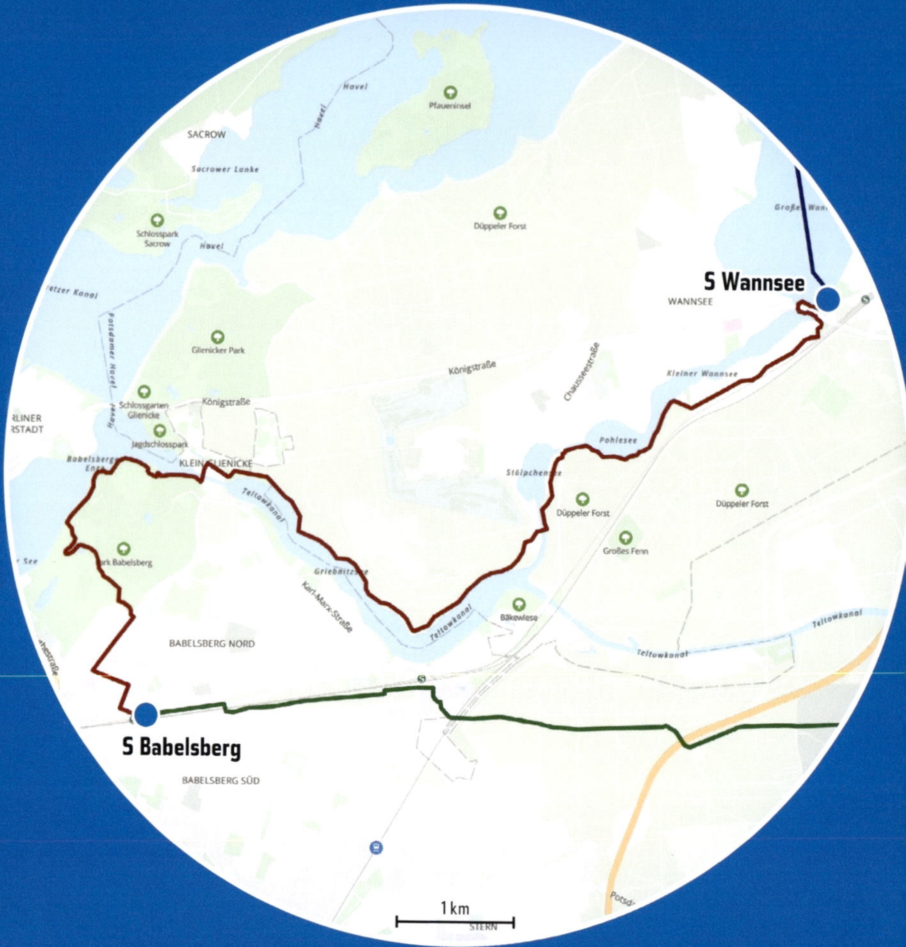

11,8 km; am Beginn 200 m Zuweg vom S-Bhf. Wannsee

gut begehbare unbefestigte Wege und Pfade; Hartbelag nur in den Ortslagen und vereinzelt in den Parkflächen

kleinere An-/Abstiege im Schlosspark Babelsberg

Verlauf: (S-Bhf. Wannsee) / Siedlungslage Bismarckstraße / Wald- und Uferwege an Pohlesee und Stölpchensee / Ortslage Hubertusbrücke / Wald- und Uferwege am Griebnitzsee / Ortslage Klein Glienicke / Parkwege im Schlosspark Babelsberg / Ortslage Alt Nowawes/Babelsberg / S-Bhf. Babelsberg

Morgens oder zumindest weit vor der Mittagsstunde am großen Hafen in Wannsee loszugehen birgt eine gewisse Gefahr, dort ein ganzes Weilchen hängen zu bleiben. Bequeme Sitzkanten gibt es viele, der Kiosk sichert den Energienachschub und vor allem gibt es den ganzen Tag über reichlich zu gucken – Leute, Schiffe und See. An den Stegen mit den schönen weißen Dampfern ist immer etwas los, und so oft, wie das dreimalige Hupen vom Wasser herübertönt, meint man nicht, die Fähre würde nur einmal die Stunde ablegen.

Hat man sich einmal losgerissen und den See im Rücken, beginnt unweit der nächsten Ampel eine ganz eigene Welt, die mit Ampeln so gar nichts zu tun hat. Hinter einem winzigen Stück Park übernimmt die Bismarckstraße, wo sogleich ein Schild zum Kleistgrab weist. Der schlichte, von dichtem Grün umgebene Gedenkstein schließt auch Kleists Geliebte Henriette Vogel samt beider schauriger Geschichte mit ein.

Die von Bäumen bestandene Bismarckstraße, als Sackgasse so gut wie unbefahren, ist eine gemütliche Pflasterstraße, die mit einer Vielzahl grundverschiedener Häuser und Villen zu unterhalten weiß. Dabei mischen sich nicht nur allerlei Architekturstile, Baujahre und Epochen,

Kleiner Park am Kleistgrab

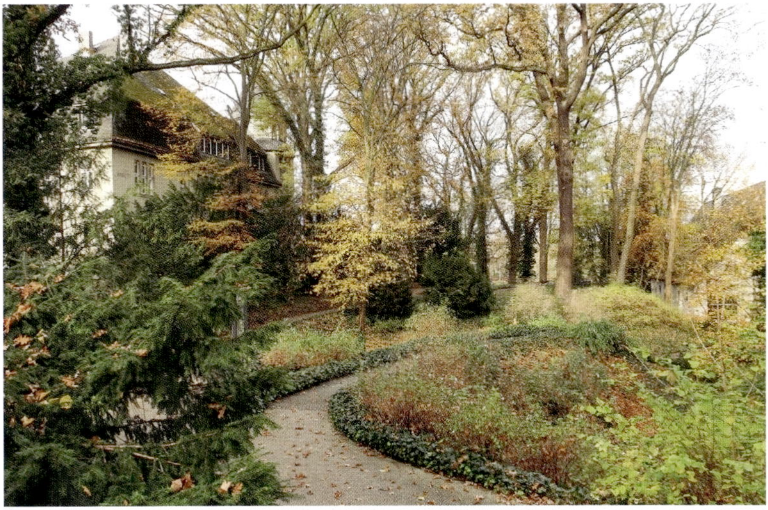

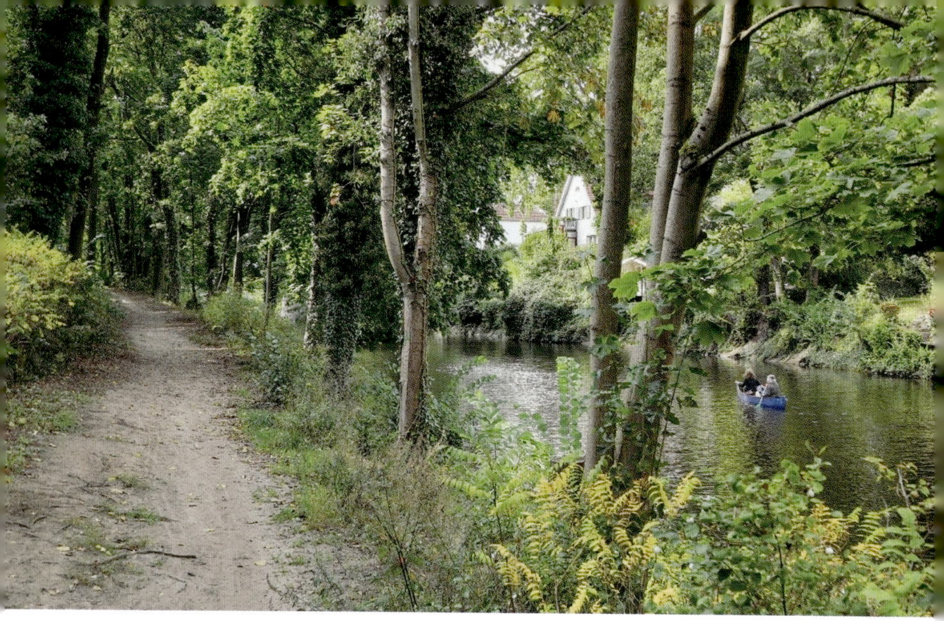

Griebnitzkanal am Stölpchensee

sondern auch diverse finanzielle Kragenweiten der Erbauer. Schöne Gärten gibt es, die aufwändig oder verspielt gestaltet sind, repräsentierfreudig, naturversessen oder lauschig. Alle paar Minuten rauscht im Hintergrund eine S-Bahn oder ein Zug vorbei. Am Wenderund endet das Pflaster und der Wald übernimmt mit weichem Sandboden. Die zahlreichen Vierbeiner hier werden es zu schätzen wissen.

War bisher nur punktuell oder auf Zehenspitzen zu bemerken, dass sich zur Rechten der Kleine Wannsee lang erstreckt, sieht man schon bald das Ufer unter sich liegen, mit einem herrlichen Gewirr von kleinen Buchten und schönen Uferstellen, die zum ersten Bade laden. Bis zur nächsten Brücke wird sich das fortsetzen, sodass durchaus ein paar Mal riskiert werden kann, ein noch schöneres Strändchen finden zu wollen. Mehrere davon taugen auch zu kalten Jahreszeiten für ein Päuschen, denn großzügige Sitzkanten aus Holz oder schütterem Beton geben extralange Bänke ab. Fast immer gibt es dazu einen schönen Blick aufs Gegenufer, wahlweise mit Bootsstegen oder dem Funkturm auf dem Schäferberg, der immerhin das dritthöchste Gebäude der Stadt Berlin ist.

Läuft der Weg zu Beginn noch auf der Höhe, ist schon bald Seeniveau erreicht und die Schritte können direkt der Uferlinie folgen. Hinter einer schmalen Stelle öffnet sich der kleine Pohlesee und wird bald schon wieder schmaler. Entlang des Griebnitzkanals kommt dann durchaus etwas Paddler-Romantik auf. Die Natur ist dicht, die Ufer sind lauschig und die Gärten gegenüber feiern die schönen Seiten des Lebens. Neben korpulenten Kleinjachten sind hier oft auch Kanuten, Paddler und professionelle Ruderer unterwegs. Letzteren sollte dem Anschein nach ein Umrunden der gesamten Insel Wannsee kräftemäßig keine Sorgen bereiten.

Kurz nach der Ahsenbrücke fällt der Blick auf den bemerkenswerten Kopfputz der Kirche am Stölpchensee, die nach Plänen von F. A. Stüler gebaut wurde, den alten Dorfkern von Wannsee markiert und wohlwollend auf den einzigartigen Gebäudebestand in den Potsdamer Parks einstimmt. Umgeben ist sie von einem an die Bibel angelehnten Kräutergarten, womit sich schon zwei Gründe für den kurzen Abstecher bieten. Nach dem Bootsverleih am Stölpchensee mit seinem endlosen Zaun geht es gleich wieder naturnah weiter, der schattig-dichte Uferwald erweckt fast den Anschein eines Bruches. Im breiten Weg sind stellenweise noch Spuren einer betagten Pflasterung zu erkennen.

Griebnitzseepromenade

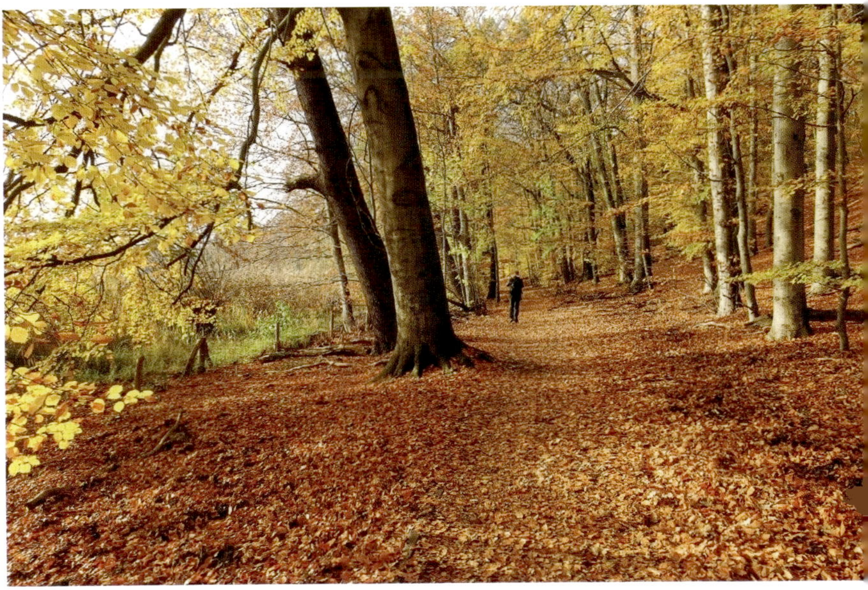

Nach einem kurzen Stück Griebnitzkanal folgt die nächste Brücke, die sich mit der benachbarten Hubertusbaude den Vornamen teilt. Die nun folgende Passage auf der Insel Wannsee, einer der größeren Inseln Berlins, wird von herrlichem, schon älterem Laubwald bestimmt. Insbesondere im Herbst spaziert man hier auf breiten Wegen über goldene Laubteppiche, was bei vielen dazu führt, dass sich ganz von allein der Schrittpuls senkt und die Hände hinterm Rücken zusammenfinden.

Dank der hochgewachsenen Stämme fällt durch alle Jahreszeiten hindurch ein Rest Licht bis zum Boden des Waldes, der von vorjährigem Laub, gestrauchelten Stämmen und Astwerk aller Größenordnungen bedeckt wird. So staunt man immer wieder, wie steil die Flanke zum Ufer hin abfällt, und mancher der winzigen Pfade, die sich von oben nach unten durchschlagen, verlangt durchaus einen sicheren Tritt.

Das Wasser, nun zur Linken, trägt hier den Namen Griebnitzsee. Die lange Seegestalt ist gekrümmt, auch die Uferlinie niemals ganz gerade und das Gegenufer scheint meist weiter entfernt, als es das tatsächlich ist. Ab und an geben Baumlücken ein breiteres Blickfenster frei, und nachdem auch hier der Weg vom Hochufer auf Seeniveau abgestiegen ist, bie-

Im Park Babelsberg

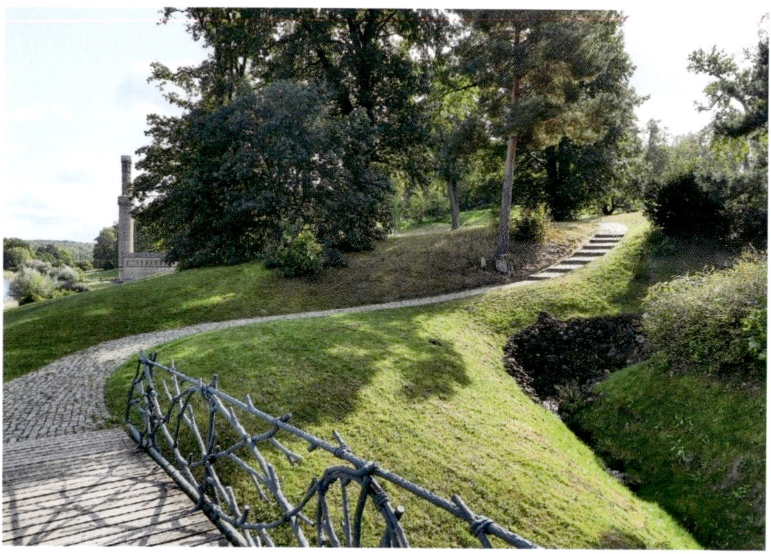

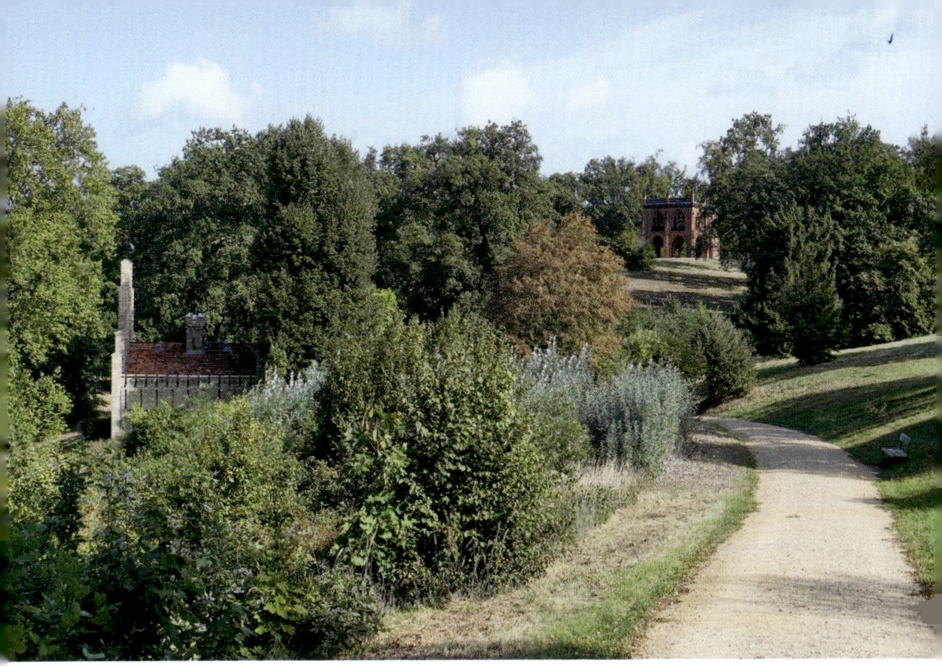

Matrosenhaus und Gerichtslaube im Park Babelsberg

tet sich eine reiche Auswahl schönster Badestellen und Strändchen. Hier und dort ist dem Schilfgürtel ein hübsches Bollwerk von Grasinselchen vorgelagert, das von der wassergängigen Vogelwelt gern genutzt wird.

Der Waldhang setzt sich auch bei den ersten Häusern von Klein Glienicke noch fort, die gerade so außerhalb Berlins stehen. Unter ihnen gibt es wieder manches Schmuckstückchen, zumal in schönster Wasserlage. Ein bisschen erinnert es an die östliche Dresdner Vorstadt, mit geglückten mediterranen Anklängen. Die Klein Glienicker Waldmüllerstraße gibt sich nicht nur dank ihrer Pflasterung sehr gemütlich, auch verläuft ein begleitender Wiesenpfad entlang des Bäkegrabens. Hier leuchtet nun wieder die erste Ampel seit Etappenbeginn, die insbesondere an Wochenendtagen gut zu tun hat. Manch schöner Oldtimer will beim Warten bewundert werden. Interessanter für viele dürfte jedoch der schöne Sommergarten des hiesigen Eiscafés sein, der direkt ans Ufer des Teltowkanales grenzt und wo auch Herzhaftes zu haben ist.

Über die Parkbrücke, deren Ausblick eine schöne Vorschau auf die anstehende Passage durch den Park Babelsberg gibt, wird nun die Insel wieder verlassen. Das weite Wasserreich der Havel und die bemerkenswerte

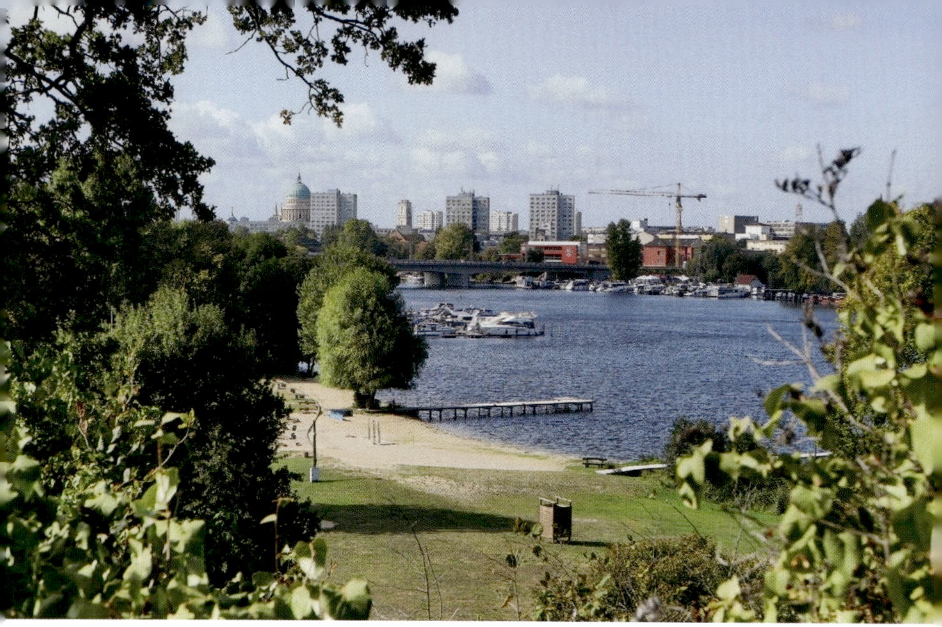

Blick über das Strandbad nach Potsdam

Parkanlage ziehen im steten Wechsel die Aufmerksamkeit der Besucher auf sich, die dabei keinesfalls die Leidtragenden sind.

Einen festen Weg durch diesen weitläufigen Park mit seinen unzähligen Blickzielen und den herrlichen Hügelspielen vorzugeben, kann letztlich nur ein funktionaler Akt sein. Jeder Weg lädt dazu ein, ihm zu folgen, und jeder Blickfang verführt dazu, ihn zu besuchen – sei es nun eins der pittoresken Gebäude oder ein Aussichtspunkt oder ein gefasstes Beet mit passender Bank.

Neben vielem anderen nimmt die Berliner Gürtellinie den hinreißenden Bachlauf mit Wasserfall oberhalb des Dampfmaschinenhauses mit, von wo sich ganz nebenbei einer der schönsten Blicke auf die Glienicker Brücke ergibt. Ferner streift der Weg die Rosentreppe mit ihrer filigranen Einfassung und erklimmt im Aufstieg zum Flatowturm den großartigen Potsdamblick von den Generalseichen. Da es zum nächsten S-Bahnhof nicht weit ist, kann man sich von hier aus nach unten den Abstecher zum Strandbad genehmigen oder in entgegengesetzter Richtung nach oben eine der zahlreichen Höhen ersteigen.

Ansonsten folgt vom Flatowturm ein lieblicher Abstieg über hügelige Wiesenlandschaften. Am Portal beim Pförtnerhaus wird vom Park direkt ins gemütliche Weberdorf Nowawes gewechselt, dessen schöne Häuser selten höher als drei Stockwerke sind. Auch hier ist es kein Problem, sich in den Sträßchen zu verlieren und schließlich einen passenden Platz zu finden, wo der Tag ausklingen kann.

Kurzcharakteristik: wasserreiche, schattige Tour mit reichlich Uferwegen, drei alten Dörfern am Weg und einem Park der Sonderklasse am Ende

Anreise: S 7, tagsüber alle 10 Min., dazu stündlich mehrere Regionalzugverbindungen (Fahrtdauer bis S Alexanderplatz 30/25 Min.)

Abreise: S 7, tagsüber alle 10 Min. (Fahrtdauer bis S Alexanderplatz 40 Min.)

Anteil mit Autolärm: ca. 10 Min.

Was gibt es entlang des Weges zu sehen: kleiner Park mit Kleistgrab / schöne Uferwege Düppeler Forst an Pohlesee und Stölpchensee / Griebnitzseepromenade mit Badestellen / hübsche Dorfstraße in Klein Glienicke mit Villen und Glienicker Kapelle / Park Babelsberg mit zahllosen Sehenswürdigkeiten und Aussichtspunkten sowie dem Flatowturm und dem Strandbad / alte Webersiedlung Alt Nowawes und Dorf Babelsberg

Gastronomie: Biergarten Loretta am Bhf. Wannsee; mit Zuweg: Zum grünen Baum, Stolpe; Forsthaus und Hubertusbaude an der Hubertusbrücke; Wartmanns Eiscafé, Klein Glienicke; div. in Babelsberg

Spielplätze: am Hafen Wannsee, beim Stadtbad Park Babelsberg, in Babelsberg am Weberplatz

Bademöglichkeiten: eine Reihe geeigneter Badestellen am Pohlesee und am Griebnitzsee, Stadtbad Park Babelsberg (mit 250 m Zuweg)

Vorkommende Wegweisung: HW 12, HW 11, E 11

Abkürzen per ÖPNV: Hubertusbrücke mit 100 m Zuweg (Bus, bei km 3,9), Schloss Babelsberg mit 250 m Zuweg (Bus, bei km 7,8); dazwischen weitere Optionen mit Zuwegen

Öffentliche Toiletten: am Hafen Wannsee, im Park Babelsberg östlich von Schloss Babelsberg

TIEFER WALD, FLACHE DÜNE UND EIN LANGES KANALUFER

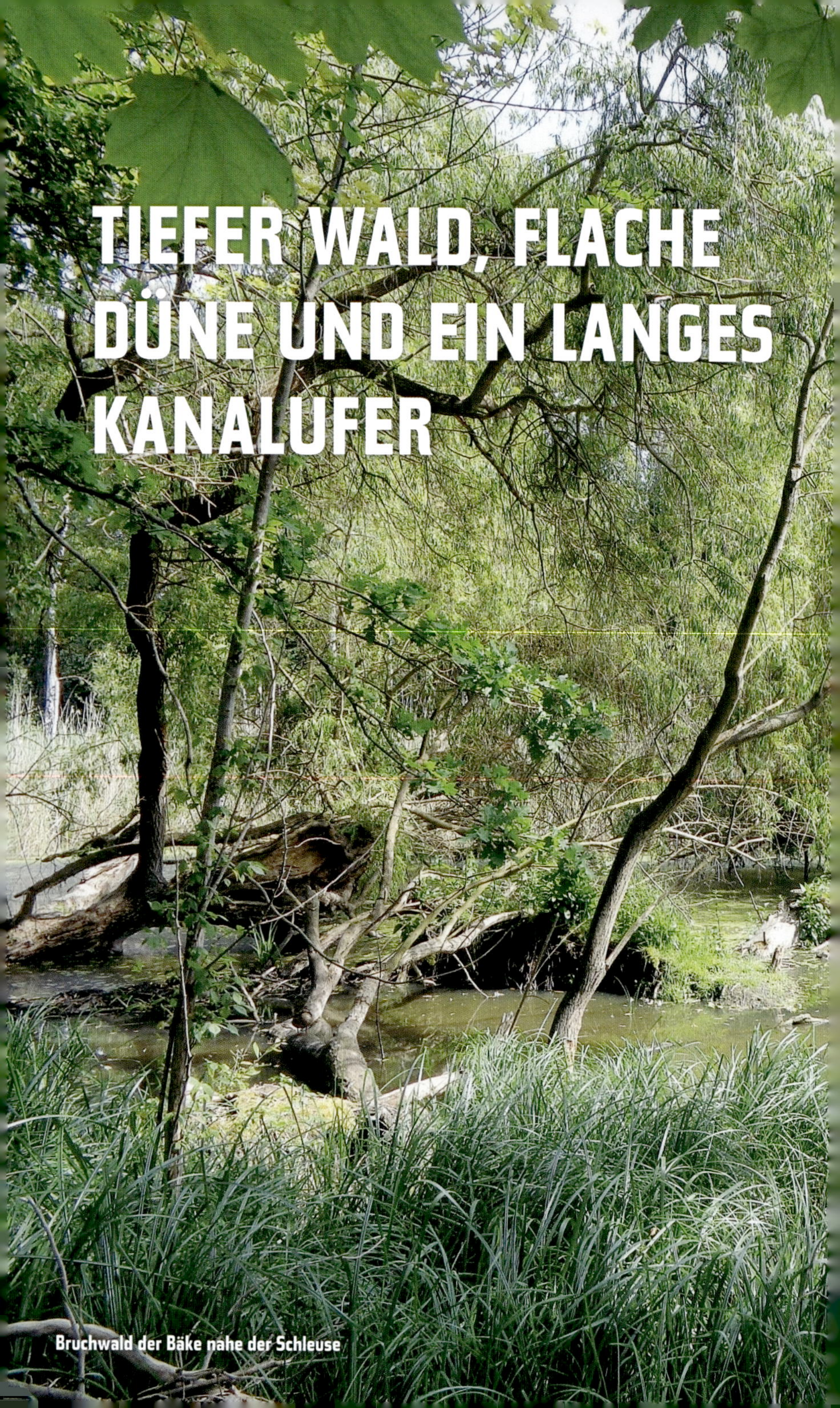

Bruchwald der Bäke nahe der Schleuse

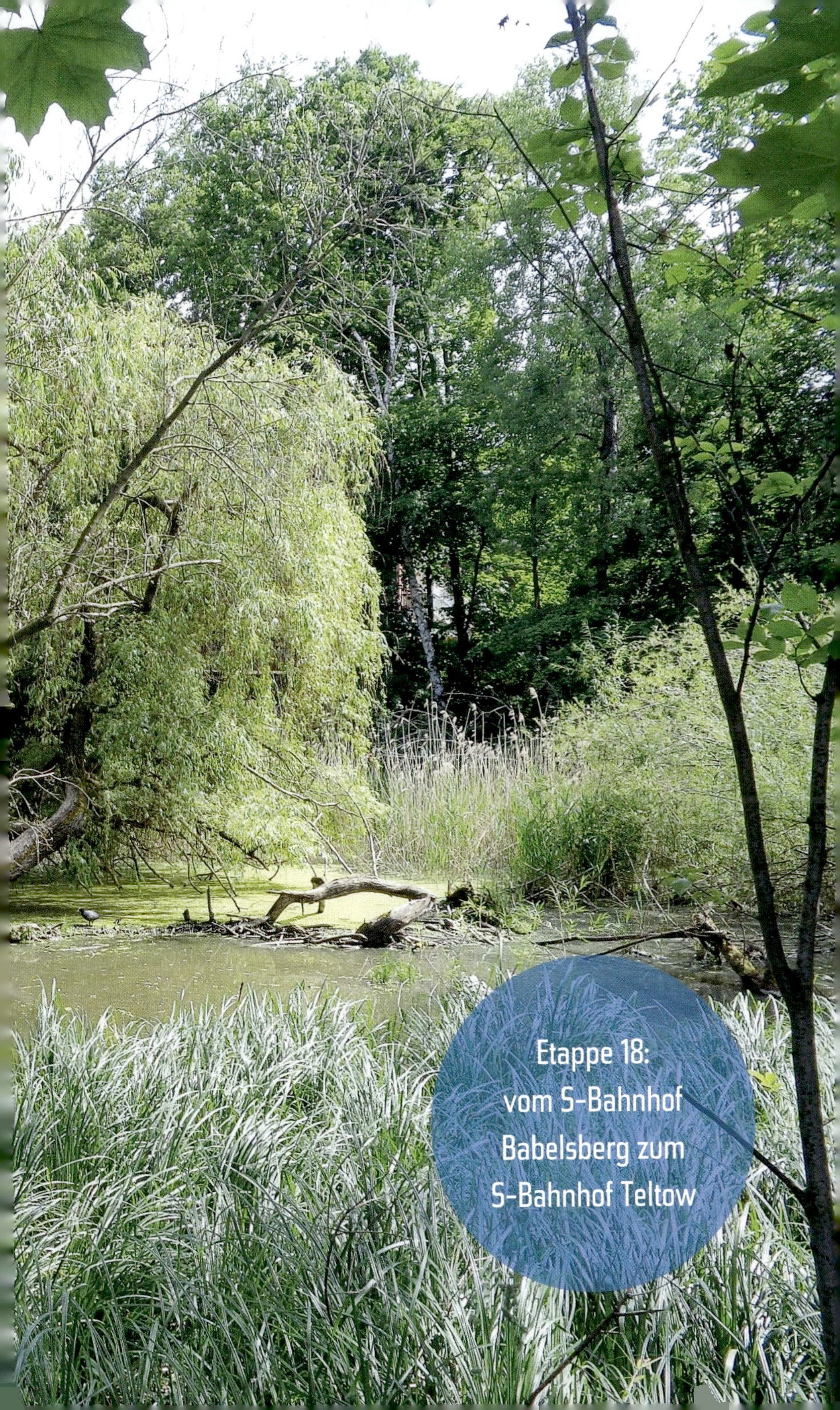

Etappe 18: vom S-Bahnhof Babelsberg zum S-Bahnhof Teltow

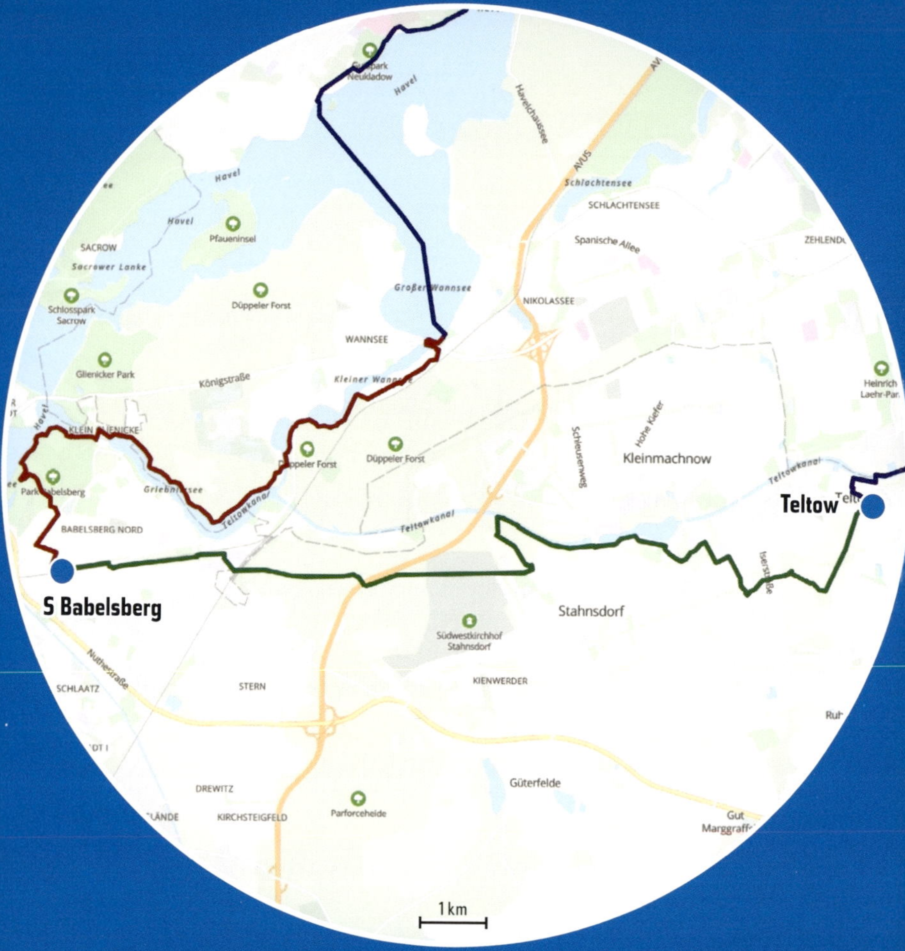

15,9 km; am Beginn 200 m Zuweg vom S-Bhf. Wannsee, am Ende 700 m Zuweg zum S-Bhf. Teltow

gut begehbare unbefestigte Wege und Pfade; nur in den Ortslagen Hartbelag

keine Steigungen

Verlauf: S-Bhf. Babelsberg / Ortslage Babelsberg Nord / Waldwege entlang der Bahn / S-Bhf. Griebnitzsee / Studentendorf / Waldweg / Brücke über die A 115 / Waldweg Alte Potsdamer Landstraße entlang der Friedhöfe / Dünenzug am Teltowkanal / Uferweg am Teltowkanal / Ortslage Altes Dorf Kleinmachnow / Waldwege am Bäketal / Siedlungslage Wilhelm-Külz-Straße / Wiesenpfade am Siedlungsrand / Buschweg / Feldwege zwischen Wiesen und Weiden / Ortslage Teltow / (S-Bhf. Teltow Stadt)

Diese Etappe ist wohl die am geradlinigsten verlaufende auf der ganzen großen Runde um Berlin, sie bleibt von Anfang an einer klaren West-Ost-Ausrichtung treu. Ihrem Abwechslungsreichtum tut das keinen Abbruch. Nach dem Verlassen des S-Bahnhofs Babelsberg lockt die Karl-Liebknecht-Straße direkt ins gemütliche Weberdorf und hält dabei eine Reihe von Möglichkeiten zur Stärkung nach den Strapazen der Anreise bereit.

Dasselbe gilt, wenn man gleich beim hübschen Rathaus rechts abbiegt und längs der Rudolf-Breitscheid-Straße spaziert. Die niedrigen Häuser und die hohen Bäume lassen die benachbarte Bahntrasse in den Hintergrund rücken, sodass es hier nicht minder kuschelig zugeht. Die letzte Gelegenheit vor dem Wald ist dabei die urige Plantagenklause mit ihrem schönen Biergarten. Auf der anderen Seite des Bahndamms beginnt fast sofort ein von kräftigen Bäumen begleiteter, lauschiger Pfad. Die Nähe zur Bahn ist umgehend vergessen, und so staunt man jeweils, wenn diskret eine S-Bahn oder ein Regionaler vorbeizieht. Im Wald wird es dann leicht hügelig, rechts ist der Spielplatz für die Kleinen und etwas Größeren zu hören, zu dem auch ein kleines Waldcafé gehört.

Waldweg entlang der Bahn

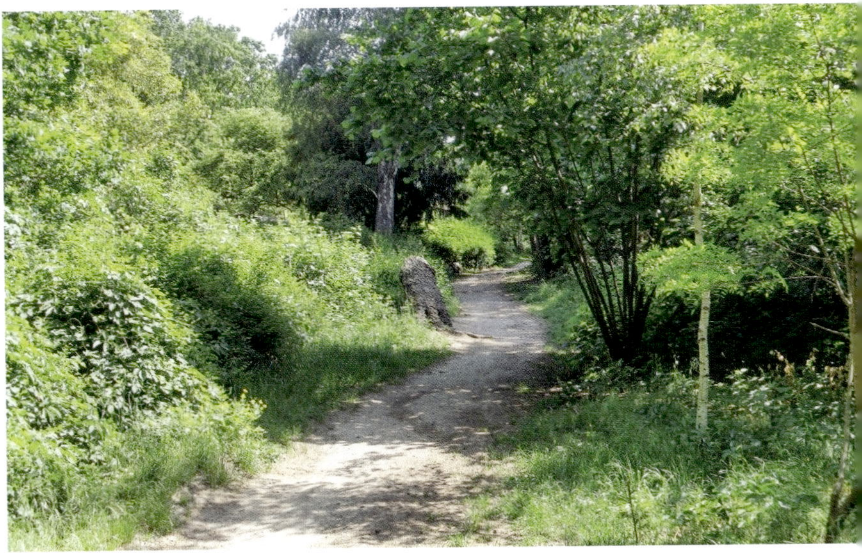

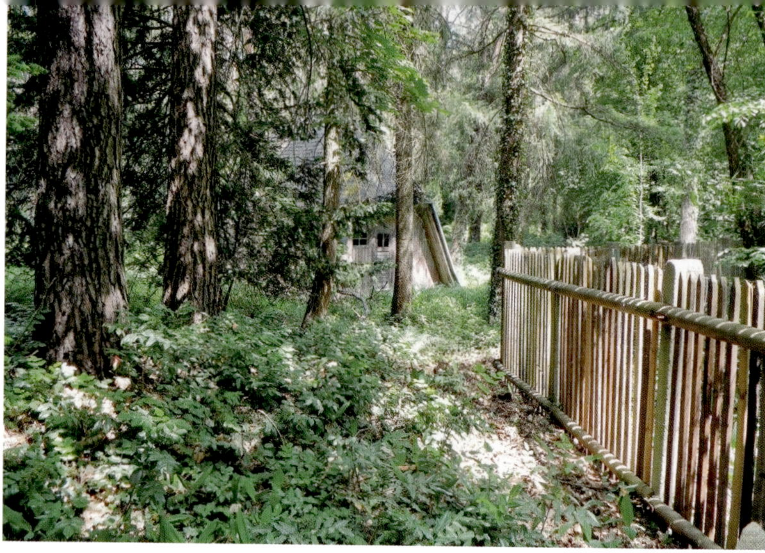

Blick in den Wilmersdorfer Waldfriedhof

Direkt an den nahen S-Bahnhof Griebnitzsee grenzt das Studentendorf, durch dessen Wegenetz man sich ruhig etwas treiben lassen kann und dabei schöne Cafés, ein elegantes Wasserbecken mit geordneten Fontänen und sogar Rotkäppchen persönlich entdeckt. Nach den letzten Häusern wird die Stahnsdorfer Brücke überquert, dahinter beginnt umgehend weitläufiger Wald, der auf dem Weg nach Stahnsdorf für Schatten sorgt. Nach vornehmlich Laubbäumen folgt bald eine streusandtrockene Wegpassage, die bei zu viel oder zu wenig Feuchtigkeit die Schrittfrequenz nach unten korrigiert. Auf Kopfsteinpflaster geht es über die Autobahn, die jetzt fürs Ohr eine Weile präsent bleibt. Der Waldweg auf der historischen Linie der Alten Potsdamer Landstraße wird nach und nach schmaler und drängelt sich schließlich auf einem schmalen Korridor zwischen dem prominenten Südwestkirchhof Stahnsdorf und dem Wilmersdorfer Waldfriedhof Stahnsdorf hindurch. Da und dort ist rechts eine imposante Grabstätte zu erahnen, links hingegen sorgt kurz nach einer leicht zu übersehenden Gabelung eine Art Schafstall für einen schönen Blickfang hinterm Lattenzaun. Nachdem der Weg wieder an Breite zugelegt hat, endet er am Portal des Forsthauses. Von dort ist ein Abstecher zum Haupteingang des verwunschenen Kirchhofs möglich, wo sich neben der norwegischen Stabkirche auch einige Grabsteine mit bekannten Namen finden lassen.

Bald nach einer Gedenkstele für die Friedhofsbahn, die hier einmal vorbeirumpelte, schlüpft gegenüber der Anni-Krauss-Straße ein hübscher Pfad durch einen schmalen Einlass. Sofort an der nächsten Pfadgabelung sieht es nach Park aus, blühen Trockenwiesen zwischen verstreuten Bäumen. Rechts folgend ist bald eine Dünenlandschaft erreicht, die mehr und mehr an Weite gewinnt. Die Wege hier sind teils etwas wirr, am besten ist es daher, rechts immer den Waldrand greifbar zu haben, nach links in die sandigen Hügel nur auszuschwärmen.

Am Ende landen die meisten der Pfade im Wald, bündeln sich dort und kommen hinter einem Buckelchen am Ufer des Teltowkanals heraus. Ab hier ist die Wegeführung um so eindeutiger, denn der Uferpfad wird seinem Namen gerecht. Zwischen Pfad und Wasser stehen immer wieder Bäume oder ausgewachsene Büsche und geben so der kanalgegebenen Geradlinigkeit etwas Verspieltes. Motorboote mit schläfriger

Dünen unweit des Teltowkanals

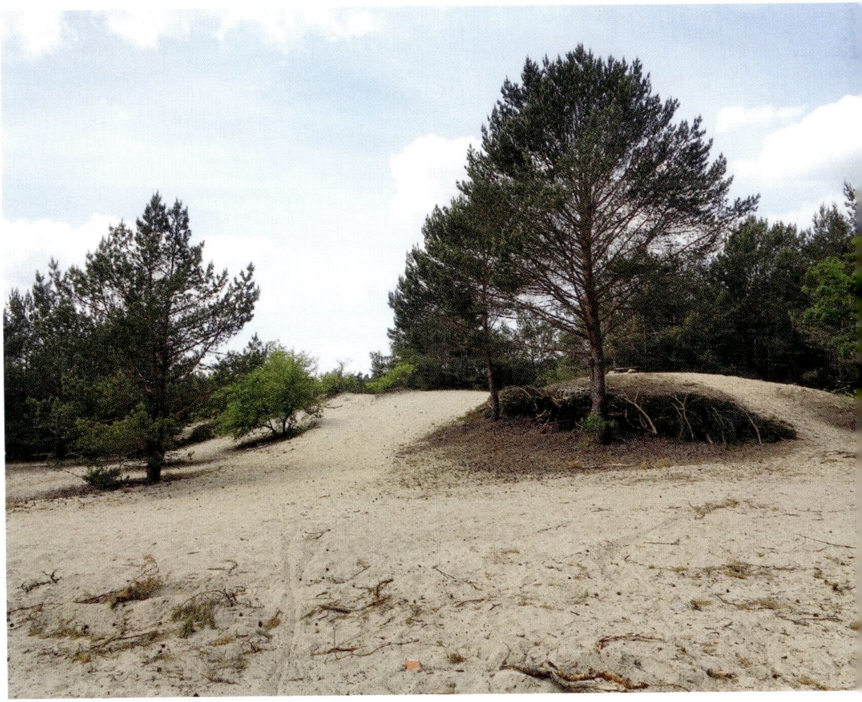

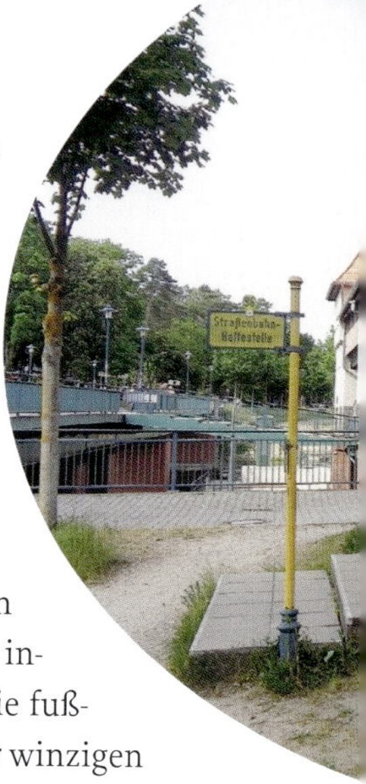

Besatzung tuckern vorbei, manchmal kündigt auch fernes Stampfen einen Schuber an, der viel später erst im Blickfeld erscheint. Unweit der Schleuse übernimmt zunächst das Feuchtgebiet der Bäke die Gestaltung, dann säumen Baumriesen den kleinen Weg und schließlich rückt die Kleinmachnower Schleuse in voller Breite ins Bild. Ihr zur Seite steht ein historischer Straßenbahn-Waggon der Linie 96, der besucht werden kann, auf der anderen Seite lockt in Fachwerk gekleidet ein Wirtshaus auf der Höhe, aktuell mit hervorragender indischer Küche. Auch nach der Schleuse setzt sich die fußnasse Spielwiese der Bäke weiter fort. Auf Höhe einer winzigen Strandbucht lässt sich überm anderen Ufer die höchste Spitze der Hakeburg ausmachen.

Entlang einer ansehnlichen Reihe großer Linden geht es zum alten Dorf Kleinmachnow. Dort lädt gegenüber der Dorfkirche das Medusenportal zu einer Runde durch den Park ein, der wiederum von der Bäke umflossen wird. Jenseits der Dorfstraße verschwindet der Weg hinter einer Gärtnerei im Wald, wo insbesondere auf knackende Geräusche von oben zu achten ist – manches hier ist brüchig. Insbesondere an oder

Schleuse Kleinmachnow

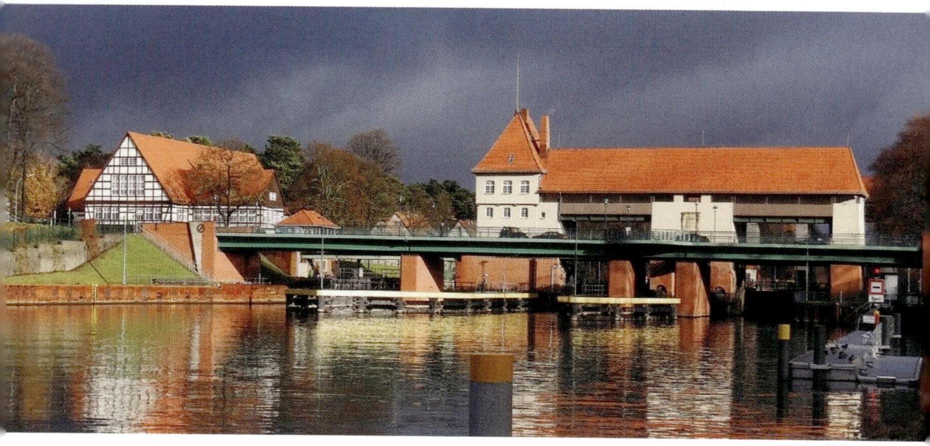

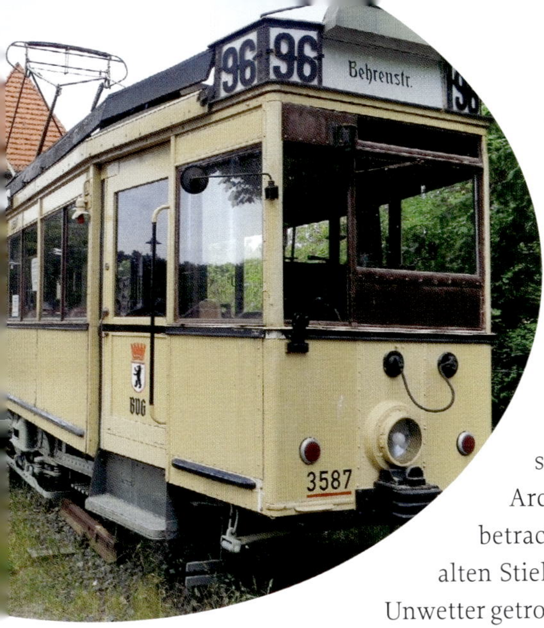

Historischer Wagen an der Schleuse

nach stürmischen Tagen sollte man auf Nummer sicher gehen und das Wäldchen nördlich über die Straße Am Weinberg umgehen, dabei lässt sich sogar noch ein Haus des Architekten Egon Eiermann betrachten. Vorbei an einer uralten Stieleiche, die schon manchem Unwetter getrotzt hat und die Nr. 454 trägt, formt sich das pittoreske Bachtal aus, was sogleich mit einem kleinen Anstieg quittiert wird. Den Abschied vom feuchten Bäkegrund gibt es schließlich auf dem gepflasterten Schwarzen Weg, der von prächtigen Alleebäumen flankiert wird und letzte Einblicke ins feuchte Waldland gestattet.

Gegenüber des weitläufigen Schulareals führt die Kleiststraße zum Siedlungsrand, von dem sich ein Trampelpfad durch die Wiesen zur Straßenkurve der Biomalzspange durchschlägt. Auf der jenseitigen Wiese schrägt ein ähnlich schöner Pfad die nächste Wiese und strebt einem Wiesenwall zu. Sollte dieser Pfad nicht mehr passierbar sein, lässt sich das Stück über einen südlichen Schlenker überbrücken, wobei die Pfadverlängerung der Kieler Straße die entscheidende Verbindung zur Bremer Straße schafft. Im nächsten Wohnviertel geht es hinter der Iserstraße auf dem Buschweg weiter, welcher sich schon bald als gemütlicher Waldpfad fortsetzt. Kleine Pfade locken hinaus auf die Wiese, die sich nach dem nächsten Abzweigen breit öffnet. Der leicht schlängelnde Feldweg wird links von Büschen begleitet, zwischen denen sich weit hinter den Pferdekoppeln bereits erste Teltower Dächer erspähen lassen. Links kommt entlang der Weideflächen ein einladender Weg daher, bevor ein kurzes Waldstück durchquert wird. Nur ein paar Schritte später biegt die Berliner Gürtellinie ab in eine herrliche Allee aus Apfel-

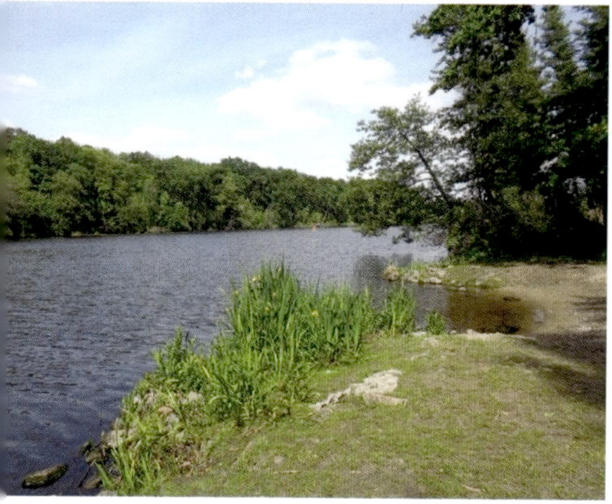
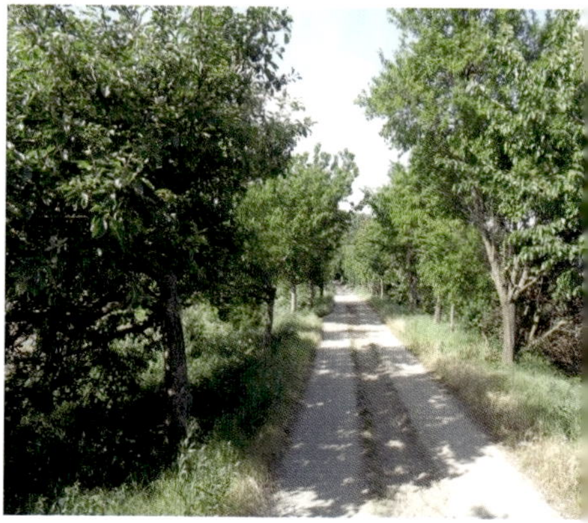

Kleiner Strand am Teltowkanal und Obstallee bei den Pferdeweiden

bäumen. Die Kronen der noch jungen Bäume sind auf dem besten Wege, sich in absehbarer Zeit über der Wegmitte zu berühren. Links und rechts sind zwischen den Stämmen immer wieder Pferdeköpfe zu entdecken, mal nah und braun, mal fern und schwarz oder auch nur akustisch ortbar anhand eines zufriedenen Schnaubens. Der Schönheit des Weges entsprechend wird hier nach Herzenslust spaziert, Leinenhalterinnen treffen auf Radflaneure, Wagenschieber auf Leute mit gezückter Linse.

Hinter einer per Schautafel kommentierten Streuobstwiese quert der verschwiegene Achtrutengraben, bevor es im Pappelwald bald wieder schattig wird. Grasende und herumjagende Pferde begleiten auch den weiteren Weg zum Teltower Stadtrand, bis gegenüber des Tierfriedhofs erneut eine Wegspur nach links locken will. Wer widersteht und geradeaus geht, landet nach einer Kurve und ein paar Haken an einer der komplexeren Straßenkreuzungen von Teltow. Hungrige finden jeweils in Minutenentfernung Abhilfe beim Hexenkessel, dem Dönertempel oder auch beim Dreikäsehoch, einem Ableger des legendären Käsekuchen-Bäckers am Marktplatz in der Altstadt. Auch die ist nur ein paar Minuten entfernt und kann also als Durchbummelung noch eingeschoben werden, bevor entlang der Mahlower Straße der Weg zum Bahnhof angetreten wird.

Seit ein paar Jahren steht dort auf dem Ahlener Platz die hohe Teltower Rübchenstele, welche man auf S-Bahn-Wagen sitzend betrachten kann. Falls das Fragen aufwirft: Ahlen ist eine der Partnerstädte von Teltow, die Tonreliefs an der Stele umreißen die Entwicklung der Stadt über die Zeiten und als geplättete S-Bahn-Waggons wurden die Sitzgelegenheiten rund um die Stele bemalt. Von der Fußgänger-Überführung führen die Stufen zum Bahnsteig nun ausschließlich nach unten, was jetzt irgendwie sympathisch ist.

Kurzcharakteristik: zunächst waldreich, dann am Kanalufer und später über schöne Wiesen, zwischendurch ein Studentendorf, eine Schleuse und ein altes Dorf, ganz am Ende schließlich ein historischer Ortskern

Anreise: S 7, tagsüber alle 10 Min. (Fahrtdauer ab S Alexanderplatz 40 Min.)

Abreise: S 26/S 25, tagsüber alle 10 Min. (Fahrtdauer bis S Alexanderplatz 40 Min.)

Anteil mit Autolärm: ca. 30 Min.

Was gibt es entlang des Weges zu sehen: Studentendorf Griebnitzsee / Südwestkirchhof Stahnsdorf / optional: Abstecher auf den Kirchhof mit Stabkirche und Gräbern berühmter Leute / Dünenlandschaft und Uferweg am Teltowkanal / Schleuse Kleinmachnow und historischer Straßenbahnwagen / NSG Bäketal mit Park und altem Dorf Kleinmachnow / Wege über die Wiesen nach Teltow

Gastronomie: div. in Babelsberg; Plantagenklause, Rudolf-Breitscheid-Straße, Babelsberg; div. Cafés im Studentendorf Griebnitzsee; div. rund um die Schleuse Kleinmachnow; mit Zuweg: Trattoria Toscana, Iserstraße; div. im Ortsgebiet Teltow

Spielplätze: in Babelsberg beim Waldstreifen an der Bahntrasse am Klubhaus

Bademöglichkeiten: einzelne geeignete Stellen am Teltowkanal

Vorkommende Wegweisung: Wanderweg Buga 2001, Stahnsdorfer Kanalauenweg, regionaler Wanderweg Schleuse Kleinmachnow/Fontaneweg F5

Abkürzen per ÖPNV: Griebnitzsee (S-Bahn, bei km 2,4), Altes Dorf/Kleinmachnow (Bus, bei km 11,0); dazwischen weitere Optionen mit Zuwegen

Öffentliche Toiletten: am S-Bhf. Teltow Stadt

TELTOWKANAL, KIRSCHALLEE UND DIE MARIENFELDER VIELFALT

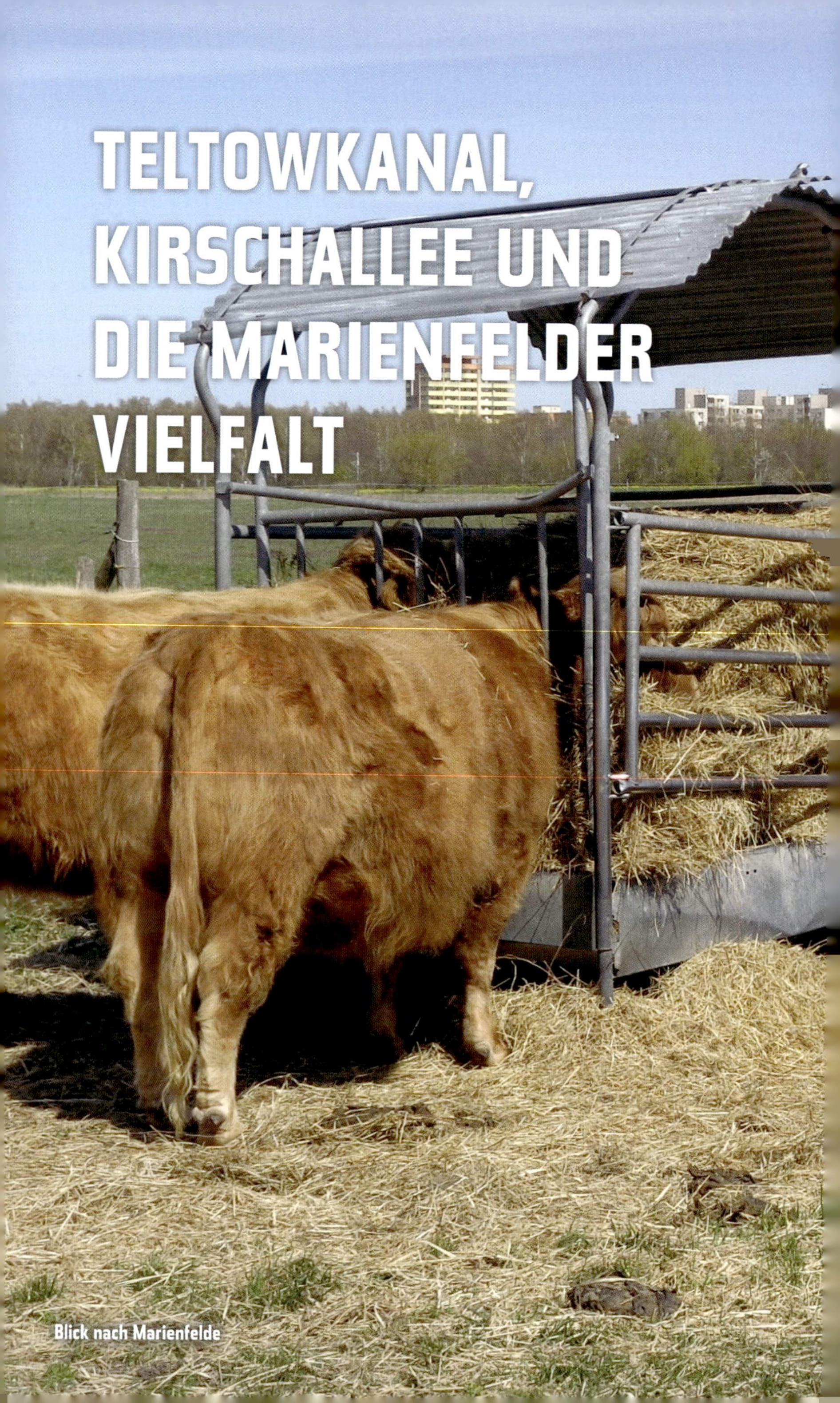

Blick nach Marienfelde

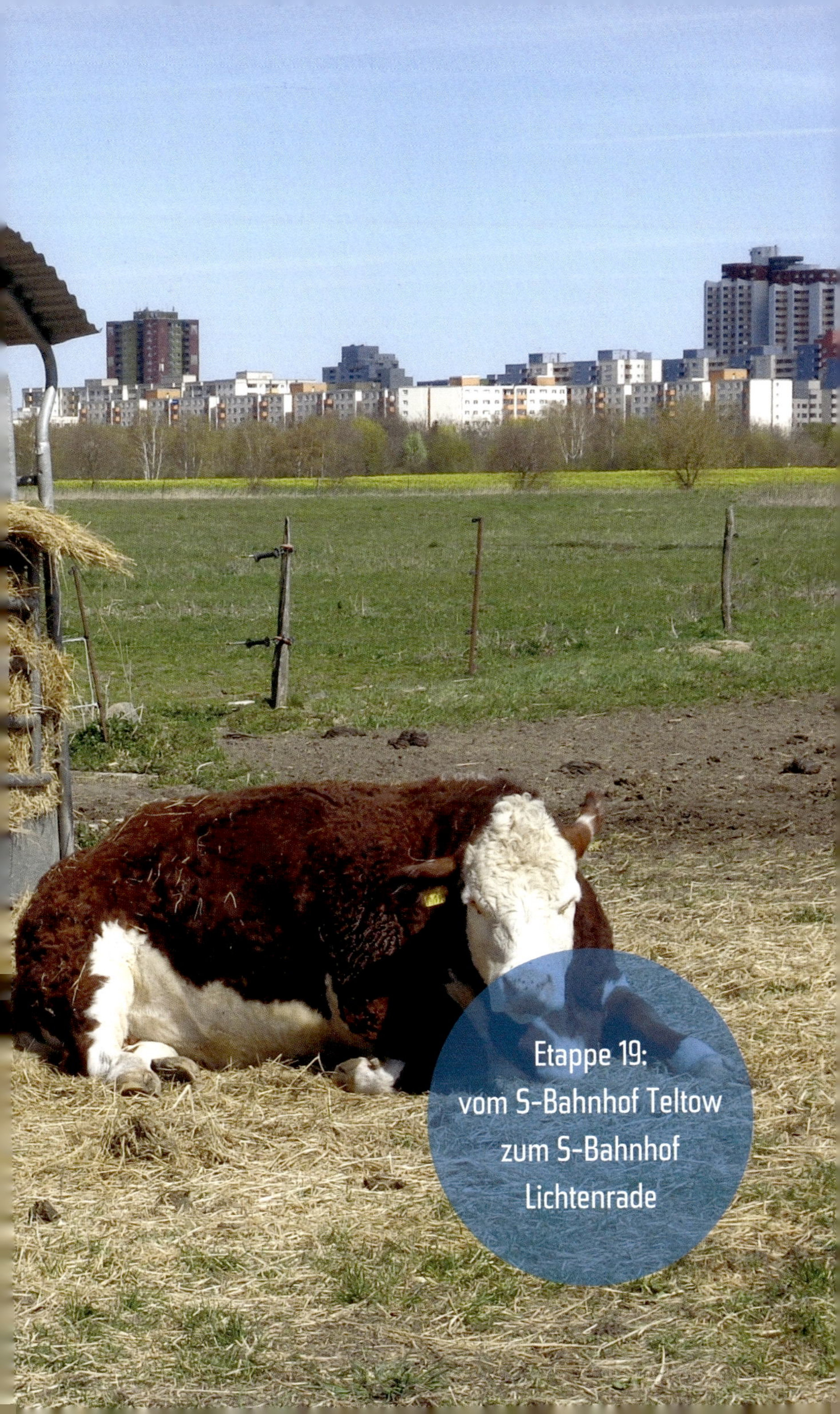

Etappe 19: vom S-Bahnhof Teltow zum S-Bahnhof Lichtenrade

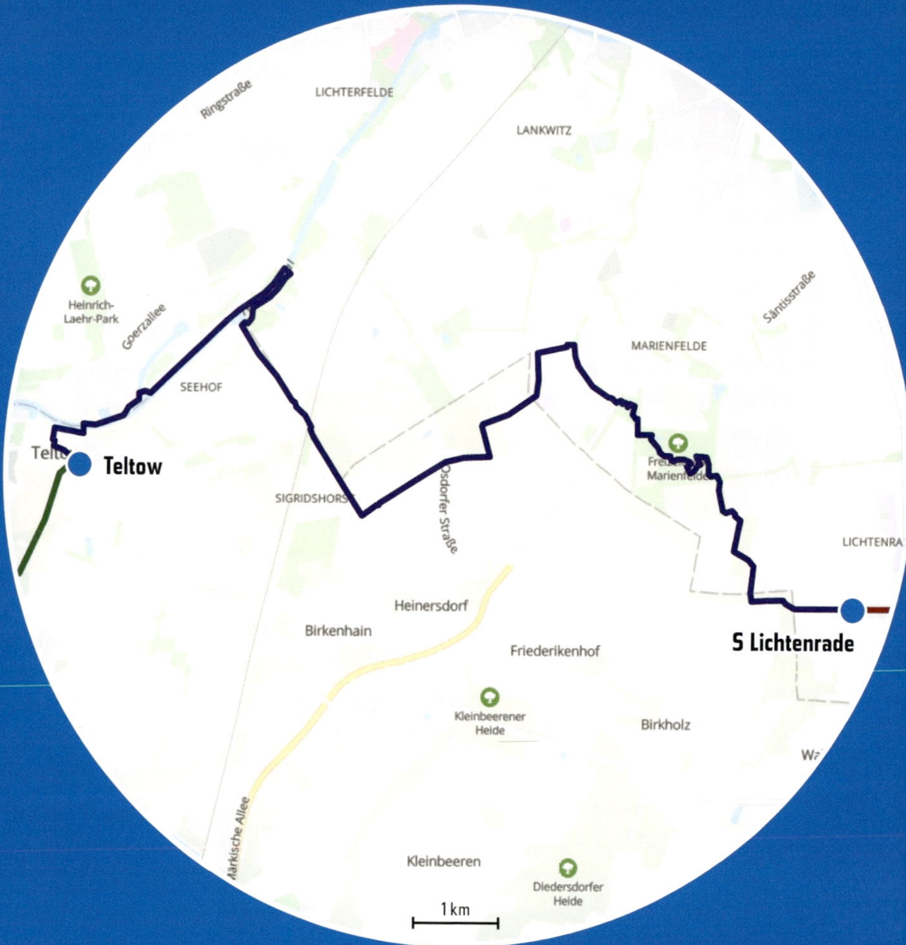

17,3 km; am Beginn 700 m Zuweg vom S-Bhf. Teltow

gut begehbare unbefestigte Wege und Pfade; nur in den Ortslagen Hartbelag

zwei größere An-/Abstiege (Schlehenberg, Alpengipfel)

Verlauf: (S-Bhf. Teltow Stadt) / Ortslage Teltow mit Marktplatz / Uferwege und -pfade am Teltowkanal / Paul-Gerhardt-Straße / japanische Kirschallee / Feldwege am Stadtrand / Pflaster- und Feldwege am Gut Osdorf / Feld- und Waldwege am Stadtrand / Lichterfelder Ring / Parkwege im Grünzug Hampelsche Baumschule / B 101 / Parkwege am Schlehenberg / Parkwege, -pfade und Treppen im Freizeitpark Marienfelde / Parkwege am Königsgraben / Waldwege im Wäldchen am Königsgraben / Mauerweg / Prinzessinnenstraße / S-Bhf. Lichtenrade

Teltow Stadt ist eine der wenigen Endstationen der Berliner S-Bahn, wo die Gleise samt Bahntrasse enden. Das liegt daran, dass eine Station zuvor in Lichterfelde Süd ein Nebengleis die Haupttrasse verlässt, während die Regionalzüge schnurgerade gen Süden streben. Dass man so komfortabel nah ans Stadtzentrum herankommt, ist noch keine 20 Jahre her.

Vom Bahnhof ist der gemütliche Marktplatz in einer Viertelstunde erreicht, insofern man nicht am Café mit den verschiedenen Käsekuchen hängenbleibt. Dessen Seele sitzt in einer kleinen Ecke am Markt, wo eine altgediente Bäckerei sich schon lange diesem Thema verschrieben hat. Die Straßen und Gassen rund um den Markt mit seinen steinernen Brunnenbänken sehen im allerbesten Sinne nach Ackerbürgerstädtchen aus. Das Blau der Kirchturmuhr konkurriert an vielen Tagen mit dem des nahen Himmels, während unten vor der Tür drei gewaltige Glocken beieinander stehen. Zum Ufer des Teltowkanals ist es von hier nicht weit. Gleich an der ersten schönen Uferstelle verführen große Stufen zum Hinsetzen, zu sehen gibt es den Kanal, das grüne Gegenufer und öfter mal ein vorbeischipperndes Bötchen. Nach einem schönen Alleestück wird auf der Knesebeckbrücke ans andere Ufer und damit nach Berlin

Steg am Zehlendorfer Stichkanal

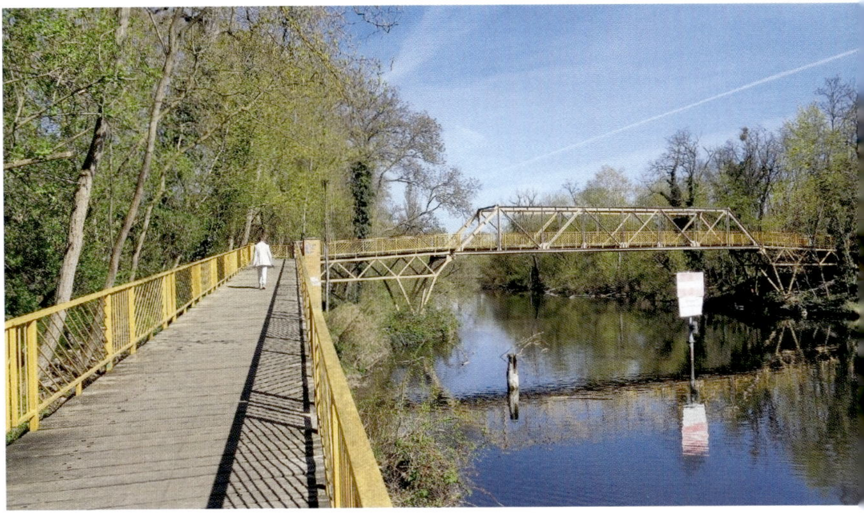

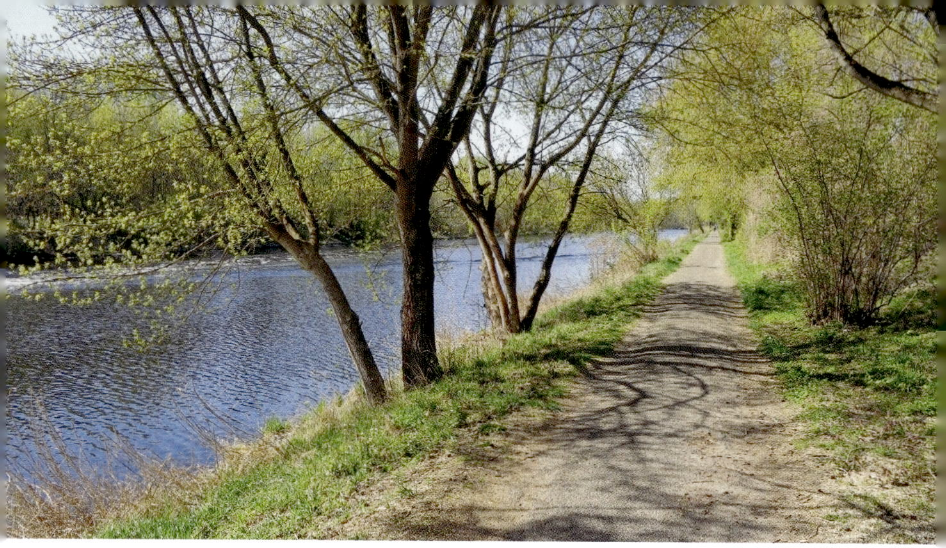

Uferweg nach Lichterfelde

gewechselt. Schon von oben ist zu sehen, dass der Pfad links des Kanals schmal und immer etwas krukelig verläuft und fast etwas abenteuerlich wirkt im Vergleich zum geradlinigen, breiten Mauerweg auf der rechten Seite. Beiderseits der teils wurzeligen Wegspur geht es urwüchsig zu. Der uferstützende Grobschotter ist großteils überwachsen, kurzzeitig wird es auch mal richtig schmal. Ein auffälliger Mauerdurchschlupf mit efeuumrankten Stämmen zur Linken und dem Kanalblau zur Rechten wird gefolgt von rustikalen Bretterbuden, die an Bootsschuppen erinnern. Kurz danach winkelt ein großzügiger Steg mit filigranem Stahlfachwerk über den unbewegten Zehlendorfer Stichkanal, der trotz umgebender Industriekulisse oder gerade deswegen verträumt wirkt. Nach ein paar Metern Kopfsteinpflaster gestaltet schütterer Asphalt den lose von Bäumen begleiteten Uferweg. Der Kanal verläuft hier längere Zeit biegungsfrei, sodass jedes nahende Boot schon früh zu entdecken ist. Vorbei an rumpligen Gewerbegrundstücken geht der Kanal entlang offener Uferlinie in die sanfte Kurve zur nächsten Brücke, beide Ufer gehören zu Lichterfelde. Dahinter ragten noch bis vor Kurzem die markanten Schornsteine des stillgelegten Heizkraftwerks in den Himmel, die über Jahrzehnte die Berliner Stadtrand-Silhouette prägten.

Der entgegengesetzte Weg am anderen Ufer knickt beim Pavillon am gut besuchten Spielplatz ab in die Paul-Gerhardt-Straße und beendet damit das drei Etappen begleitende Kapitel Teltow-Kanal. Hinter der Lichterfelder Allee stehen dann die ersten Bäume einer regelrechten Sehenswürdigkeit. Die bis zu dreireihige Kirschallee, welche ein japanischer Fernsehsender aus Freude über den Mauerfall ins Leben rief, lockt insbesondere im April Unmengen von Ausflüglern an. Darunter befinden sich zu einem großen Teil kleine Gruppen von Japanern, die gern an beliebigen Flecken stehenbleiben, ihre Decke auf der Wiese ausbreiten und dann stundenlang die Atmosphäre genießen. Dabei ist ganz egal, wie dicht die Besucherströme links und rechts der Decke ausfallen, das Vergnügen bleibt ungetrübt. Solche im Blütenschatten liegenden Wiesenflecken gibt es reichlich, denn die Allee erstreckt sich mit Unterbrechung durch die Bahntrasse über eine Dreiviertelstunde im Schlenderschritt, endet erst an der Stadtgrenze. Dort öffnet sich sofort und in voller Breite der Blick über märkische Äcker und zieht noch ein paar Leute mit hinaus. Der folgende Trampelweg nach Osten wird von dichtem Buschwerk begleitet, in dem es überall huscht und flattert und tschilpt. Voraus ist schon das große rote Scheunendach von Gut Osdorf zu sehen.

Hinter der Osdorfer Straße betritt man das Gut zwischen zwei gemauerten Pfeilern. Einen Hofladen gibt es nicht mehr, doch von der Pflaster-

Japanische Kirschallee in Lichterfelde

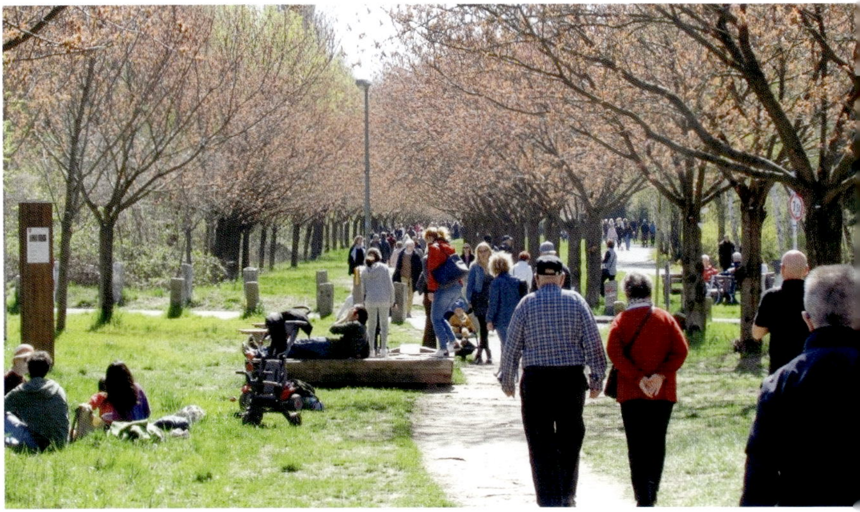

straße und auch hinterm Zaun kann man verschiedenem Getier einen Besuch abstatten. Entsprechend viele Familien mit Kindern sind zwischen den Gehegen unterwegs. Hinter dem Gutsgelände setzt sich der von weißblühenden Kirschbäumen begleitete Pflasterweg fort. Vor den Feldern und Weiden schwenkt die Berliner Gürtellinie nach links und führt zwischen Kühen und Pferden hindurch zum Wald. Rechts in der nahen Ferne wachsen über struppigen Wiesen Marienfelder Hochhäuser mit Farbakzenten hinaus. Dicht am Waldrand winden sich schlanke Robinienstämme aus dem Weg, werden dabei bald abgelöst von anderem Laubholz. Ein ausladender Schwenk wechselt abermals die Himmelsrichtung. Zwischen Weidezäunen steuert ein breiter werdender Weg die Großsiedlung an und setzt gelungen den Kontrast aus flachem Acker und hoher Platte in Szene. Ein Blick nach rechts kann ungehindert in die brandenburgische Weite ausschwärmen. Nach wenigen Metern auf breitem Asphalt verschwindet links ein schmaler Weg in jungem Birkenwald.

Hinter einem kleinen Pferdehof schafft der Lichterfelder Ring die Verbindung zu einem Grünzug, der sich in Baumgrün eingekuschelt zwischen den Hochhäusern und dem riesigen Gelände der Marienfelder Grundschule hindurchzieht. Neben den geschwungenen Wegeverläufen

Weg zur Großsiedlung in Marienfelde

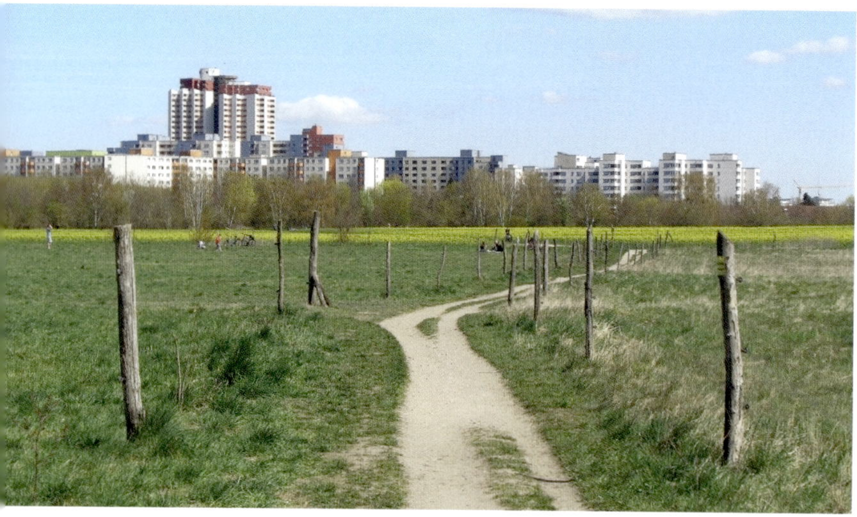

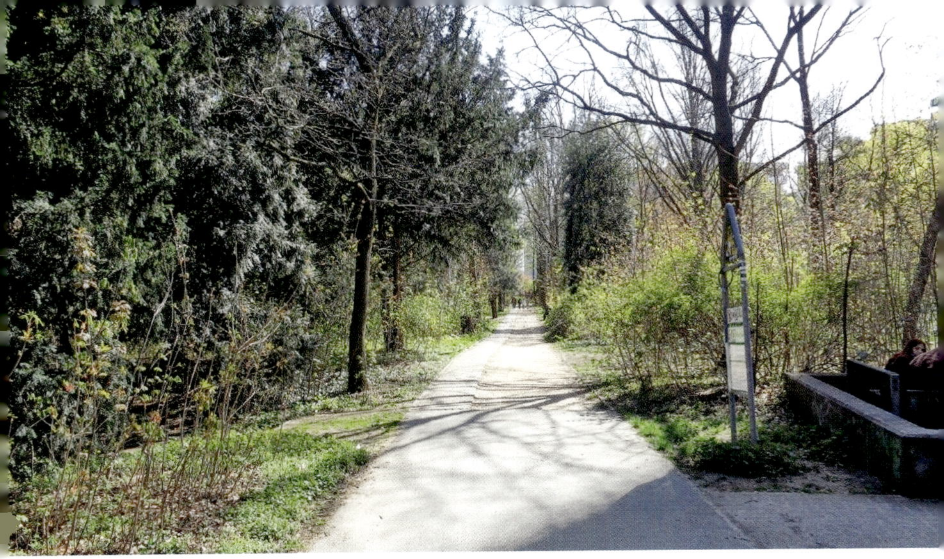

Im Parkstreifen Hampelsche Baumschule in Marienfelde

sowie den gewohnten Spielplätzen und Banknischen fällt an einer Stelle die besondere Vielfalt von Baumarten auf. Zurückgehen dürfte das auf die einst hier beheimatete Hampelsche Baumschule, nach welcher auch der Grünzug benannt wurde. Am jüngeren Siedlungsensemble des Marienfelder Tors läuft der Weg mit leichtem Kurpark-Charakter aus, begleitet von kleinen Findlingen. Das Gestein leitet thematisch über zum Marienfelder Bergland, wo es hinter der breiten Marienfelder Allee direkt zur Sache geht. Nach den flachen Kilometern ist der Aufstieg zum Schlehenberg durchaus in den Beinen zu spüren. Ein Abstecher zum Gipfel ist der Vollständigkeit halber möglich, doch gibt es weder Aussicht noch Gipfelbuch und der inoffizielle Abstiegspfad ist meist dornig verwachsen. Umso schöner ist der gediegene Abstiegsweg, der in drei bis vier verschiedenen Gestalten daherkommt und zuletzt gepflastert in einem Halbrund ausläuft. Hinter dessen Pendant tritt man am Naturwachthaus ein in das verspielte Gelände des Freizeitparks Marienfelde, der schon für sich als Ausflugsziel für einen halben Tag taugt. Über verschieden breite Wege und zuletzt auf einer knorrigen Stiege führt der Aufstieg zum hinreißend schönen Plateau des Alpengipfels mit seinem Pfadgewirr. Die kleine Aussichtskanzel gibt es nicht mehr, dennoch lässt sich der Fernsehturm auch von hier ohne viel Sucherei ausfindig machen. Lange Stufen führen etwas tiefer zu einem weiten Wiesenplateau, wo

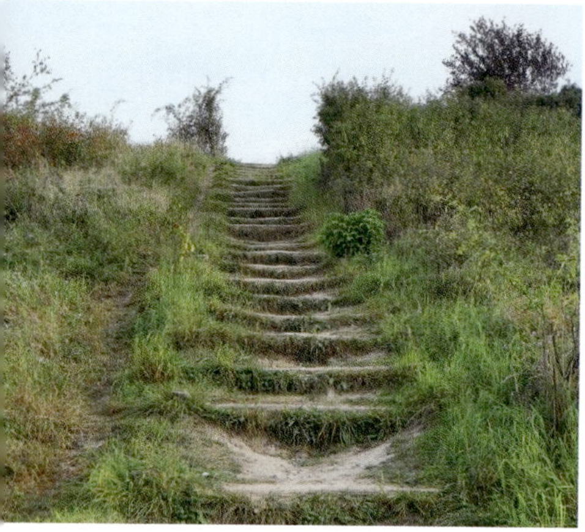
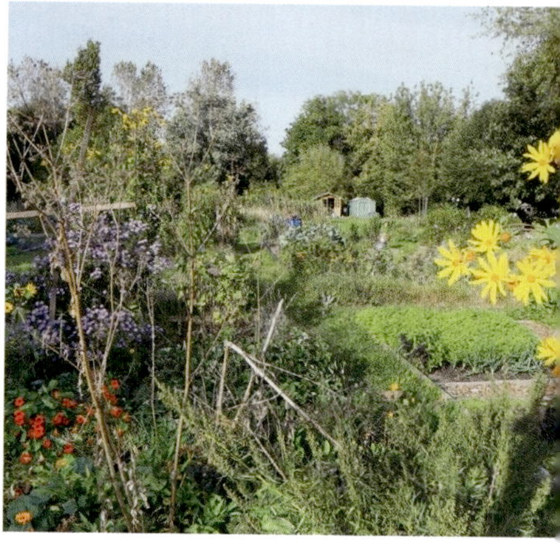

Stiege zum Alpengipfel und im Blohmgarten

manchmal eine kleine Metallkanzel den Nebengipfel markiert. Von dort drängelt sich ein lohnender Pfad durch kontaktfreudiges Rosengebüsch und steigt dann über ein paar lange Stufen ab zum Hauptwegenetz, dem sich bequemen Schrittes hinab zur Pforte am Königsgraben folgen lässt. Ein paar Schienen erinnern an ein vergangenes Gleis für Güterzüge, dessen Trasse eine steile Treppe später auf dem Adolf-Kiepert-Steg überquert wird.

Die Schwünge des Weges verhelfen der Passage zu Parkcharakter, trotz unübersehbar großer Gewerbebauten auf der linken Seite. Hinter dem Schichauweg taucht die Berliner Gürtellinie dann ein ins Wäldchen am Königsgraben, dessen trockene Bodenrinne sich anfangs kurz zeigt. Der Baumbestand im mittelalten Wald ist vielfältig gemischt, das Licht entsprechend wechselfreudig. Auf dem Weg zum ehemaligen Mauerstreifen fällt rechts eine bunte Würfelung kleiner Blumen- und Gemüsebeete ins Auge. Durch den Interkulturellen Generationengarten mit seinem schönen Eingangsbereich kann tagsüber gern eine Runde gedreht werden.

Ein letztes Mal wird der Mauerweg berührt, bevor ein abzweigender Pfad zwischen Steinpfeilern auf der Prinzessinnenstraße herauskommt. Die wiederum endet direkt beim S-Bahnhof Lichtenrade und schließt dort die große Runde der Berliner Gürtellinie.

Kurzcharakteristik: erst Kanalufer, dann Kirschallee, dann Felder, nach etwas grünem Siedlungsstreifen schließlich ein Aussichtsgipfel überm weiten Park

Anreise: S 26/S 25, tagsüber alle 10 Min. (Fahrtdauer ab S Alexanderplatz 40 Min.)

Abreise: S 3, tagsüber alle 10 Min. (Fahrtdauer bis S Alexanderplatz 40 Min.)

Anteil mit Autolärm: ca. 15 Min.

Was gibt es entlang des Weges zu sehen: Altstadt Teltow mit Dorfkirche / Traditions-Bäcker mit vielen Sorten Käsekuchen (Filiale mit Café am Etappenbeginn) / Uferweg am Teltow-Kanal mit Fußgängersteg / ehemaliger Mauerstreifen mit langer Allee japanischer Kirschbäume / Gut Osdorf mit angrenzendem Wäldchen / Weg über den Schlehenberg / Freizeitpark Marienfelde mit Alpengipfel (Aussicht), Wechselkrötenteich und Themenpfaden / Interkultureller Generationengarten Blohmgarten

Gastronomie: div. im Ortsgebiet Teltow; mit Zuweg: Einkaufszentrum Hildburghauser Straße/Marienfelde; mit Zuweg: div. entlang Marienfelder Allee/Marienfelde; div. rund um den S-Bhf. Lichtenrade

Spielplätze: in Lichterfelde an der Teltowkanal-Bucht, an der japanischen Kirschallee, im Grünzug Poppenreuther Weg und am Marienfelder Tor, nördlich vom S-Bhf. Lichtenrade an der Wünsdorfer Straße

Vorkommende Wegweisung: Wanderweg Buga 2001, Stahnsdorfer Kanalauenweg, HW 15, HW 5

Abkürzen per ÖPNV: Schwelmer Straße/Lichterfelde Süd (Bus, bei km 5,4), Lichterfelder Ring/Waldsassener Straße (Bus, bei km 11,1), Egestorffstraße mit 250 m Zuweg (Bus, bei km 14,9); dazwischen weitere Optionen mit Zuwegen

Öffentliche Toiletten: am S-Bhf. Teltow Stadt, Pfarrer-Lütkehaus-Platz am S-Bhf. Lichtenrade

GPS-TOURENTRACKS

Wer mit einem GPS-Empfänger unterwegs ist oder GPS-Tracks für die eigene Tourenplanung auf dem PC oder in anderen Anwendungen nutzen möchte, kann sich alle Tracks im GPX-Format auf der Webseite des Verlages herunterladen:

www.bebraverlag.de/images/verlag/medien/1258-gpx-dateien-zum-buch.zip

Im Download-Bereich finden Sie zudem Vorschläge zu geeigneten Apps, mit denen sich die Tracks auf dem Smartphone (Android, iOS) nutzen lassen. Diese sind jeweils kostenlos und lassen sich zum Teil auch mit Offline-Karten nutzen, also unabhängig von einer Internet-Verbindung und somit ohne Datenverbrauch.

DIE GRÜNEN HAUPTWEGE BERLIN

Die Grünen Hauptwege Berlin sind ein Netz von 20 kürzeren und längeren Wegen zwischen sieben und 63 Kilometern, die das Berliner Stadtgebiet gleichmäßig durchziehen und es ermöglichen, zumeist im Grünen größere Entfernungen innerhalb der Stadt zurückzulegen. Die thematisch benannten Wege sind verlässlich mit einem blauem Balken und der jeweiligen Zahl markiert, für die nähere Zukunft sind auch Richtungswegweiser angedacht. Fast alle Hauptwege (im Buch: HW) berühren die Stadtgrenze und lassen sich in der Folge mit der *Berliner Gürtellinie* kombinieren, welche mehrfach auch deren Verlauf nutzt. Nähere Informationen zu den Hauptwegen erhalten Sie, wenn Sie in der Suchmaschine Ihrer Wahl »grüne Hauptwege Berlin« eingeben.

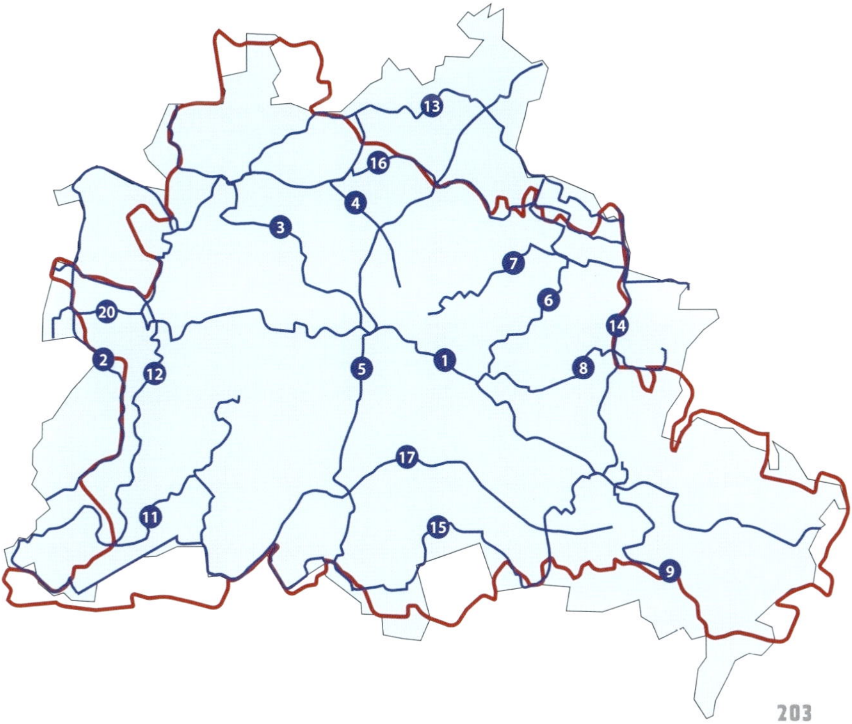

DANK

Ganz besonders möchte ich meiner lieben Frau danken, welche mich immer wieder ermutigt hat, die Idee der Gürtellinie voranzubringen, und die zudem über die gesamte Strecke die ruckelige Art der Fortbewegung mitgetragen hat, welche eine Routen-Erhebung per pedes mit sich bringt.

Herzlich danken möchte ich auch der Mauerweg-Legende Michael Cramer und meinem alten Freund und Wanderurgestein Konrad Lechner, die mich jeweils in ihren Erfahrungsschatz schauen ließen und manch hilfreichen Gedanken beisteuerten.

Nicht zuletzt danke ich der wunderbaren Stadt Berlin, dass sie so ist, wie sie eben ist – vielfältig, bunt und großstädtisch, dörflich, großkariert und ideenreich. Und nicht zuletzt grün, blau und äußerst liebenswert.

ÜBER DEN AUTOR

Gregor Münch, Jahrgang 1971, näherte sich über verschiedene Berufe mehr und mehr dem Thema Raum und studierte schließlich Kartografie in Berlin. Heute arbeitet er in einem Verlag für Rad- und Wanderkarten, betreibt nebenher den Blog »Brandenburg Wegesammler« und schreibt Bücher, in denen er von seinen Ausflügen und Wanderungen berichtet.

Alle Fotos sowie die Überblickskarten auf S. 10 und S. 203 stammen von Gregor Münch.

Karten: © OpenStreetMap contributors (Bearbeitung typegerecht berlin)

MIX
Papier | Fördert gute Waldnutzung
FSC® C106600
FSC www.fsc.org

Stand der Informationen: Januar 2024

Bibliografische Information der Deutschen Nationalbibliothek
Die Deutsche Nationalbibliothek verzeichnet diese Publikation in der Deutschen Nationalbibliografie; detaillierte bibliografische Daten sind im Internet über http://dnb.d-nb.de abrufbar.

Asternplatz 3, 12203 Berlin
post@bebraverlag.de
Lektorat: Marijke Leege-Topp
Umschlag: Fernkopie, Berlin (Foto: picture alliance / Zoonar (Konrad Weiß))
Satz: typegerecht berlin
Schriften: Tasse, Proforma
Druck und Bindung: DZS Grafik, Ljubljana
ISBN 978-3-8148-0298-5

www.bebraverlag.de